中国减贫的治理价值研究

Study on Governance Value of
Poverty Reduction in China

王红艳 著

中国社会科学出版社

图书在版编目（CIP）数据

中国减贫的治理价值研究 / 王红艳著 . —北京：中国社会科学出版社，2022.5

ISBN 978 - 7 - 5227 - 0141 - 7

Ⅰ.①中… Ⅱ.①王… Ⅲ.①扶贫—研究—中国 Ⅳ.①F126

中国版本图书馆 CIP 数据核字（2022）第 068210 号

出 版 人	赵剑英
责任编辑	刘凯琳　乔镜蕾
责任校对	韩天炜
责任印制	王　超

出　　版	中国社会科学出版社
社　　址	北京鼓楼西大街甲 158 号
邮　　编	100720
网　　址	http://www.csspw.cn
发 行 部	010 - 84083685
门 市 部	010 - 84029450
经　　销	新华书店及其他书店

印　　刷	北京君升印刷有限公司
装　　订	廊坊市广阳区广增装订厂
版　　次	2022 年 5 月第 1 版
印　　次	2022 年 5 月第 1 次印刷

开　　本	710 × 1000　1/16
印　　张	17
字　　数	270 千字
定　　价	89.00 元

凡购买中国社会科学出版社图书，如有质量问题请与本社营销中心联系调换
电话：010 - 84083683
版权所有　侵权必究

目 录

上 篇

引言 …………………………………………………………… (3)

第一章 脱贫攻坚推动政府治理协同高效 ………………… (18)
  第一节 脱贫攻坚推动纵向府际治理协同高效 …………… (19)
    一 纵向府际关系建设和治理的重要性复杂性 ………… (19)
    二 专项扶贫与纵向府际治理协同高效：政策制度 ……… (21)
    三 专项扶贫与纵向府际治理协同高效：实践样本 ……… (25)
    四 作用评估分析 ………………………………………… (27)
  第二节 脱贫攻坚推动横向府际治理协同高效 …………… (27)
    一 横向府际关系建设和治理的重要性复杂性 ………… (27)
    二 东西部扶贫协作与横向府际治理协同高效：政策制度 …… (29)
    三 东西部扶贫协作与横向府际治理协同高效：实践样本 …… (32)
    四 作用评估分析 ………………………………………… (33)
  第三节 脱贫攻坚推动政企合作协同高效 ………………… (35)
    一 政企关系建设和治理的重要性复杂性 ……………… (35)
    二 "万企帮万村"行动与政企合作协同高效：政策制度 …… (38)
    三 "万企帮万村"行动与政企合作协同高效：实践样本 …… (40)
    四 作用评估分析 ………………………………………… (41)
  第四节 脱贫攻坚推动政社合作协同高效 ………………… (42)
    一 政社关系建设和治理的重要性复杂性 ……………… (43)
    二 社会组织扶贫与政社合作协同高效：政策制度 ……… (47)

三　社会组织扶贫与政社合作协同高效：实践样本……………（49）
　　四　作用评估分析………………………………………………（52）
第五节　消费扶贫推动政府企业社会合作协同高效……………（53）
　　一　消费扶贫与政府企业社会合作协同高效：政策制度……（54）
　　二　消费扶贫与政府企业社会合作协同高效：实践样本……（55）
　　三　作用评估分析………………………………………………（56）

第二章　脱贫攻坚推动乡村治理综合创新………………………（59）
　第一节　乡村治理的重要性复杂性………………………………（59）
　　一　乡村治理的重要性…………………………………………（59）
　　二　乡村治理的复杂性…………………………………………（65）
　第二节　乡村治理创新：政策制度………………………………（69）
　　一　脱贫攻坚与乡村治理体系：政策制度……………………（69）
　　二　脱贫攻坚与乡村治理能力：政策制度……………………（72）
　　三　脱贫攻坚与乡村治理重点：政策制度……………………（76）
　第三节　乡村治理创新：实践样本………………………………（78）
　　一　加强基层党建………………………………………………（78）
　　二　发展村集体经济……………………………………………（80）
　　三　统筹基层监督资源…………………………………………（81）
　　四　修订完善村规民约…………………………………………（85）
　　五　探索屯级治理平台…………………………………………（86）

第三章　脱贫攻坚推动治理模式系统集成………………………（87）
　第一节　大扶贫工作格局的构建和运作…………………………（87）
　　一　赋予扶贫"大事"之地位，为扶贫开发
　　　　提供合法性保障……………………………………………（87）
　　二　授予专门机构"集中力量"之权力，为扶贫
　　　　开发提供组织保障…………………………………………（88）
　　三　五管齐下解决"怎样集中力量"，为扶贫开发
　　　　提供制度保障………………………………………………（89）

四　借由四个整合回应"集中什么力量",为扶贫
　　　　开发提供资源保障……………………………………(94)
第二节　大监督工作格局的探索和发展………………………(97)
　　一　大监督工作格局构建与运行:政策制度………………(97)
　　二　大监督工作格局构建与运行:实践样本………………(101)
第三节　大扶贫大监督工作格局的适配与互益…………………(111)
　　一　构建运行大扶贫工作格局的必要性可行性……………(111)
　　二　构建运行大监督工作格局的必要性可行性……………(112)
　　三　大扶贫与大监督工作格局的适配性与互益性…………(116)

下　篇

引　言……………………………………………………………(121)

第四章　乡村振兴与乡村治理现代化……………………………(127)
第一节　理解乡村振兴战略………………………………………(128)
　　一　乡村振兴战略主要特征…………………………………(128)
　　二　乡村振兴战略推进方略…………………………………(136)
第二节　协同推进社区治理和乡村发展…………………………(141)
　　一　英国社区发展治理历史脉络……………………………(141)
　　二　英国社区发展和治理经验………………………………(144)
　　三　英国样本的主要启示……………………………………(148)
第三节　探索推行新乡贤制度……………………………………(152)
　　一　新乡贤制度形成机制……………………………………(153)
　　二　新乡贤制度实践样本……………………………………(156)
　　三　制度实践价值评估分析…………………………………(159)

第五章　生态环境保护与国家治理现代化………………………(165)
第一节　理解生态环境保护的政治性……………………………(165)
　　一　欧洲环境民粹主义形成机制……………………………(166)
　　二　环境民粹主义正在形塑欧洲政治………………………(167)
　　三　环境民粹主义影响未来欧洲政治图谱…………………(169)

第二节　协同推进乡村生态振兴与基层治理现代化 …… (171)
　　一　乡村生态建设的升维 …… (171)
　　二　基层治理民主化与乡村生态振兴 …… (173)
　　三　基层治理科学化与乡村生态振兴 …… (175)
　　四　基层治理法治化与乡村生态振兴 …… (179)
第三节　协同推进水治理与国家治理现代化 …… (182)
　　一　理解水治理与国家治理现代化 …… (182)
　　二　欧洲跨界河流治理现代化实践 …… (186)
　　三　欧洲样本特征及启示 …… (191)

第六章　全过程人民民主与国家治理现代化 …… (199)
第一节　坚持党的全面领导 …… (199)
　　一　理解全过程人民民主 …… (200)
　　二　党的领导保障全过程人民民主的人民性 …… (203)
　　三　党的领导保障全过程人民民主的真实性 …… (206)
　　四　党的领导保障全过程人民民主的广泛性 …… (208)
　　五　党的领导保障全过程人民民主的有效性 …… (212)
　　六　党的领导保障全过程人民民主的可持续性 …… (214)
第二节　焕发人民群众的民主参与积极性 …… (218)
　　一　群众参与社区治理的地方实践 …… (218)
　　二　对民主参与和社区治理的启示 …… (223)
第三节　推动协商民主广泛多层制度化发展 …… (227)
　　一　理解协商民主 …… (227)
　　二　"真协商"的衡量标准 …… (230)
　　三　"真协商"的实现条件 …… (235)
　　四　"真协商"推动政治经济社会高质量发展 …… (242)

主要参考文献 …… (246)

后　记 …… (264)

上 篇

引　言

"中国的贫困人口规模之大、贫困分布地域之广、贫困程度之深世所罕见，贫困治理难度超乎想象。"[①] 中国共产党团结带领中国人民经过坚持不懈的奋斗，最终历史性地解决了绝对贫困问题，创造了彪炳史册的人类奇迹。那么，应该如何理解中国减贫的具体成就？

一　理解中国的减贫历程

理解中国的减贫历程是理解中国减贫意义的前提基础。从不同视角、不同依据出发可将中国减贫历程划分为不同的历史阶段。从既有官方资料和研究成果看，以扶贫工作中发生的标志性事件为依据是一种最为常见的划分方式。例如，《话语的建构与实践：以贫困叙述为例》提出，中国减贫经历了四个阶段，即"扶贫开发启动阶段（1986—1993年），标志性事件包括成立专门负责扶贫开发工作的机构（即国务院贫困地区经济开发领导小组）、制定第一个正式的贫困标准，以及确定第一批国家重点扶持贫困县（简称'国定贫困县'）；扶贫开发攻坚阶段（1994—2000年），标志性事件包括颁布首个扶贫开发行动纲领，即《国家八七扶贫攻坚计划》（以下简称"八七计划"）等；解决和巩固温饱并重阶段（2001—2010年），标志性事件包括颁布《中国农村扶贫开发纲要（2001—2010年）》等；扶贫开发深入推进及精准扶贫阶段（2011年至今），标志性事件包括发布《中国农村扶贫开发纲要（2011—2020年）》

[①] 中华人民共和国国务院新闻办公室：《人类减贫的中国实践》，人民出版社2021年版，第1页。

以及提出精准扶贫理念等"。① 而综合中国共产党的相关历史文献资料、中华人民共和国国务院新闻办公室发布的相关白皮书以及学界既有学术研究成果看，从以下三个视角出发，更有助于我们全面准确理解中国的减贫历程。

（一）党史视角的理解

"中国共产党是领导我们事业的核心力量。中国人民和中华民族之所以能够扭转近代以后的历史命运、取得今天的伟大成就，最根本的是有中国共产党的坚强领导。"② 正因如此，"中国特色社会主义最本质的特征是中国共产党领导，中国特色社会主义制度的最大优势是中国共产党领导。"③ 从党史视角切入，不但有助于从更宏观层面了解中国减贫事业发展背景，而且有助于在更高站位上把握中国减贫工作的本质内涵。

"中国共产党自一九二一年成立以来，始终把为中国人民谋幸福、为中华民族谋复兴作为自己的初心使命"。④ 减贫事业既关乎人民幸福，也是推动民族复兴伟业的题中应有之义，从这个意义上讲，中国共产党的百年奋斗历程就是一部中国共产党团结带领中国人民反对贫困、消灭剥削、推进共同富裕的历史。具体包括以下四个历史分期。

1. 新民主主义革命时期。这一时期，"党面临的主要任务是，反对帝国主义、封建主义、官僚资本主义，争取民族独立、人民解放，为中华民族伟大复兴创造根本社会条件"。⑤ 经过二十八年的浴血奋斗，党领导人民夺取了新民主主义革命伟大胜利，建立了新中国，扫清了摆脱贫穷落后的障碍，创造了实现繁荣富强的根本条件。⑥

---

① 王红艳：《话语的建构与实践：以贫困叙述为例》，中国社会科学出版社2015年版，第89—110页。

② 《中共中央关于党的百年奋斗重大成就和历史经验的决议》，人民出版社2021年版，第65页。

③ 习近平：《在庆祝中国共产党成立95周年大会上的讲话》，《人民日报》2016年7月1日第1版。

④ 《中共中央关于党的百年奋斗重大成就和历史经验的决议》，人民出版社2021年版，第3页。

⑤ 《中共中央关于党的百年奋斗重大成就和历史经验的决议》，人民出版社2021年版，第3页。

⑥ 中华人民共和国国务院新闻办公室：《人类减贫的中国实践》，人民出版社2021年版，第3页。

2. 社会主义革命和建设时期。这一时期,"党面临的主要任务是,实现从新民主主义到社会主义的转变,进行社会主义革命,推进社会主义建设,为实现中华民族伟大复兴奠定根本政治前提和制度基础"。① 经过近三十年的艰辛探索,"党领导人民完成了社会主义革命,消灭一切剥削制度,实现了中华民族有史以来最为广泛而深刻的社会变革,实现了一穷二白、人口众多的东方大国大步迈进社会主义社会的伟大飞跃"。②

3. 改革开放和社会主义现代化建设新时期。这一时期,"党面临的主要任务是,继续探索中国建设社会主义的正确道路,解放和发展社会生产力,使人民摆脱贫困、尽快富裕起来,为实现中华民族伟大复兴提供充满新的活力的体制保证和快速发展的物质条件"。③ 在此阶段,中国共产党领导人民坚定不移推进改革开放,中国经济社会快速发展,中国减贫进程显著加快,贫困人口大幅减少。④

4. 中国特色社会主义新时代。这一时期,"党面临的主要任务是,实现第一个百年奋斗目标,开启实现第二个百年奋斗目标新征程,朝着实现中华民族伟大复兴的宏伟目标继续前进"。⑤ 伴随中国特色社会主义进入新时代,中国减贫进入脱贫攻坚新的历史阶段,中国共产党领导人民"组织实施人类历史上规模最大、力度最强的脱贫攻坚战"⑥,最终历史性地解决了绝对贫困问题。

(二) 扶贫方针方略视角的理解

方针方略涉及事业发展的策略与目标,关乎方向性,识别度极高。从方针方略的变迁角度考察减贫事业发展脉络是最为有效的做法。遵循

---

① 《中共中央关于党的百年奋斗重大成就和历史经验的决议》,人民出版社 2021 年版,第 9 页。
② 《中共中央关于党的百年奋斗重大成就和历史经验的决议》,人民出版社 2021 年版,第 14 页。
③ 《中共中央关于党的百年奋斗重大成就和历史经验的决议》,人民出版社 2021 年版,第 15 页。
④ 中华人民共和国国务院新闻办公室:《人类减贫的中国实践》,人民出版社 2021 年版,第 5 页。
⑤ 《中共中央关于党的百年奋斗重大成就和历史经验的决议》,人民出版社 2021 年版,第 23 页。
⑥ 《中共中央关于党的百年奋斗重大成就和历史经验的决议》,人民出版社 2021 年版,第 47 页。

这一作法，中国的减贫历程，更准确地说，中国的扶贫工作历程的大致可以划分为以下三个阶段。[1]

1. 开发式扶贫主导阶段（20世纪80年代中期—2009年）

1978年至1980年代中期，中国并未启动大规模、有计划、有组织的扶贫开发，因此当时并无明确的减贫方针，而主要是通过实施农村土地承包责任制以及其他以释放经济发展活力为目的的改革举措来带动减贫，同时辅之以分散化的救济式减贫工作。时至20世纪80年代中期，中国拉开扶贫事业的帷幕，开始实施开发式扶贫方针。所谓开发式扶贫，指的是"引导贫困地区和贫困群众以市场为导向，调整经济结构，开发当地资源，发展商品生产，提高自我积累、自我发展能力"。[2] 这一扶贫方针在此后的二十多年里在官方减贫叙述占据压倒性地位，是各级政府制定具体扶贫工作制度和举措的指南。

2. "开发式+保护式"扶贫阶段（2010—2012年）

开发式扶贫方针的实施，在显现鲜明有效性的同时也表现出一定的局限性。针对这一情况，中国着手修订扶贫方针，逐步形成了以最低保障来兜底、以开发式扶贫谋发展的思路。2010年5月，国务院扶贫办与民政部等多个部门联合发布《关于做好农村最低生活保障制度和扶贫开发政策有效衔接扩大试点工作的意见》，提出保障农村贫困人口基本生活、提高他们的收入水平和自我发展能力，既要继续发挥扶贫开发政策的作用，也要发挥农村低保制度的作用，并对在试点工作中应如何从程序上、政策上、管理上实现两项制度的有效衔接进行了部署[3]。2011年11月，中共中央、国务院发布的《中国农村扶贫开发纲要（2011—2020年）》更是明确要求，"把扶贫开发作为脱贫致富的主要途径，鼓励和帮助有劳动能力的扶贫对象通过自身努力摆脱贫困；同时，把社会保障作

---

[1] 减贫的概念相对宽泛，而扶贫专指大规模、有计划、有组织的减贫行动。正因如此，中国扶贫工作的起点应是20世纪80年代中期而不是其他，标志性事件是国务院贫困地区经济开发领导小组（后更名为国务院扶贫工作领导小组）在1986年的成立和开始运行。

[2] 中华人民共和国国务院新闻办公室：《人类减贫的中国实践》，人民出版社2021年版，第53页。

[3] 《国务院办公厅转发扶贫办等部门〈关于做好农村最低生活保障制度和扶贫开发政策有效衔接扩大试点工作的意见〉的通知》，《辽宁省人民政府公报》，2011年第10期。

为解决温饱问题的基本手段，逐步完善社会保障体系，充分发挥社会保障制度稳定、持久、有效地解决贫困人口温饱问题的基础作用"。①《中国农村扶贫开发纲要（2011—2020年）》的颁布实施，标志着"主要途径+基本手段"模式的启用，也标志着开发式扶贫+保护式扶贫方针的正式确立，彰显了对开发式扶贫主导模式的一定超越。

三是，精准扶贫精准脱贫阶段（2013—2020年）

党的十八大以来，中国特色社会主义进入新时代，中国扶贫开发工作方略调整为精准扶贫精准脱贫。理解这一方针，至少需要把握四个重要时间节点。一是2013年11月，习近平总书记赴湖南省花垣县十八洞村考察，首次提出"实事求是、因地制宜、分类指导、精准扶贫"的理念②。二是2014年1月，中共中央办公厅、国务院办公厅联合发布《关于创新机制扎实推进农村扶贫开发工作的意见》，这是最早贯彻落实和体现习近平总书记精准扶贫理念的文献成果，其明确指出要建立精准扶贫工作机制，并对在全国范围内实行统一的扶贫对象识别办法以及开展贫困村、贫困户建档立卡等具体工作作出了初步部署③。三是2015年6月，习近平总书记在贵州召开部分省区市党委主要负责同志座谈会，深刻论述了精准扶贫、精准脱贫总体思路和基本要求，突出强调"扶贫开发贵在精准，重在精准，成败之举在于精准"。④四是2015年11月，习近平总书记在中央扶贫开发工作会议上全面阐述精准扶贫基本方略，强调要做到"六个精准"、实施"五个一批"以及解决"四个问题"。⑤

"六个精准""五个一批""四个问题"共同构成精准扶贫脱贫基本方略。其中，作为新时代扶贫工作基本要求的"六个精准"指的是："扶持对象精准、项目安排精准、资金使用精准、措施到户精准、因村派人

---

① 《中国农村扶贫开发纲要（2011—2020年）》，《人民日报》2011年12月2日第8版。
② 中华人民共和国国务院新闻办公室：《人类减贫的中国实践》，人民出版社2021年版，第10页。
③ 《中办国办印发〈关于创新机制扎实推进农村扶贫开发工作的意见〉》，《人民日报》2014年1月26日第2版。
④ 《谋划好"十三五"时期扶贫开发工作 确保农村贫困人口到2020年如期脱贫》，《人民日报》2015年6月20日第1版。
⑤ 《习近平在中央扶贫开发工作会议上强调脱贫攻坚战冲锋号已经吹响 全党全国咬定目标苦干实干》，《人民日报》2015年11月29日第1版。

精准、脱贫成效精准"（本书以下均简称"六个精准"）；作为新时代扶贫工作根本途径的"五个一批"指的是："发展生产脱贫一批、易地搬迁脱贫一批、生态补偿脱贫一批、发展教育脱贫一批、社会保障兜底一批"（本书以下均简称"五个一批"）；作为新时代扶贫工作关键环节的"四个问题"指的是："扶持谁、谁来扶、怎么扶、如何退"（本书以下均简称"四个问题"）。①从这些内容看，这一新的扶贫方略，不但摒弃了粗放式的扶贫作法，而且超越了开发式+保护式扶贫方针，呈现出经济、生态、教育、社会、健康等多管齐下的特征，是指导新时代中国扶贫工作的根本遵循和行动指南。

（三）治国理政位置视角的理解

"中国共产党始终把消除贫困作为定国安邦的重要任务，制定实施一个时期党的路线方针政策、提出国家中长期发展规划建议，都把减贫作为重要内容，从国家层面部署，运用国家力量推进。"②为何如此？这既是身为马克思主义政党的中国共产党的政治自觉使然，也是中国的贫困国情使然。中国贫困人口规模大、分布广、"病根深"，在减贫中仅仅依靠个体、社会、区域的力量难以奏效。需要注意的是，从改革开放以来的相关部署安排看，扶贫工作在治国理政中的具体位置略有不同，呈现一种政治上逐渐升温、政策和措施上逐渐增力的态势，大致经历了以下两个阶段。而从减贫工作在治国理政中的位置视角考察中国减贫的历程，有助于准确把握其中的温度和力度变化情况。

1."国民经济和社会发展重要位置"阶段（20世纪80年代中期—2012年）

国务院于1994年4月发布的《国家八七扶贫攻坚计划》，把减贫工作纳入经济发展和改革大局中去考量，强调减贫既关乎中西部地区经济的振兴、市场的开拓、资源的开发利用，也关乎整个国民经济的持续、

---

① 中共国务院扶贫办党组：《脱贫攻坚砥砺奋进的五年》，《人民日报》2017年10月17日第8版。

② 中华人民共和国国务院新闻办公室：《人类减贫的中国实践》，人民出版社2021年版，第49页。

快速、健康发展，还关乎全国深化改革的条件创造问题。① 国务院于2001年6月发布的《中国农村扶贫开发纲要（2001—2010年）》，明确指出缓解和消除贫困不但是社会主义的本质要求，而且是中国共产党和人民政府义不容辞的历史责任，强调要继续把这项工作放在国民经济和社会发展的重要位置加以持续推进。② 中共中央、国务院于2011年11月发布的《中国农村扶贫开发纲要（2011—2020年）》突出强调，深入推进扶贫开发，一是深入贯彻落实科学发展观的必然要求，二是统筹城乡区域发展的重大举措，三是全面建设小康社会的迫切需要。③

2. "治国理政突出位置"阶段（2013—2020年）

党的十八大以来，以习近平同志为核心的党中央把脱贫攻坚工作摆在治国理政突出位置，不但将脱贫攻坚纳入"五位一体"总体布局和"四个全面"战略布局，作为实现第一个百年奋斗目标的重点任务，而且在党的十九大上明确将精准脱贫作为决胜全面建成小康社会必须打好的三大攻坚战之一，并作出系列新的重大部署和安排，采取系列超常规举措，以前所未有的力度推进脱贫攻坚。④ 从中共中央、国务院于2015年11月发布《关于打赢脱贫攻坚战的决定》，以及中共中央、国务院于2018年6月发布的《关于打赢脱贫攻坚战三年行动的指导意见》看，扶贫工作受到确信无疑的高度重视，而习近平总书记的工作日程记录更是有力佐证。

> 习近平总书记亲自指挥、亲自部署、亲自督战，出席中央扶贫开发工作会议，7次主持召开中央扶贫工作座谈会，50多次调研扶贫工作，连续5年审定脱贫攻坚成效考核结果，连续7年在全国扶贫日期间出席重要活动或作出重要指示，连续7年在新年贺词中强调脱贫攻坚，每年在全国两会期间下团组同代表委员共商脱贫攻坚大

---

① 《国务院关于印发国家八七扶贫攻坚计划的通知》，《江西政报》1994年第11期，第6—11页。

② 《中国农村扶贫开发纲要（2001—2010年）》，《人民日报》2001年9月20日第5版。

③ 《中国农村扶贫开发纲要（2011—2020年）》，《人民日报》2011年12月2日第8版。

④ 《中共中央国务院关于打赢脱贫攻坚战三年行动的指导意见》，《人民日报》2018年8月20日第1版。

计，多次回信勉励基层干部群众投身减贫事业。习近平总书记走遍全国14个集中连片特困地区，考察了20多个贫困村，深入贫困家庭访贫问苦，倾听贫困群众意见建议，了解扶贫脱贫需求，极大鼓舞了贫困群众脱贫致富的信心和决心。[①]

二　理解中国减贫的成就与意义

中国的减贫成就举世瞩目，中国的减贫经验引起广泛关注和讨论。全面准确理解中国减贫的成就和意义，其本身也意义重大。

（一）中国减贫的丰富成就与重大意义

中国减贫成就丰富，意义重大。习近平总书记在全国脱贫攻坚总结表彰大会上指出：截至2020年底，农村贫困人口全部脱贫，为实现全面建成小康社会目标任务作出了关键性贡献；脱贫地区经济社会发展大踏步赶上来，整体面貌发生历史性巨变；脱贫群众精神风貌焕然一新，增添了自立自强的信心勇气；党群干群关系明显改善，党在农村的执政基础更加牢固；创造了减贫治理的中国样本，为全球减贫事业作出了重大贡献。[②]

中华人民共和国国务院新闻办公室于2021年4月发布的《人类减贫的中国实践》白皮书显示，脱贫攻坚的成就具体表现为：其一，贫困人口生活水平显著提升，不但贫困人口收入水平持续提升，而且"两不愁三保障"全面实现；其二，贫困地区落后面貌根本改变，不但基础设施显著改善、基本公共服务水平明显提升、经济持续快速发展，而且优秀文化得到传承弘扬、生态环境变得更美更好；其三，脱贫群众精神风貌焕然一新，主要表现为脱贫致富热情高涨、主人翁意识显著提升、现代观念不断增强，并能广泛弘扬文明新风，在精神层面上也收获了累累硕果；其四，特殊困难群体生存发展权利得到有效保障，贫困妇女生存发展状况显著改善，困境儿童关爱水平明显提高，贫困老年人生活和服务保障显著改善，贫困残疾人保障水平全面提升；其五，贫困地区基层治

---

① 中华人民共和国国务院新闻办公室：《人类减贫的中国实践》，人民出版社2021年版，第11页。

② 习近平：《在全国脱贫攻坚总结表彰大会上的讲话》，《人民日报》2021年2月26日第2版。

理能力显著提升，其中，农村基层党组织更加坚强，基层群众自治更加有效，社会治理水平明显提升，而懂农业、爱农村、爱农民的"三农"工作队伍也不断壮大。①

《人类减贫的中国实践》还指出：

> 脱贫攻坚战取得全面胜利，创造了中国减贫史乃至人类减贫史上的伟大奇迹，极大增强了中华民族的自信心自豪感和凝聚力向心力，极大增强了中国人民的道路自信、理论自信、制度自信、文化自信，极大增强了中国人民创造更加美好生活的信心和底气。这一伟大胜利，彰显了中国共产党始终坚守的初心使命和强大政治领导力、思想引领力、群众组织力、社会号召力，彰显了中国特色社会主义制度集中力量办大事的优势，彰显了中国精神、中国价值、中国力量，彰显了中国人民为实现梦想拼搏奋斗、敢教日月换新天的意志品质，彰显了中华民族无所畏惧、不屈不挠、敢于斗争、坚决战胜前进道路上一切困难和挑战的精神品格。②

国内外不少人士积极关注中国的减贫成就与意义，形成了一批研究成果。国外研究大致包括两种进路：经济范式和制度机制范式。前者认为，中国创造的减贫奇迹是中国实施改革开放、促进经济增长、推动工业化城市化的产物，故而中国的减贫成就在本质上属于经济发展引发的"涓滴效应"；③ 后者认为，中国减贫成就归因于有效的制度机制安排，既涉及减贫的领导力量、社会制度问题，也涉及政策方略、内外协作等问题。④ 国内研究同样庞杂多元：有学者认为，中国在对贫困进行多维化定义、设置跨部门化减贫机构、制定实施渐进式减贫战略等的基础上，形

---

① 中华人民共和国国务院新闻办公室：《人类减贫的中国实践》，人民出版社 2021 年版，第 13—31 页。
② 中华人民共和国国务院新闻办公室：《人类减贫的中国实践》，人民出版社 2021 年版，第 31—32 页。
③ 仲超：《中国大规模减贫的实践经验与理论创新》，《中州学刊》2021 年第 5 期。
④ 姚立兴：《海外学者对中国贫困治理经验的多维总结及其评析》，《当代世界与社会主义》2022 年第 1 期。

成了一个贫困治理框架,而这一框架既是中国贫困治理的主要经验,也是推动实现全球减贫目标的宝贵财富,还是中国处理国际社会有关事务时可资利用的软实力。①

这些国内外研究成果不乏可圈可点之处,但也存在明显不足,在深入性和系统性上均有待进一步思考。笔者认为,分析中国的减贫成就与意义,既要考察其直接效益也要考察其溢出效应,还要注意国际和国内视角的结合(详见表0-1)。

表0-1　减贫成就与意义的分析框架

	直接效益	溢出效应
国内	√	√
国际	√	√

根据这一分析框架,结合官方公布信息和既有研究成果看,中国减贫的国内直接成就与意义,首先是消除绝对贫困,其次是改变贫困地区的物质和精神面貌,再次是显著提升脆弱群体自我发展能力;国内视角的溢出效应则主要包括增强中国共产党长期执政的群众基础,增进社会安定团结,以及加快国家治理体系和治理能力现代化步伐。

研究发现,国家统计局、国家脱贫攻坚普查领导小组办公室在2021年2月发布的国家脱贫攻坚普查结果,从六个侧面呈现了国内直接成就与意义(详见表0-2)。

表0-2　国家脱贫攻坚普查结果

	22省(区、市)建档立卡户总体情况	国家贫困县的建档立卡户	非国家贫困县的建档立卡户
吃	平常能吃得饱且能适当吃好	98.94%随时能吃肉蛋奶或豆制品	99.03%随时能吃肉蛋奶或豆制品

---

① 王小林:《改革开放40年:全球贫困治理视角下的中国实践》,《社会科学战线》2018年第5期。

续表

	22省（区、市）建档立卡户总体情况	国家贫困县的建档立卡户	非国家贫困县的建档立卡户
穿	一年四季都有应季的换洗衣物和御寒被褥	/	
义务教育	适龄少年儿童全面实现义务教育有保障	在校就学率为98.83%	在校就学率为99.06%
基本医疗	全面实现基本医疗有保障	99.85%参加城乡居民基本医疗保险	99.74%参加城乡居民基本医疗保险
住房	全面实现住房安全有保障	100%实现住房安全	
饮水	全面实现饮水安全有保障	达到当地饮水安全标准，生活饮用水水量和水质方面符合标准，用水方便程度、供水保证率有历史性改善	

注：根据国家统计局、国家脱贫攻坚普查领导小组办公室《国家脱贫攻坚普查公报（第二号）——建档立卡户"两不愁三保障"和饮水安全有保障实现情况》（见《人民日报》2021年2月26日第5版）整理。

中国减贫的国际直接成就与意义主要指的是"份额贡献"。"改革开放以来，按照现行贫困标准计算，我国7.7亿农村贫困人口摆脱贫困；按照世界银行国际贫困标准，我国减贫人口占同期全球减贫人口70%以上。"[1] 也就是说，如若没有中国减贫成就，世界减贫成绩将不可避免地大幅缩水。国际溢出效应则主要包括"经验贡献"和"信心贡献"。中国的减贫实践及其经验，为那些想真正帮助贫困群体尽快摆脱贫困的发展中国家提供了有益参鉴，同时，中国提前十年实现《联合国2030年可持续发展议程》减贫目标，雄辩地证明贫困这一人类顽疾是可以逐步战胜的，进而提振了广大发展中国家消除绝对贫困的信心，增强了世界各国人民推动构建人类命运共同体的信心。

（二）另一个视角的尝试

所谓另一个视角指的是：从治理视角考察减贫，并将治理本身作为减贫的重要成就来看待。

---

[1] 习近平：《在全国脱贫攻坚总结表彰大会上的讲话》，《人民日报》，2021年2月26日第2版。

实际上，国内外关注减贫与治理的研究并不匮乏，但常见做法是从治理视角出发分析减贫取得成功的原因。例如，有学者指出，中国取得脱贫攻坚全面胜利的原因在于，中国在科层体制中注入动员要素进而创造了一种叫作"动员式减贫"的工作模式，这一模式在人民性政党的坚强领导下得以形成，以宏观管控型国家基本制度为支撑，以"无边界"调动资源为核心理念，在运行机制上具有跨层级渗透、跨部门联动和跨区域衔接的特点，充分彰显中国特色社会主义制度的优越性。[①] 当然，也有少数成果从减贫出发研究相关治理问题。例如，有学者注意到在中国的治贫体系和能力在精准脱贫中得以提升，尤其是信息汲取、政治保障、制度保障、综合回应、资源动员以及政策执行等能力得到了显著提升。其显然把关注重点放在了治贫体系和治贫能力上。可喜的是，还有学者认为，贫困治理涉及社会再动员、再组织、再塑造等问题，对于构建社会共治的制度基础等具有重要作用，因而其本身就是国家治理的重要组成部分，且是推动国家治理现代化的重要步骤。

笔者则尝试超越直接效应，转而关注溢出效应，尤其是关注中国减贫的治理意义；在理解中国减贫的治理意义时，尝试超越狭义上的贫困治理视角，转而关注减贫尤其是脱贫攻坚对国家治理体系和治理能力的全面影响，进而揭示二者之间的并进互益机制。是故，笔者提出以下三个假设：

假设一：中国减贫事业取得历史性成就，离不开中国加快推动国家治理体系和治理能力现代化。

假设二：中国国家治理体系和治理能力现代化步伐加快，本身就是中国减贫事业所取得的不容忽视的重要成就。

假设三：精准扶贫精准脱贫方略的强力实施，对加快推动中国国家治理体系和治理能力现代化发挥了综合性积极影响。

为了检验上述假设，本书尝试采用政策制度分析与实践样本研究相结合的方法，坚持整体主义视角，首先对减贫（具体指脱贫攻坚）对政府治理的积极影响进行考察，具体从层级间、区域间、政企、政社关系的优化入手；其次，考察脱贫攻坚对乡村治理变革的积极影响，包括

[①] 仲超：《中国大规模减贫的实践经验与理论创新》，《中州学刊》2021年第5期。

对治理体系和治理能力的影响；最后，考察减贫对新型举国体制构建的积极影响，重点关注大扶贫工作格局和大监督工作格局的系统集成机制。

为何作出这样的研究设计？如前所述，中国减贫自1980年代中期以来就进入了由政府主导的扶贫开发模式，同时，中国的扶贫开发主要指的是政府主导和引导的农村扶贫开发，故而，扶贫开发对政府治理和乡村治理的冲击不但是不可避免的，而且是最直接、最显著的。而构建和运行一个大监督工作格局并使其与大扶贫工作格局适配，在扶贫领域构建和运行一套集中力量办大事体制机制，既是中国扶贫工作的显著特点和最大亮点，也是中国能通过四十多年的努力最终解决绝对贫困问题的密码所在。这些内容共同构成本著的"上篇"部分，目的在于梳理和呈现脱贫攻坚的治理成就与意义。

（三）扶贫方式的多样性

需要指出的是，中国的减贫工作之所以具有显著治理意义，首先是因为扶贫方式多样。正是不同的扶贫方式，从不同的侧面和点位影响治理体系和治理能力的进程和方向，才有最终的高效协同、系统集成。

中国的扶贫工作格局中，既有专项扶贫、行业扶贫、社会扶贫，还有定点扶贫、消费扶贫等，从扶贫主体看包括政府、企业、社会、个体在内的四类主体，从运作机制特点看包括单主体—政府主导模式、多主体—政府主导+引导模式、多主体—社会主导模式、多主体—市场主导模式、多主体—混合机制模式等，而且呈现高度交织态势（详见表0-3），具有多样性、全面性、复杂性特点。

表0-3　　　　　　　　中国扶贫方式及特征

类型	政府	企业	社会	特征
专项扶贫	√（以扶贫办牵头）	/	/	单主体—政府主导模式
行业扶贫	√（党政部门）	√（国有企业）	√（人民团体）	多主体—政府主导模式

续表

类型	政府	企业	社会	特征
社会扶贫	√（党政干部个人）	√（民营企业）	√（社会组织、志愿服务队、军队和武警部队、社会大众）	多主体—社会主导模式
消费扶贫	√（组织+个人方式）	√（组织+个人方式）	√（组织+个人方式）	多主体—混合模式
东西部扶贫协作	√	√	√	多主体—政府主导引导模式

其中，专项扶贫指的是：政府以贫困人口和贫困地区为对象，以财政专项扶贫资金为主要资源、以实现贫困人口基本生存和发展为目标，编制并适时更新专项扶贫开发规划，逐年加以落实。[1] 行业扶贫指的是：各行业部门将贫困地区作为本部门本行业发展重点，发挥本行业本部门的职能优势和资源优势，积极促进贫困地区各项事业发展。[2]

此外，还有"定点扶贫"一说。这一扶贫方式强调的是帮扶主体和帮扶对象之间结对关系的稳定性，具体是指中央和国家机关各部门各单位、人民团体、参照公务员法管理的事业单位、国有大型骨干企业、国有控股金融机构、各民主党派中央及全国工商联、国家重点科研院校等对国家扶贫开发工作重点县（简称"国定贫困县"）的定点帮扶。[3] 从行业扶贫和定点扶贫的定义看，二者指涉并无二致，只是前者是从帮扶主体视角作出的界定，后者强调的则是帮扶结对关系的稳定性。

社会扶贫的概念比较宽泛，从官方表述看，除政府、财政供养单位和机构（不含军队和武警部队）之外的所有帮扶主体发起的扶贫行为都可以纳入这一范畴；东西部扶贫协作是指东部发达省市与西部贫困地区

---

[1] 《国务院办公厅关于深入开展消费扶贫助力打赢脱贫攻坚战的指导意见》，2019年1月14日，中国政府网，http://www.gov.cn/zhengce/content/2019-01/14/content_5357723.htm。

[2] 中华人民共和国国务院新闻办公室：《中国农村扶贫开发的新进展》，《人民日报》2011年11月17日第23版。

[3] 中华人民共和国国务院新闻办公室：《中国农村扶贫开发的新进展》，《人民日报》2011年11月17日第23版。

结对开展扶贫协作；消费扶贫则是指"社会各界通过消费来自贫困地区和贫困人口的产品与服务，帮助贫困人口增收脱贫的一种扶贫方式，是社会力量参与脱贫攻坚的重要途径"。①

"五个一批"以及健康扶贫、资产收益扶贫等举措的实施，更是使得脱贫攻坚覆盖经济、社会、文化、生态等各个领域，中国扶贫方式乃至扶贫格局的多样性、全面性、复杂性更加突出。也正因如此，中国的扶贫是真正的大扶贫，仅仅把大扶贫工作格局理解为协同推进专项扶贫、行业扶贫、社会扶贫的做法略显简单。

---

① 《国务院办公厅关于深入开展消费扶贫助力打赢脱贫攻坚战的指导意见》，2019 年 1 月 14 日，中国政府网，http://www.gov.cn/zhengce/content/2019-01/14/content_5357723.htm。

第 一 章

脱贫攻坚推动政府治理协同高效

在中国传统政治思想中，国家治理的基本含义是统治者治理国家和处理政务；在当前西方学术话语中，国家治理中的"治理"强调的是以"去中心化"为取向、以政府分权和社会自治为做法的公共管理方式；在当代中国政治话语中，国家治理指的是中国共产党团结带领中国人民科学、民主、依法和有效地治国理政。[1] 国家治理包括政府治理、市场治理、社会治理等多个系统和板块。广义上的政府治理，是指作为治理主体的政府对它自身、市场以及社会实施的公共管理活动。故而，本著认为，政府治理现代化是指政府根据科学、民主、法治理念，推动自身治理协同高效、系统集成，进而有效实施公共管理活动，促进经济社会向好发展。

政府治理的首要任务是政府自身的治理，政府自身治理的重要内容之一是府际关系治理。所谓府际关系，是指政府间的关系，既包括中央政府与地方政府之间的关系，也包括地方政府之间的关系，还包括政府部门之间、各地区政府之间的关系[2]。此外，广义上的政府治理还包括对政府与企业、政府与社会关系的治理。本章采用广义政府治理概念，尝试分析减贫（尤其是脱贫攻坚）对纵向、横向府际关系以及政企、政社关系治理的积极作用。

---

[1] 王浦劬：《国家治理、政府治理和社会治理的基本含义及其相互关系辨析》，《社会学评论》2014 年第 3 期。

[2] 谢庆奎：《中国政府的府际关系研究》，《北京大学学报》（哲学社会科学版）2000 年第 1 期。

第一节　脱贫攻坚推动纵向府际治理协同高效

纵向府际关系治理是政府治理的重要内容。促进纵向府际关系协同高效是政府治理现代化的重要任务。研究发现，脱贫攻坚从不同方位对促进纵向府际关系协同高效产生不同程度的积极影响，其中专项扶贫行动的作用尤其值得关注。

一　纵向府际关系建设和治理的重要性复杂性

府际关系的复杂性、重要性与国家规模直接相关。行政区划单位是府际关系发生的基本载体以及国家治理的组织基础，故而，国家规模越大国家治理的有效性对府际关系的依赖性就越高。[①] 中国是一个人口规模庞大、治理幅度辽阔、治理层次复杂的大国。中国设有中央、省（市、自治区）、市（地区、自治州、盟）、县（市、区、旗）和乡镇（街道、苏木）五个行政层级。资料显示，截至 2020 年底，全国共有 34 个省级行政区划单位，333 个地级行政区划单位，2844 个县级行政区划单位，38741 个乡级行政区划单位。[②] 此外，截至 2020 年底，全国共有 61.5 万个基层群众性自治组织，包括 50.2 万个村委会和 11.3 万个居委会。[③] 基层群众性自治组织的加入，使得政府治理体制机制变得更加微妙复杂。由此可见，府际关系治理对中国而言不但意义重大而且任务艰巨。不过，从另一个角度讲，府际关系也是一种重要的治理资源，一旦协同高效的府际关系得以建成，即意味着中国拥有一笔丰厚的治理资源。

府际关系的内涵是利益关系、权力关系、财政关系和公共行政关系，其中利益关系居于核心地位；府际关系的焦点是管理幅度、管理权力、

[①] 林尚立：《重构府际关系与国家治理》，《探索与争鸣》2011 年第 1 期。
[②] 《2020 年民政事业发展统计公报》，2021 年 9 月 10 日，中华人民共和国民政部网，http：//www.mca.gov.cn/article/sj/tjgb/202109/20210900036577.shtml。
[③] 《2020 年民政事业发展统计公报》，2021 年 9 月 10 日，中华人民共和国民政部网，http：//www.mca.gov.cn/article/sj/tjgb/202109/20210900036577.shtml。

管理收益问题。① 理想状态的府际关系是各级政府之间、政府部门之间层次分明、涵盖全面、责权清晰，既无"错位"，也无"越位"，更无"缺位"。② 自中华人民共和国成立以来，尤其是改革开放以来，中国纵向府际关系建设和治理取得长足进步，上级政府通过人事、财政、行政等手段对下级政府实施了有效的管控，平行政府之间也有规模不等、深度不一的合作，但从既有研究成果和长期观察思考看，也还存在一些短板弱项。

纵向府际关系建设和治理面临的突出问题是"职责同构"及其导致的系列问题。所谓"职责同构"，是指中央政府与地方政府在职能设置上无二致，呈现上下"一般粗"的状态。中央、地方、基层政府职责相同极易诱致以下弊端：一是工作任务逐级下移，造成越是低层的政府承担的职能越多，出现"上面千根线，下面一根针"或者"上面千把锤，下面一根钉"的局面；二是上一级政府可以越权行使下一级政府的任何权力，甚至可以削弱或者否决下一级政府的任何决定；三是一旦出了问题，要么从上到下问责系列官员，要么因为责任难以厘清而无法科学追究。③ 此外，上下"一般粗"的设置还极易诱发"一统就死、一放就乱"的恶性循环。④ 正因如此，府际关系治理的要害是科学设置不同层级政府的职责，职责问题得到解决，财政资源分配等其他问题才有解决的可能。⑤

纵向府际关系建设和治理面临的另一突出问题关乎权责结构配置的合理性科学性。《中华人民共和国宪法》（以下简称宪法）仅对中央与地方关系作出了原则性规定，对中央与省级政府的权限有比较明确的规定，对省级以下政府的权力却界定不清。宪法第八十九条明确指出，国务院行使十七项职权，同时还可行使全国人民代表大会和全国人民代表大会常务委员会授予的其他职权。宪法第一百零七条涉及县级以上地方各级

---

① 谢庆奎：《中国政府的府际关系研究》，《北京大学学报》（哲学社会科学版）2000年第1期。
② 杨龙：《府际关系调整在国家治理体系中的作用》，《南开学报》（哲学社会科学版）2015年第6期。
③ 杨龙：《府际关系调整在国家治理体系中的作用》，《南开学报》（哲学社会科学版）2015年第6期。
④ 林尚立：《重构府际关系与国家治理》，《探索与争鸣》2011年第1期。
⑤ 林尚立：《重构府际关系与国家治理》，《探索与争鸣》2011年第1期。

人民政府权限规定,具体表述如下:

> 县级以上地方各级人民政府依照法律规定的权限,管理本行政区域内的经济、教育、科学、文化、卫生、体育事业、城乡建设事业和财政、民政、公安、民族事务、司法行政、计划生育等行政工作,发布决定和命令,任免、培训、考核和奖惩行政工作人员。乡、民族乡、镇的人民政府执行本级人民代表大会的决议和上级国家行政机关的决定和命令,管理本行政区域内的行政工作。①

宪法第一百一十条则强调,"地方各级人民政府对上一级国家行政机关负责并报告工作。全国地方各级人民政府都是国务院统一领导下的国家行政机关,都服从国务院"。② 在此背景下,地方政府从制度文本看拥有较为宽泛的自由裁量权,但实际上权力非常有限(尤其是县乡两级政府),加之"职责同构"所导致的工作任务逐级下移,不可避免地出现事权不符、权责不等现象。③ 如何构建协同高效的纵向府际关系亟待理论和实践的不懈探索。

二 专项扶贫与纵向府际治理协同高效：政策制度

专项扶贫是我国重要扶贫方式之一。脱贫攻坚战中,我国对专项扶贫的权责配置进行调整和完善,使得各级扶贫责任主体更加明确、职责内容边界更加清晰,进而形成了五级政府精准协同发力的良好局面。我国构建并运行着一套相对成熟的扶贫工作责任体系。这套体系形成于实施精准扶贫精准脱贫基本方略之前,完善于精准扶贫精准脱贫阶段。大致发展脉络如下:

早在"八七计划"实施期间,中国就强调要加强对扶贫工作的组织领导。其中,国务院扶贫开发领导小组承担"统一组织协调"的职能,

---

① 《中华人民共和国宪法》,《人民日报》2018年3月22日第1版。
② 《中华人民共和国宪法》,《人民日报》2018年3月22日第1版。
③ 杨宏山：《政策执行的路径——激励分析框架：以住房保障政策为例》,《政治学研究》2014年第1期；颜德如、岳强：《中国府际关系的现状及发展趋向》,《学习与探索》2012年第4期。

中央各有关部门和各省（自治区、直辖市）扮演"具体执行"的角色，"实施分级负责、以省为主的省长（自治区主席、市长）负责制"。①

《中国农村扶贫开发纲要（2001—2010年）》实施期间，扶贫工作责任制的要点是"省负总责，县抓落实，工作到村，扶贫到户"。其中，"省负总责"强调的是扶贫开发工作"责任到省、任务到省、资金到省、权力到省"；"县抓落实"强调的是各县要在扶贫开发工作中发挥关键作用，而国定贫困县更是要把扶贫开发工作作为党委和政府的中心任务并以其统揽县域经济社会发展全局，将相应政策措施真正落实到贫困村和贫困户层面。②此外，这一时期超越了实行行政"一把手"负责制的做法，已经实行党政"一把手"负责制，明确规定要把扶贫开发的效果作为考核相关地方党政"一把手"政绩的重要依据。③

《中国农村扶贫开发纲要（2011—2020年）》实施期间，扶贫工作责任制变得更加丰富，在管理体制上强调"中央统筹、省负总责、县抓落实"，中央层面的职能得到加强；在工作机制上强调"片为重点、工作到村、扶贫到户"；同时，党政"一把手"负总责的要求得到继续实行。④

进入精准扶贫精准脱贫阶段，伴随扶贫工作被摆在中国共产党治国理政更加突出的位置，中国更加重视扶贫工作责任体制机制建设，扶贫工作责任体系实现新的发展，呈现新的特点，具体情况如下：

其一，增加一个责任层级。在新时代扶贫工作责任体系中，担负脱贫攻坚任务的市级行政区划单位也被赋予相应权责，将"县抓落实"调整为"市县抓落实"。市级行政区划单位的职责有两条：协调域内跨县扶贫项目，以及督促、检查和监督区域内项目实施、资金使用管理、脱贫目标任务完成情况等。

---

① 《国务院关于印发国家八七扶贫攻坚计划的通知》，《江西政报》1994年第11期。
② 《中国农村扶贫开发纲要（2001—2010年）》，《人民日报》2001年9月20日第5版。
③ 《中国农村扶贫开发纲要（2001—2010年）》，《人民日报》2001年9月20日第5版。
④ 《中国农村扶贫开发纲要（2011—2020年）》，《人民日报》2011年12月2日第8版。

其二，权责更加清晰。在新时代扶贫工作责任体系中，不但中央、省、市、县四个层级的权责明确，而且同一层级各个职能部门的具体职能也相当清晰（详见表1-1）。

其三，力促形成工作合力的导向更加明确。新时代扶贫工作责任体系对参与东西部扶贫协作的双方、定点扶贫单位、军队和武警部队、民主党派、民营企业、社会组织和个体在脱贫攻坚中应该怎么发挥作用均作出了安排、提出了要求。

其四，正向激励导向更加明确。新时代扶贫工作责任体系强调对在脱贫攻坚中履职到位、贡献突出的各类扶贫主体通过各种方式予以奖励表彰。

表1-1　　　　　　　　新时代中国扶贫工作责任体系

	总体要求	责任主体	具体职责
中央层面	中央统筹	党中央、国务院，国务院扶贫开发领导小组，党和国家有关职能部门	1. 党中央、国务院：统筹制定脱贫攻坚大政方针、重大政策举措，完善脱贫攻坚体制机制，做好重大工程项目规划，协调全局性重大问题、全国性共性问题 2. 国务院扶贫开发领导小组：综合协调全国脱贫攻坚工作，建立健全贫困县约束等工作机制，组织实施对省级党委和政府扶贫开发工作成效考核，组织开展脱贫攻坚督查巡查和第三方评估等 3. 相关中央和国家机关：根据职责安排、运用行业资源落实脱贫攻坚责任 4. 中央纪委机关：对脱贫攻坚进行监督执纪问责 5. 最高人民检察院：对扶贫领域职务犯罪进行集中整治和预防 6. 审计署：对脱贫攻坚政策落实和资金重点项目进行跟踪审计

续表

总体要求	责任主体	具体职责
省级层面 省负总责	省级党委和政府	1. 对本地区脱贫攻坚工作负总责，省级党委和政府主要负责人向中央签署脱贫责任书，每年向中央报告扶贫脱贫进展情况 2. 全面贯彻党中央、国务院关于脱贫攻坚的大政方针和决策部署，结合本地实际制定本地政策计划并实施 3. 通过调整财政支出结构等方式确保扶贫资金投入力度与脱贫攻坚任务相适应，并统筹使用其他渠道获得的扶贫资金 4. 对扶贫资金分配使用、项目管理进行检查监督和审计，纠正和处理违纪违规问题 5. 加强对贫困县的管理，保持贫困县党政正职稳定
市级层面	市级党委和政府	1. 协调域内跨县扶贫项目 2. 对区域内项目实施、资金使用和管理、脱贫目标任务完成等工作进行督促、检查和监督
县级层面 市县抓落实	县级党委和政府	1. 承担脱贫攻坚主体责任（党委和政府主要负责人是第一责任人），制定脱贫攻坚实施规划，优化配置各类资源要素，组织落实各项政策措施 2. 指导乡、村开展工作，包括组织实施贫困村、贫困人口建档立卡和退出工作，制定乡、村落实精准扶贫精准脱贫的指导意见，抓党建促脱贫，选优配强和稳定基层干部队伍 3. 建立扶贫项目库，整合财政涉农资金，建立健全扶贫资金项目信息公开制度，对扶贫资金管理监督负首要责任

资料来源：根据《脱贫攻坚责任制实施办法》（《人民日报》2016年10月18日第3版）整理。

三 专项扶贫与纵向府际治理协同高效：实践样本

各级地方政府根据新时代扶贫工作责任体系有关规定，结合地方实际情况，迅速制定、发布并实施脱贫攻坚责任实施细则。我国西部地区G省于2017年4月公开发布《G省脱贫攻坚责任制实施细则》，展现了构建责任清晰、各负其责、合力攻坚责任体系的努力。对比国家在2016年8月公开发布的《脱贫攻坚责任制实施办法》，G省的细则至少具有以下五个特点：一是省扶贫开发领导小组下设"专责小组"，各组根据各自职责，协调、督促各地各部门各单位共同推进脱贫攻坚工作；二是强调"县级党委、政府应当按照权力、责任、资金、任务到县的原则，充分发挥自主性，在法律法规和相关政策允许的范围内，因地制宜、探索创新"；三是增加"乡村实施"环节，并给乡、村划定六条职责，构建和运行省负总责、市县抓落实、乡村实施的工作机制；四是对团结凝聚各方力量进行"合力攻坚"作出了明确部署；五是突出强调在实施《G省脱贫摘帽激励办法（试行）》的同时，"脱贫攻坚工作实行终身责任制，脱贫攻坚有关工作出现问题的，相关责任人不能因调离、免职、退休等免于追责"。①

以G省GB市Y县为例，该县根据中央有关精神以及《G省脱贫攻坚责任制实施细则》有关规定，强化"县级党委和政府对扶贫资金管理监督负首要责任"的意识，② 在防范扶贫资产闲置流失、加强扶贫资产管理、最大限度发挥扶贫资产作用方面开展了积极探索，最终形成《Y县扶贫资产经营管理制度（试行）》。③ 该制度追求"资产家底清晰、产权归属明晰、类型界定科学、主体责任明确、运行管理规范"，强调"谁主管谁督促指导，谁实施谁登记移交，谁所有谁管理维护"，要求扶贫、财

---

① 《G省脱贫攻坚责任制实施细则》，《G省日报》2017年4月1日。
② 2021年6月，笔者前往G省GB市调研，深入Y县、D县、L县等地考察。书中未注明出处的关于GB市扶贫工作的资料，均由GB市及相关县提供。
③ 扶贫资产指的是，使用各级财政扶贫资金（包括财政专项扶贫资金、统筹整合财政涉农资金、彩票公益金、东西扶贫协作资金、政府债券用于支持脱贫攻坚资金等），以及社会扶贫资金投入形成的资产（包括接受捐赠的实物资产但不包括易地扶贫搬迁项目建设形成的资产）。Y县将2016年以来的扶贫资产纳入管理范畴。

政、审计和行业相关部门各负其责、各司其职（详见表1-2）。

表1-2　　　　　　　　　Y县扶贫资产经营管理体系

责任主体	具体职责
县委组织部集体经济办	监督指导村集体经济扶贫资产后续管理、清产核资、扶贫资产登记入账、效益发挥（以下简称"扶贫资产四项工作"）
县农业农村局	监督指导产业"扶贫资产四项工作"
县审计局	扶贫资产审计监督
县财政局	项目资金梳理
水利局、交通局等脱贫攻坚项目相关主管（或实施）单位	监管本部门扶贫资产登记造册、建立台账、信息完善、系统录入、"扶贫资产四项工作"及资产流失防止等
乡（镇）党委和政府	监管本乡（镇）"扶贫资产四项工作"及资产流失防止等
村（社区）"两委"	本村（社区）扶贫资产的管理
县扶贫办	指导主管部门、各乡（镇）扶贫资产管理工作加强，及时总结经验、发现和处理问题，将扶贫资产管理纳入年度扶贫开发工作成效考核和绩效考评内容
各级纪检监察、扶贫主责部门	全过程监督扶贫项目资产实施，预防各种违法违纪行为发生

资料来源：根据Y县提供的《Y县人民政府办公室关于印发〈Y县扶贫资产经营管理制度（试行）〉的通知》整理。

从表1-2可以看到，在该体系中，县、乡政府、村（社区）三级的职责分工相当明确，政府相关职能以及党的相关工作部门的职责分工也非常清晰，精准化、系统化理念得到较好贯彻，故而体系运作顺畅，工作操作有规可循、有章可循。

此外，为确保新时代扶贫工作责任体系运行顺畅、协同高效，2016年至2020年期间，我国相应加强了对担任脱贫攻坚重任的中西部22个省（自治区、直辖市）党委和政府的考核。考核的组织者、牵头者、实施者分别为国务院扶贫开发领导小组、国务院扶贫办和中央组织部、国务院扶贫开发领导小组成员单位，考核内容涵盖减贫成效、贫困人口识别的精准度、精准帮扶工作的满意度以及扶贫资金的安排、使用、监管和成效，考核频率为每年一次，考核步骤主要包括省级总结、第三方评估、数据汇总、综合评价、沟通反馈，考核结果由国务院扶贫开发领导小组予以通报，并作为所涉省级党委、政府主要负责人和领导班子综合考核评价的重要依据，对考核中发现的问题由国务院扶贫开发领导小组提出处理意见。[①] 各省、市、县、乡也根据中央精神作出相应安排。

四 作用评估分析

一般认为，"职能有分工、使命共担当"是最理想的府际关系形态。[②] 专项扶贫责任体系，清晰确权定责，推动了对"上下一般粗"的改革，对各级政府在脱贫攻坚中财权、事权乃至人权进行了比较精细化、系统化的界定，从而提高各级政府在脱贫攻坚中的工作协同性和有效性，为构建全面的"职能有分工、使命共担当"的职能结构体系提供了范例、积累了经验。

当然，扶贫责任体系中也涉及行业扶贫权责配置。以党政部门为主体的行业扶贫，对于改进斜向府际关系也发挥一定作用，但在此不作展开。

第二节 脱贫攻坚推动横向府际治理协同高效

从脱贫攻坚对横向府际关系的影响看，东西部扶贫协作的作用最为突出。

一 横向府际关系建设和治理的重要性复杂性

中国横向府际关系复杂，而这与显著的区域差异密不可分。中国幅员辽阔、人口众多，共设三十四个省级行政区划单位，但由于自然资源禀赋差别巨大，统筹区域发展和处理横向府际关系并非易事。从"胡焕庸线"（也称瑷珲—腾冲线或黑河—腾冲线）看，改革开放以来，线两边的人口密度差异在局部地区有些变化但总体变化不大，时至今日，线之

[①] 《省级党委和政府扶贫开发工作成效考核办法》，《人民日报》2016年2月17日第1版。
[②] 林尚立：《重构府际关系与国家治理》，《探索与争鸣》2011年第1期。

东南方，占43%的国土面积却居住着全国94%左右人口，线之西北方，占57%的国土面积仅供养大约全国6%的人口，且前者的工业化、城镇化水平显著高于后者。① 从省级人均GDP比较看，广西、黑龙江、甘肃长期保持在全国均值的五成左右，而北京、上海是全国平均水平的两倍以上；从省际财政能力比较看，"十二五"期间，只有北京、广东、上海、江苏、浙江、天津、山东、福建、辽宁9个省级行政区划单位能做到财政收入"净上缴"，另22个（不算香港特别行政区、澳门特别行政区、台湾省）则需要中央财政予以"净补助"；从经济板块发展情况看，中西部地区与东部地区的差距依旧，经济增速"南快北慢"已成趋势，经济总量占比"南升北降"日渐明显。

　　横向府际关系建设和治理面临的主要问题是地方政府竞争与区域合作的相互交织。地方政府竞争，指的是"地方政府之间为争夺各种有形和无形资源，而在投资环境、政府管理、法律制度以及政治行动方面展开的竞争"。② 导致地方政府竞争激烈甚至出现恶性竞争，原因十分复杂。有学者尝试用"锦标赛"等概念来描述和解释这种竞争局面。区域合作顾名思义即指地方政府之间发生的各种类型的协作。改革开放以来，区域合作大致出现以下五种模式：一是欠发达地区的地方政府为向发达地区的政府学习加快经济发展等经验而开展的"学习型"区域合作，当然二者之间也可能就某些项目建设加强沟通交流甚至达成合作协议③；二是地方政府之间旨在通过利益交换实现双方利益增加的互补型区域合作；三是地方政府之间为了促进要素流动或争取上级政策资源而发起的共建型区域合作；四是地方政府之间为了解决共有产权资源使用权分配、责任分担等问题而开展的分配型区域合作；五是致力于解决问题外部性的内部化的补偿型区域合作。④

---

　　① 杜尚泽等：《总书记心中的"国之大者"》，《人民日报》2021年11月9日第2版。
　　② 邢华：《我国区域合作治理困境与纵向嵌入式治理机制选择》，《政治学研究》2014年第5期。
　　③ 谢庆奎：《中国政府的府际关系研究》，《北京大学学报》（哲学社会科学版）2000年第1期。
　　④ 邢华：《我国区域合作治理困境与纵向嵌入式治理机制选择》，《政治学研究》2014年第5期。

影响横向府际关系建设和治理的重要因素是地方本位主义。地方本位主义的形成，既有体制原因也有人文、法制等其他方面的原因。地方本位主义的盛行，通常导致地方政府之间争取中央和上级政府的政策倾斜和特殊支持而展开激烈竞争。[1] 激烈竞争反过来又加剧地方本位主义，成为影响区域合作的最大障碍。然而，伴随区域经济发展的提速提质，区域内各级政府加快了合作步伐、深化了合作领域，横向府际关系因为市场发展和地方发展的推动逐步实现了从激烈竞争向加强合作的转化，但在中央层面上缺乏充分设计，大多属于自然交往和自由组合形态。[2]

二 东西部扶贫协作与横向府际治理协同高效：政策制度

东西部扶贫协作是指东部发达省市与西部贫困地区结对开展扶贫协作。这是一项为加快西部贫困地区脱贫步伐进而实现共同富裕的制度安排。该制度起始于1996年，当年合计15个经济较发达省（市）与西部11省（区、市）结成协作对子。自此，东西部双方根据"优势互补、互惠互利、长期合作、共同发展"的原则持续开展合作，逐步形成了以政府援助、企业合作、社会帮扶、人才支持为主要形式的区域协作模式。[3]

时至2016年，东西部扶贫协作开展已有二十年，中国已经形成多层次、多形式、全方位的扶贫协作和对口支援格局并取得显著工作成效，为扭转区域发展差距扩大趋势、促进国家区域发展总体战略实施发挥重要作用。以1996年就启动的福建—宁夏协作（以下简称"闽宁协作"）为例，在过去的二十年里，双方建立和运行"联席推进、结对帮扶、产业带动、互学互助、社会参与"的扶贫协作机制，坚持"把扶贫开发作为重心，把产业协作扶贫作为关键，把生态环境改造作为基础，把激发内生动力作为根本"，一年一度的对口扶贫协作联席会议从未间断，一批

---

[1] 颜德如、岳强：《中国府际关系的现状及发展趋向》，《学习与探索》2012年第4期。
[2] 林尚立：《重构府际关系与国家治理》，《探索与争鸣》2011年第1期。
[3] 中华人民共和国国务院新闻办公室：《中国的农村扶贫开发》，《人民日报》2001年10月16日第5版；中华人民共和国国务院新闻办公室：《中国农村扶贫开发的新进展》，《人民日报》2011年11月17日第23版。

又一批援宁干部真心奉献，数以万计的闽商在宁创新创业，几万宁夏贫困群众在福建稳定就业，为推动宁夏经济社会发展发挥了重要作用。① 其中，宁夏闽宁法庭主动服务东西部扶贫协作，长年扎根移民安置区，与走出大山的群众共谱"山海情"。②

2016年7月，习近平总书记在宁夏调研期间专门召开东西部扶贫协作座谈会，指出"东西部扶贫协作和对口支援，是推动区域协调发展、协同发展、共同发展的大战略，是加强区域合作、优化产业布局、拓展对内对外开放新空间的大布局，是实现先富帮后富、最终实现共同富裕目标的大举措"③，强调要继续坚持东西部扶贫协作，并对进一步做好东西部扶贫协作和对口支援工作提出"提高认识，加强领导""完善结对，深化帮扶""明确重点，精准聚焦""加强考核，确保成效"四点要求。④

根据习近平总书记在东西部扶贫协作座谈会上的讲话精神，为提高东西部扶贫协作实效和对口支援的工作水平，推动西部贫困地区与全国其他地区一道实现全面小康，我国着力完善东西部扶贫协作体制机制，对"落实结对责任、优化结对关系"作出系列新的安排部署。

一方面，对原有结对关系进行调整和完善。在新的东西部扶贫协作结对关系中，除辽宁省外，其他东部协作方均增加援助对象，同时，援助对象更加具体，既有省际协作也有市与自治州之间的结对，这样的安排，基本实现在完善既有结对关系的基础上让所有民族自治州和西部贫困程度深的市州均有结对伙伴的目标（见表1-3）。

---

① 李涛：《认清形势聚焦精准深化帮扶确保实效 切实做好新形势下东西部扶贫协作工作》，《人民日报》2016年7月22日第1版。
② 周强：《最高人民法院工作报告——二〇二二年三月八日在第十三届全国人民代表大会第五次会议》，《人民日报》2022年3月16日第2版。
③ 李涛：《认清形势聚焦精准深化帮扶确保实效 切实做好新形势下东西部扶贫协作工作》，《人民日报》2016年7月22日第1版。
④ 李涛：《认清形势聚焦精准深化帮扶确保实效 切实做好新形势下东西部扶贫协作工作》，《人民日报》2016年7月22日第1版。

表1-3　　　　　　　中国东西部扶贫协作结对关系

东部协作方		精准扶贫精准脱贫阶段	精准扶贫精准脱贫之前
		西部协作方	西部协作方
北京市		内蒙古自治区；河北省张家口市和保定市	内蒙古
天津市		甘肃省；河北省承德市	甘肃
辽宁省大连市		贵州省六盘水市	贵州（另：辽宁—青海）
上海市		云南省；贵州省遵义市	云南
江苏省	江苏省	陕西省；青海省西宁市和海东市	陕西
	苏州市	贵州省铜仁市	
浙江省	浙江省	四川省	四川
	杭州市	湖北省恩施土家族苗族自治州，贵州省黔东南苗族侗族自治州	/
	宁波市	吉林省延边朝鲜族自治州；贵州省黔西南布依族苗族自治州	贵州
福建省	福建省	宁夏回族自治区	宁夏
	福州市	甘肃省定西市	
	厦门市	甘肃省临夏回族自治州	
山东省	山东省	重庆市	新疆
	济南市	湖南省湘西土家族苗族自治州	/
	青岛市	贵州省安顺市；甘肃省陇南市	贵州
广东省	广东省	广西壮族自治区；四川省甘孜藏族自治州	广西
	广州市	贵州省黔南布依族苗族自治州和毕节市	
	佛山市	四川省凉山彝族自治州	
	中山市东莞市	云南省昭通市	（另：深圳—贵州）
	珠海市	云南省怒江傈僳族自治州	

资料来源：根据《中办国办印发〈关于进一步加强东西部扶贫协作工作的指导意见〉》（《人民日报》2016年12月8日第1版），以及中华人民共和国国务院新闻办公室《中国的农村扶贫开发》（载《人民日报》2001年10月16日第5版）整理。

另一方面，对精准扶贫精准脱贫阶段开展东西部扶贫协作和对口援助提出新的要求。具体而言，一是对对口支援提出"三个倾斜"的要求，即向基层倾斜、向民生倾斜和向农牧民倾斜,使援助资源能够更加聚焦深度贫困地区和建档立卡贫困人口;二是对承担帮扶的东部省份提出了增加扶贫协作和对口支援资金的要求,指出东部省份要整合本行政区域内的非政府资金积极参与帮扶和支援工作;三是对协作双方建立健全工作机制提出要求,要求双方必须建立高层联席会议、党政主要负责同志定期互访等制度;四是对中央层面有关机构和部门提出要求,强调国务院扶贫办、国家发展改革委等必须加强对这项工作的指导和支持;五是对评估协作工作及成效提出要求,要求将减贫成效、劳务协作、产业合作、人才支援、资金支持等纳入国家脱贫攻坚考核范围和扶贫督查巡查重要内容。[1]

三 东西部扶贫协作与横向府际治理协同高效:实践样本

东西部扶贫协作取得重大成果,为如期完成脱贫攻坚任务发挥不可或缺的作用。

资料显示,江苏省通过积极推进"苏产西移"(即以园区共建为突破口、以项目建设为抓手,推动江苏产业转移融合),"苏才西用"(即每年向对口帮扶地区的每个贫困县至少选派6名教师、6名医务人员、6名农技人才),"西业苏就"(组织对口帮扶地区贫困劳动力转移就业,每年定向推送15万个以上岗位),"西电苏纳"(支持西部省份发展绿色能源并实行定向购入)等举措,帮助对口支援地区的102个贫困县全部脱贫摘帽、312.13万贫困人口摆脱贫困。[2]

实地调研发现,G省GB市在脱贫攻坚战中,专门成立了东西部扶贫协作工作领导小组和对口扶贫协作局,着力推进产业合作、易地搬迁、劳务协作等各项工作。2015年11月至2020年底,全市累计争取到对口援助市的财政帮扶资金19.02亿元,各界捐赠资金6亿,实施帮扶项目650个,涉及基础设施建设、特色产业、培训贫困户技能等项目,惠及805个贫困村、51.71万建档立卡贫困人口。其中,该市下属的Y县2019

---

[1] 《中办国办印发〈关于进一步加强东西部扶贫协作工作的指导意见〉》,《人民日报》2016年12月8日第1版。

[2] 王志忠:《扎实推进东西部扶贫协作》,《人民日报》2020年12月11日第9版。

年获得东西扶贫协作资金4932万元，第一和第二批资金是4132万元、用于安排项目15个，第三批资金是800万元、用于安排项目3个即某村中心小学学生宿舍楼建设项目、某村幼儿园综合楼建设项目以及杂交构树种植项目。Y县2020年获得东西扶贫协作资金6712万元，合计实施22个项目，安排了其中的550万元资助田园综合体项目、脱贫奔康茶叶产业项目、贫困劳动力劳动技能培训项目。Y县还针对东西扶贫协作开展严格考核评价工作，除考核扶贫协作协议完成情况外，还考核工作创新情况尤其是动员社会力量参与扶贫协作方面的创新，以及落实公告公示制度和项目档案管理制度的情况，要求资金分配结果一律公开，乡村两级项目安排和资金使用结果及绩效一律公告公示，接受群众和社会监督，并且建立健全了资金常态化监管机制，加强资金项目执行监管，落实各级资金监管责任，及时整改各有关监督部门发现的扶贫领域违纪违规问题。

东西部扶贫协作考核评价工作的开展，使东西部扶贫协作资金中的每一分钱都得到合规使用。Y县域内的TH村，在2020年收到东西部扶贫协作捐赠资金300万元。该村将其中的130万元用于基础设施建设，包括入户道路硬化工程、便民桥项目、亮化工程项目、新修便道项目、幼儿园改造项目、安全防护工程项目、饮水管更换项目、扶贫车间路网工程、排水工程项目等；将其中的100万元用于提升产业发展水平，在村土鸡养殖场原有资金的基础上，通过发放鸡苗、入股分红等方式与龙头企业合作，采取"龙头企业＋合作社＋贫困户"的模式带动贫困户养殖土鸡，土鸡养成后则按照消费扶贫的方式，对协助销售的市场主体进行奖补；将其中的20万元用于村集体经济项目，在易地搬迁安置点修建村集体经济便民中心，出租开办小超市，方便附近居民采购生活用品的同时增加村集体收入；将其中的50万元用于推进就业和教育，包括与20—30名贫困户签订公益性岗位协议，由村里组织贫困户开展保洁保绿、供水设施维修、道路维护、村集体经济基地维护管理、村扶贫车间管理等。

四 作用评估分析

东西部扶贫协作参与主体多、帮扶链条长、协作范围广、结对关系稳、持续时间长，兼具前文所列的学习型、互补型、共建型、分配型、补偿型等五种区域合作模式的特征,对推动完善区域合作体制机制和优化横向府际关系发挥独特作用。

首先,助力推动区域合作规范化、常态化、制度化建设。东西部扶贫协作是中央层面作出的制度性安排,通过二十多年的实践,逐渐转化为所涉政府之间的区域合作制度性安排。上述分析以及其他相关研究表明,这一安排促使东西部相关双方走出了竞争对手的窠臼,转而成为互相依赖的伙伴,并形成长期稳定的府际互动机制(有的地方政府之间甚至设立对口扶贫协作机构),使得所涉政府的活动内容都列入制度范围内、活动过程都运行在制度规范内,使得区域合作从政治道德驱动转化为制度驱动,而对东西部扶贫协作成效的考核,更是引进了合理的监督和惩罚机制,使得区域合作获得重要保证、变得更加长久和稳定。更值得注意的是,这一制度安排还逐渐转化为相关地方政府的发展战略平台。协作的推进逐渐终结了单向支援模式,构建起双向合作和战略互补格局,进而形成了两个区域之间"政府+企业+社会"主动对接、有效联动的横向府际关系网络。

其次,推动构建纵向横向府际沟通有效、合作有成局面。一般认为,在优化横向府际关系这个问题上,包括中央政府在内的上级政府,既不能担任"主宰者"的作用,也不能扮演"旁观者"的角色,而要嵌入到区域合作网络中去并成为其中的有机的组成部分。[1] 东西部扶贫协作,通过战略规划、考核问责、项目评估、府际联席会议等具体制度、程序安排,较好实现中央对相关地方政府之间关系的调控,有效规避纵向政府要么介入过度、要么介入不足的弊端。在新时代东西部扶贫协作格局中,国务院扶贫办、国家发展改革委等机构和部门被赋予"加强对东西部扶贫协作的指导和支持"[2] 的职权,介入责任主体和介入方式得到进一步明确。

最后,东西部扶贫协作这一政治动员和制度安排,使得所涉横向乃至纵向政府之间为实现同一战略而展开统一行动,实现中央将地方发展

---

[1] 邢华:《我国区域合作治理困境与纵向嵌入式治理机制选择》,《政治学研究》2014 年第 5 期。

[2]《中办国办印发〈关于进一步加强东西部扶贫协作工作的指导意见〉》,《人民日报》2016 年 12 月 8 日第 1 版。

有机地整合到国家的整体进步与发展之中的目标。受制度实践成效的正向激励，中央在部署建立更加有效的区域协调发展新机制的工作中，将东西部扶贫协作以及对口支援、对口协作（合作）作为优化区域互助机制的重要方式，并提出区域互助向更深层次、更高质量、更可持续方向发展的要求。① 习近平总书记强调："长远看，东西部扶贫协作要立足国家区域发展总体战略，深化区域合作，推进东部产业向西部梯度转移，实现产业互补、人员互动、技术互学、观念互通、作风互鉴，共同发展。"②

第三节 脱贫攻坚推动政企合作协同高效

社会扶贫是我国重要的扶贫方式之一，企业是社会扶贫的重要主体之一。"万企帮万村"精准扶贫行动是民营企业参与脱贫攻坚的"品牌工程"。从该行动切入是一个观察脱贫攻坚对政企合作之影响，尤其是政府与民营企业合作关系变化的理想界面。

一 政企关系建设和治理的重要性复杂性

了解政企关系概况，首先必须厘清政企关系和政商关系的关系。有观点认为，鉴于国有企业的实质是官僚政府机构在经济领域的延伸，因而"政商关系"中的"政"实际上是指地方政府和国有企业，"商"则指代民营企业。③ 有观点认为，从组织关系角度看，政企关系是政商关系的一部分，官商关系是政商关系的另一重内涵④；有观点则认为，政企关

---

① 《中共中央国务院关于建立更加有效的区域协调发展新机制的意见》，《人民日报》2018年11月30日第6版。
② 习近平：《在决战决胜脱贫攻坚座谈会上的讲话》，《人民日报》2020年3月7日第2版。
③ 于天远、吴能：《全组织文化变革路径与政商关系——基于珠三角民营高科技企业的多案例研究》，《管理世界》2012年第8期。
④ 田志龙、陈丽玲等：《中国情境下的政商关系管理：文献评述、研究框架与未来研究方向》，《管理学报》2020年第10期。

系在当前中国政策语境下等同于政商关系或狭义上的"营商环境"。① 可见,政企关系和政商关系在含义上和外延上均存在交叉重叠情况。本著拟聚焦政商关系中的政企关系,认为政企关系主要指涉政府与国有企业、非国有企业的关系,而其中的政府与非国有企业之间的关系尤其值得关注,需要建设和治理。

中国的政企关系是一种典型的合作关系。从政企边界、政企互动行为是否合法合规两个维度看,政企关系可以划分为政企合作、政企分治、政企伤害和政企合谋四种类型,而政企合作是其中最优关系类型。② 从中华人民共和国七十多年的历史实践看,中国的政企关系是一种"水乳交融"的合作共生关系。其中,在前三十年里,政府和企业的关系是一种直接显性的合作模式,这一模式的运行为国民工业体系、国防体系和基础建设体系等发挥奠基性作用;在后四十多年里,政企关系转变为"以间接为主、直接为辅"的合作模式,这一模式为助推国家自主创新战略、实现产业升级和工业现代化发挥重要作用。而无论是直接显性合作模式还是"以间接为主、直接为辅"合作模式,都是中国特色的国家生产属性所决定的。

中国的政企关系有其复杂的一面,仍存在这样那样的问题。有学者认为,从地区层面看,政府与非国有企业之间的关系,既不是清晰的制度化关系,也不是狭隘互利的政治庇护关系,而是一种在"官场+市场"双重竞争机制驱动下,建基于"政绩—业绩"纽带之上的、兼具制度化和人格化双重特征的"混搭"关系,不过,这种"混搭"关系从总体上看,弥补了对民营企业的制度供给不足,为中国经济的高速增长提供了管用的准制度基础③;有学者认为,从基层视角看,基层社会同时存在四种不同形态的政企关系,即非制度化合作关系、制度化合作关系、非制度化交易关系、制度化交易关系,这种格局是国家治理、市场治理的正

---

① 聂辉华:《从政企合谋到政企合作———一个初步的动态政企关系分析框架》,《学术月刊》2020年第6期。
② 聂辉华:《从政企合谋到政企合作———一个初步的动态政企关系分析框架》,《学术月刊》2020年第6期。
③ 周黎安:《地区增长联盟与中国特色的政商关系》,《社会》2021年第6期。

式制度和非正式制度交互作用的产物①;有学者认为,当前政企关系建设和治理面临的三个主要问题分别是政府权力界定不清、企业内部民主管理机制不健全、行业协会发展不完善②;有学者认为,伴随数字经济的发展,政企关系中出现经济主体僭越政府权力、政府过多干预数字经济、形式主义泛滥等值得警惕的倾向③。

如何解决政企关系中的问题,推动构建更加健康和谐的政企合作关系?有观点建议,从做好"放管服"改革入手,厘清政商边界、提升政府治理效能、规范政商交往路径④;有观点建议,从构建"互补共生"的政市关系入手,优化央地关系,进而构建"合作式"政府关系体系⑤;有观点建议,从培育民营企业主体入手,引导民营企业树立"底线意识"、重视核心竞争力建设、提高识别政府政绩需求等举措优化政企关系⑥;有观点建议,从发挥行业协会作用入手,通过拓展企业合作空间、沟通监督、内部管理等举措来改善政企关系⑦;有观点建议,为避免政企关系窄化成官商关系,应构建权力配置和运行机制以防止"权力围猎"⑧;有观点建议,把政企关系优化放到国家治理体系现代化范畴中去考虑,大力推进法治型政府和服务型政府建设,积极构建多元共治的市场治理格局,加快建立现代企业制度,加大社会组织培育力度,实现政府、市场、企业(公司)、社会的良性联动治理,而这才是优化政企关系的根本出路⑨。

对于构建健康和谐的政商政企关系,习近平总书记作出了"构建亲

---

① 付平、李敏:《基层政商关系模式及其演变:一个理论框架》,《广东社会科学》2020年第1期。
② 梅德平、洪霞:《论"亲""清"新型政商关系的构建》,《江汉论坛》2018年第8期。
③ 李永胜:《数字经济视域下构建新型政商关系机制研究》,《人民论坛》2021年11月(中)。
④ 毕思斌、张劲松:《论政商关系互动的演变过程与路径重塑——兼评"放管服"改革对政商关系的影响》,《河南师范大学学报》(哲学社会科学版)2020年第3期。
⑤ 邱实、赵晖:《国家治理现代化进程中政商关系的演变和发展》,《人民论坛》2015年第5期。
⑥ 胡凤乔、叶杰:《新时代的政商关系研究:进展与前瞻》,《浙江工商大学学报》2018年第3期。
⑦ 梅德平、洪霞:《论"亲""清"新型政商关系的构建》,《江汉论坛》2018年第8期。
⑧ 祝捷:《构建新型政商关系,根除"权力围猎"现象》,《人民论坛》2017年第9期。
⑨ 杨典:《政商关系与国家治理体系现代化》,《国家行政学院学报》2017年第2期。

清新型政商关系"的重要论述。这是我们开展相关理论研究和实践探索的根本遵循。构建亲清新型政商关系,从党政部门和党政干部方面看,其要点是:"把支持民营企业发展作为一项重要任务""同民营企业家打交道要守住底线、把好分寸",以及经常听取民营企业反映和诉求、及时帮助解决民营企业实际困难等;从民营企业家方面看,其要点则是:珍视自身社会形象,依法依规经营,练好企业内功。①

二 "万企帮万村"行动与政企合作协同高效:政策制度

"万企帮万村"精准扶贫行动启动于2015年10月。该行动的发起方是全国工商联、国务院扶贫办和中国光彩会,目标是用三到五年时间,动员全国一万家以上民营企业参与,帮助一万个贫困村加快脱贫进程。②之所以发起和推动这项行动,是因为:一方面,脱贫攻坚任务艰巨,亟须各级各类帮扶主体结合各自优势、加大帮扶力度;另一方面,改革开放以来,民营经济快速增长,民营企业队伍不断壮大,且从精准扶贫精准脱贫基本方略实施之前的情况看,民营企业在减贫中能够发挥其他主体不可替代的作用。资料显示,1978年全国个体经营者为14万人,1989年私营企业数为9.05万户,时至2018年10月底,全国实有个体工商户7137.2万户、私营企业3067.4万户,分别增长了500多倍和338倍。③

习近平总书记在民营企业座谈会上对我国民营企业的特征、地位和作用作出如下描述:

> 截至2017年底,我国民营企业数量超过2700万家,个体工商户超过6500万户,注册资本超过165万亿元。概括起来说,民营经济具有"五六七八九"的特征,即贡献了50%以上的税收,60%以上的国内生产总值,70%以上的技术创新成果,80%以上的城镇劳动就业,90%以上的企业数量。在世界500强企业中,我国民营企业由2010年的1家增加到2018年的28家。我国民营经济已经成为推动

---

① 习近平:《在民营企业座谈会上的讲话》,《人民日报》2018年11月2日第2版。
② 《万企帮万村行动启动》,《人民日报》2015年10月18日第2版。
③ 《全国个体工商户增长500多倍》,《人民日报》2018年12月9日第1版。

我国发展不可或缺的力量，成为创业就业的主要领域、技术创新的重要主体、国家税收的重要来源，为我国社会主义市场经济发展、政府职能转变、农村富余劳动力转移、国际市场开拓等发挥了重要作用。①

"万企帮万村"精准扶贫行动，堪称精准扶贫精准脱贫阶段出现的民营企业参与脱贫攻坚的"品牌工程"，其突出以民营企业为帮扶主体、以建档立卡贫困村、贫困户为帮扶对象，注重以投资兴办企业开发贫困村资源的"产业扶贫"、为贫困群众提供就业岗位的"就业扶贫"、捐赠财物改善当地生产生活条件的"公益扶贫"、帮助贫困村对接外部市场的"商贸扶贫"等为主要帮扶形式，强调以签约结对、村企共建为主要工作模式。②

"万企帮万村"精准扶贫行动受到党和国家的高度重视。2017年9月，习近平总书记在深度贫困地区脱贫攻坚座谈会上指出，要加大各方帮扶力度、强化各方帮扶责任，民营企业的"万企帮万村行动"要向深度贫困地区倾斜。③ 同月，中共中央国务院发布《关于营造企业家健康成长环境弘扬优秀企业家精神更好发挥企业家作用的意见》，对弘扬企业家履行责任、敢于担当服务社会的精神作出部署，强调要通过开展"万企帮万村"精准扶贫行动等方式引导企业家主动履行社会责任，要鼓励企业家干事担当、创造更多经济效益和社会效益，要完善企业家参与国家重大战略实施机制、引导企业家积极投身国家重大战略。④ 2018年8月，中共中央国务院发布《关于打赢脱贫攻坚战三年行动的指导意见》，再次强调要深入推进"万企帮万村"精准扶贫行动，并明确表示要鼓励有条

---

① 习近平：《在民营企业座谈会上的讲话》，《人民日报》2018年11月2日第2版。
② 易舒冉：《民企助力脱贫有责有情有为》，《人民日报》2020年11月30日第1版；李昌禹：《万企帮万村行动启动》，《人民日报》2015年10月18日第2版。
③ 习近平：《在深度贫困地区脱贫攻坚座谈会上的讲话》，《人民日报》2017年9月1日第2版。
④ 《中共中央国务院关于营造企业家健康成长环境 弘扬优秀企业家精神更好发挥企业家作用的意见》，《人民日报》2017年9月26日第1版。

件的大型民营企业通过设立"扶贫产业投资基金"等方式参与脱贫攻坚。①

全国工商联等相关组织和部门科学部署、扎实推动"万企帮万村"精准扶贫行动。全国工商联成立了"万企帮万村"精准扶贫行动领导小组,创建了相应的工作机制及"万企帮万村"精准扶贫行动台账管理平台。2018 年 6 月,全国工商联召开"工商联系统援藏援疆电视电话动员会",重点部署"精准扶贫西藏行"和"光彩事业南疆行"工作任务,将民营企业的帮扶力量引入西藏地区和新疆南疆四地州等深度贫困地区。② 全国工商联、国务院扶贫办组织召开 2018 年、2019 年全国"万企帮万村"精准扶贫行动先进民营企业表彰大会。

三 "万企帮万村"行动与政企合作协同高效:实践样本

各级地方政府积极组织开展"万企帮万村"精准扶贫行动。地方政府根据上级安排,及时召开推进"万企帮万村"精准扶贫行动大会,发布《关于推进"万企帮万村"精准扶贫行动的指导意见》,号召民营企业(有的地方政府将国有企业也纳入范围)主动承担社会责任,积极投身"万企帮万村"精准扶贫行动。资料显示,2015 年 10 月至 2018 年 7 月,北京市有 544 家民营和国有企业与帮扶地区的 548 个贫困村签署帮扶协议,仅产业投资额度就接近 5 亿元③;2015 年 10 月至 2020 年 9 月,天津市共计组织动员 2200 多家民营企业参与这一行动,与对口支援地区的 2939 个贫困村结成帮扶对子。④

在 G 省 GB 市的实地调研发现,该市积极促进"万企帮万村"精准扶贫行动,取得扎实成果。2015 年 11 月至 2020 年底,全市共有 996 家民营企业、商会、合作社参与行动,帮扶 1132 个村(含非贫困村),累计投入产业帮扶资金 21880 万元、就业帮扶资金 16623 万元、公益帮扶资

---

① 《中共中央国务院关于打赢脱贫攻坚战三年行动的指导意见》,《人民日报》2018 年 8 月 20 日第 6 版。
② 《全国工商联召开电视电话动员会 助力西藏新疆打赢脱贫攻坚战》,《人民日报》2018 年 6 月 12 日第 9 版。
③ 《北京开展"万企帮万村"精准扶贫》,《人民日报》2018 年 7 月 3 日第 6 版。
④ 张庆恩:《齐心协力奔小康》,《人民日报》2020 年 9 月 23 日第 5 版。

金4661万元、技能帮扶资金2944万元,惠及贫困人口55.83万人。其中,该市下辖的D县组织42家民营企业、11个基层商会与53个贫困村签订帮扶协议,开展"一企帮一村"和非公有制经济人士个人与贫困户"一人帮多户(人)",实施以加强农村实用技术培训和捐资助学等为形式的学业帮扶、以建立和运行"电商平台+合作社+农户"等为模式的产业帮扶、以安排困难群众就近进厂就业等为方式的就业帮扶。同时,引导民营企业和商会开展与"事实孤儿"、孤寡老人结对"认领"和送温暖等活动,走出一条"政府给动力,企商强活力,回馈促发展"的扶贫新路。

各类民营企业通过各种方式积极参与"万企帮万村"精准扶贫行动。资料显示,正邦集团致力于农业产业扶贫,早在"万企帮万村"精准扶贫行动启动之前就加入扶贫行列,截至2020年,投入农业产业扶贫资金超过280亿元,推进农业产业及其相关扶贫项目超过90个;长期专注于教育扶贫的宁夏宝丰集团,截至2020年合计资助大学生22.29万人,捐助资金达到22.83亿元。① 从获得2019年"全国'万企帮万村精准扶贫行动'先进民营企业"荣誉称号的99家企业看:大中型企业占比为94%,小微企业占比为6%;农林牧渔业企业占比为43%,其他企业分布在工业、建筑业、房地产业、零售业等;产业帮扶占比为89%,公益帮扶占比为93%。②

四 作用评估分析

"万企帮万村"精准扶贫行动成效得到社会各界广泛认可,为如期完成脱贫攻坚任务发挥重要作用。2015年10月至2020年11月,全国共有近11万家民营企业参与精准扶贫行动,合计帮扶12.71万个村,带动和惠及建档立卡贫困人口数量超过1500万人。③ 2018年10月20日,习近平总书记给"万企帮万村"精准扶贫行动中受表彰的民营企业家回信:

---

① 《近11万家民企帮扶12.71万个村》,《人民日报》2020年11月22日第3版。
② 《2019年全国"万企帮万村"精准扶贫行动先进民营企业表彰大会召开》,《人民日报》2019年10月18日第6版。
③ 《近11万家民企帮扶12.71万个村》,《人民日报》2020年11月22日第3版。

"看到有越来越多的民营企业积极承担社会责任,踊跃投身脱贫攻坚,帮助众多贫困群众过上了好日子,我非常欣慰。"①

"万企帮万村"精准扶贫行动为优化政企关系,尤其是政府与民营企业的关系,提供独特场域和重要机遇。构建健康和谐、协同高效的政企关系,需要坚持和践行民主、科学、法治原则。脱贫攻坚实践,为优化政企关系提供了场域;"万企帮万村"精准扶贫行动的实施,为优化政企关系创造了机遇。政府与企业因为脱贫攻坚以及"万企帮万村"精准扶贫行动而全部行动起来,合作愿望得以强化、合作能力得以激活,合作资源得以整合,并在政治引领和制度安排下,通过民主化、科学化、法治化方式展开合作,朝着健康和谐、协同高效的伙伴方向发展。正因如此,这一行动已被纳入乡村振兴战略重要举措之列,将为实现"第二个百年奋斗目标"再立新功。

"万企帮万村"精准扶贫行动外溢效应显著,民营经济的重要地位和作用再次得到充分肯定。习近平总书记给"万企帮万村"行动中受表彰的民营企业家回信时还指出,"民营经济的历史贡献不可磨灭,民营经济的地位作用不容置疑,任何否定、弱化民营经济的言论和做法都是错误的""支持民营企业发展,是党中央的一贯方针,这一点丝毫不会动摇"。② 2018 年 11 月,中央专门召开民营企业座谈会,习近平总书记在会上发表重要讲话,再次充分肯定我国民营经济的重要地位和作用,同时,对正确认识当前民营经济发展遇到的困难和问题作出了指示,对大力支持民营企业发展壮大提出了要求。③

第四节 脱贫攻坚推动政社合作协同高效

社会扶贫是我国重要的扶贫方式之一,社会组织是社会扶贫的重要主体之一。本著以社会组织参与扶贫为视角,考察脱贫攻坚对于政社合作关系优化的影响。

---

① 习近平:《回信》,《人民日报》2018 年 10 月 22 日第 1 版。
② 习近平:《回信》,《人民日报》2018 年 10 月 22 日第 1 版。
③ 习近平:《在民营企业座谈会上的讲话》,《人民日报》2018 年 11 月 2 日第 2 版。

一　政社关系建设和治理的重要性复杂性

健康和谐、协同高效的政社合作关系至关重要。二者之间保持良好合作关系，无疑有助于推动文明进步；二者之间紧张或者冲突不断，势必导致个人生活失序、社会失序和政府失序。[①] 政社关系是个复杂概念，边界宽泛。一般认为，政府与社会组织的关系是政府与社会关系的缩影，故而研究政府与社会关系的一般做法是聚焦政府与社会组织的关系，进而勾勒政府与社会关系的全貌。改革开放以来，社会组织获得快速发展。截至2020年底，全国共有89.4万个社会组织，吸纳1061.9万社会各类人员就业。[②] 与此同时，社会组织在各级党委和政府的重视和支持下，在促进经济发展、繁荣社会事业、创新社会治理、扩大对外交往等方面发挥了积极作用，成为建设社会主义现代化国家的重要力量。对它们与政府的关系进行考察，大致可以收获窥斑见豹的效果。

当前我国政府与社会组织的关系是一种怎样的状态？文献梳理显示，有的学者关注政社关系的长时段变迁。有观点认为，从社会组织管理制度变迁角度看，中华人民共和国成立以来的七十多年的历史，就是政府与社会组织不断进行关系调适的历史，其中，1949年至1978年期间政府与社会处于高度同构状态，1978年至2012年期间政社实现初步的、有限的分离，而2012年至今，政社关系加快重构步伐，主要表现为"政社分开"成为社会组织体制改革的重要目标、社会组织成为治理主体、社会组织脱钩改革提速、政府购买社会组织服务的力度增强[③]；有观点认为，从国家对资源配置权的掌控程度看，在过去的七十多年里，政府与社会关系经历了"政社合一""政社分离""政社协同"模式。[④] 有的学者重点关注现阶段政社关系状态。有观点认为，伴随政府购买社会组织服务

[①] 毛寿龙：《政府管理与社会秩序政府与社会关系的秩序维度》，《广东青年研究》2020年第1期。

[②] 《2020年民政事业发展统计公报》，2021年9月10日，中华人民共和国民政部网，http://www.mca.gov.cn/article/sj/tjgb/202109/20210900036577.shtml。

[③] 孙照红：《政府与社会关系70年：回顾与前瞻——基于社会组织管理制度的分析》，《中共杭州市委党校学报》2020年第2期。

[④] 郭锐、郭道久：《资源配置视角下新中国政社关系的形成与变迁》，《内蒙古大学学报》（哲学社会科学版）2021年9月第5期。

的展开，越来越多的社会组织成为公共服务的重要供给者、公共事务的重要治理者，合作型政社关系逐渐成形[1]；有观点认为，在公共服务供给侧改革的背景下，政府加大购买社会组织服务的力度，但由于合作过程中二者的权力不对等而导致二者关系呈现非均衡特点，继而引发"形式化购买"等一系列问题。[2]

本书聚焦现阶段政社关系，并且认为判断现阶段政社关系至少需要考虑以下三个方面的因素。

一是社会组织的多样性与政社关系的多样性。我国社会组织类型多元，既有为数不少的基金会，也有大批的社会团体，更有快速增长的民办非企业单位。《2020年民政事业发展统计公报》显示，截至2020年底，全国范围内的基金会为8432个，社会团体为374771个，民办非企业单位为510959个[3]。此外，还有无以数计的社区社会组织。社区社会组织是指"由社区居民发起成立，在城乡社区开展为民服务、公益慈善、邻里互助、文体娱乐和农村生产技术服务等活动的社会组织"。[4] 鉴于这一类型的社会组织对于提供社区服务、扩大居民参与、培育社区文化、促进社区和谐等方面具有重要作用，我国已部署加大培育的力度。经验观察发现，不同类型的社会组织与政府的关系并不相同。

二是政府与社会组织的关系呈现分离与合作相互交织的态势。一方面，政社分离工作稳步推进。早在1994年，我国政府就开始探索政社分离工作，但当时主要聚焦全国性社会团体的人员分离问题。[5] 时至2015年7月，中共中央办公厅、国务院办公厅发布《行业协会商会与行政机关脱钩总体方案》，提出了"五分离、五规范"要求，强调通过推动机构

---

[1] 任彬彬：《合作型政社关系与社会组织公信力：基于文化认知的调节效应》，《上海对外经贸大学学报》2021年1月第1期。

[2] 韩小凤、赵燕：《公共服务供给侧改革中政府与社会组织关系的再优化》，《福建论坛》（人文社会科学版）2020年第10期。

[3] 《2020年民政事业发展统计公报》，2021年9月10日，中华人民共和国民政部网 http://www.mca.gov.cn/article/sj/tjgb/202109/20210900036577.shtml。

[4] 《关于大力培育发展社区社会组织的意见》，2017年12月27日，中华人民共和国民政部网，http://xxgk.mca.gov.cn:8011/gdnps/pc/content.jsp?id=13167&mtype=1。

[5] 《国务院办公厅关于部门领导同志不兼任社会团体领导职务问题的通知》，《中华人民共和国国务院公报》1994年第10期。

分离来规范综合治理关系，通过推动职能分离来规范行政委托和职责分工关系，通过推动资产财务分离来规范财产关系，通过推动人员管理分离来规范用人关系，通过推动党建、外事等事项分离来规范管理关系。① 不久，民政部、国家发展改革委发布《关于做好全国性行业协会商会与行政机关脱钩试点工作的通知》，对中国价格协会等148个全国性行业协会商会的脱钩工作作出了部署和安排。② 2016年8月，中共中央办公厅、国务院办公厅发布《关于改革社会组织管理制度促进社会组织健康有序发展的意见》，提出建立"政社分开、权责明确、依法自治的社会组织制度"的目标，表示要"支持社会组织自我约束、自我管理"，强调要贯彻落实《脱钩总体方案》和严格执行《中共中央办公厅、国务院办公厅关于党政机关领导干部不兼任社会团体领导职务的通知》《中共中央组织部关于规范退（离）休领导干部在社会团体兼职问题的通知》等系列规定。③ 2019年6月，国家发展改革委、民政部等联合发文，对全面推开行业协会商会与行政机关脱钩改革作出部署。④ 另一方面，政社合作不断扩面和深化。这主要体现在政府向社会组织购买服务上。中国特色社会主义进入新时代以来，我国政府逐渐加大向社会组织购买服务的力度。推动这项工作的逻辑是：促使更多社会组织参与社会事务，补齐政府的某些短板弱项，同时，培育和发展合乎经济社会发展需要的社会组织。资料显示，中央财政每年均会通过民政部门安排数以亿计的专项资金支持社会组织参与社会服务，资助范围涵盖社会救助服务、社会

---

① 《关于行业协会商会脱钩有关经费支持方式改革的通知（试行）》，2015年10月28日，中国社会组织网，http://www.chinanpo.gov.cn/2351/90929/index.html。

② 《全国性行业协会商会负责人任职管理办法（试行）》，2015年9月9日，中国社会组织网，http://www.chinanpo.gov.cn/2351/89972/index.html。

③ 《中共中央办公厅 国务院办公厅印发〈关于改革社会组织管理制度促进社会组织健康有序发展的意见〉》，2016年8月21日，中国社会组织网，http://www.chinanpo.gov.cn/1202/97986/index.html。

④ 《关于全面推开行业协会商会与行政机关脱钩改革的实施意见》，2019年6月17日，中华人民共和国民政部网，http://www.mca.gov.cn/article/xw/tzgg/201906/20190600017779.shtml。

福利服务、社区服务、专业社工服务等。① 由此可见，社会组织在"内部事务"上与政府相分离是方向，在"外部事务"上与政府不断扩大合作是趋势。

三是社会组织党的建设工作扎实推进。我国高度重视社会组织党的建设工作。早在1994年9月，中国共产党就提出要注意抓好社会组织的党组织建设工作，强调"各种新建立的经济组织和社会组织日益增多，需要从实际出发建立党的组织，开展党的活动"。② 时至2015年9月，中共中央办公厅发布《关于加强社会组织党的建设工作的意见（试行）》，对推进社会组织党的组织和党的工作有效覆盖作出统一部署，突出强调要"坚持党的领导与社会组织依法自治相统一，把党的工作融入社会组织运行和发展过程，更好地组织、引导、团结社会组织及其从业人员"，明确指出社会组织党的组织必须担负保证政治方向、团结凝聚群众、推动事业发展、建设先进文化、服务人才成长和加强自身建设六项职责。③ 自此，全国各地掀起了加强社会组织党组织建设的高潮，社会组织党建工作进入新的阶段。在"党政分工不分家"的背景下，社会组织党的建设工作扎实推进，对政府与社会组织的关系发挥不容忽视的作用。实际上，从顶层设计上看，已明确表示"支持党组织健全、管理规范的社会组织优先承接政府转移职能和服务项目"④；从基层实践看，地方政府在向社会组织购买服务时也已明确将购买对象的党建工作情况纳入考虑范畴。

从本著的研究旨趣出发，本著将主要关注政府与社会组织在"外部事务"上的合作问题。一般认为，健康和谐的伙伴式合作关系是政社关系的理想形态。毫无疑问，这种关系的建构需要政府、社会组织的双向

---

① 《民政部办公厅关于印发〈2021年中央财政支持社会组织参与社会服务项目实施方案〉的通知》，2021年7月15日，中华人民共和国民政部网，http://www.mca.gov.cn/article/xw/tzgg/202107/20210700035349.shtml。

② 《中共中央关于加强党的建设几个重大问题的决定》，《人民日报》1994年10月7日第1版。

③ 《关于加强社会组织党的建设工作的意见（试行）》，《人民日报》2015年9月29日第11版。

④ 《中共中央国务院关于加强基层治理体系和治理能力现代化建设的意见》，《人民日报》2021年7月12日第1版。

努力，需要二者在持续的磨合中不断考验和调适。从实践情况看，社区环境治理①、居家养老服务②等是二者加强合作的合适领域；从制度层面看，我国在推动环保社会组织参与生态文明建设③、发挥文化领域行业组织在深化文化体制改革和创新社会治理体制中的重要作用④等方面作出了安排。与此同时，无论政府还是社会组织，都需进一步提高自身能力，并坚持做好正风肃纪反腐工作。社会组织腐败问题防治工作不容忽视。⑤

二 社会组织扶贫与政社合作协同高效：政策制度

自发起大规模、有计划、有组织的减贫行动以来，我国一贯强调发挥社会组织在扶贫开发中的积极作用，并在扶贫工作总体部署中对社会组织参与扶贫作出工作安排，重视力度随着社会组织的壮大发展，以及对社会组织作用的认识加深而逐渐增强。早在 1994 年发布的"八七计划"中，就提出要"充分发挥中国扶贫基金会和其他各类民间扶贫团体的作用"。⑥ 进入新时代以来，伴随脱贫攻坚战的打响，我国对更好发挥社会组织在脱贫攻坚中的作用作出新的部署、提出新的要求。

从综合类文件看：一是 2014 年 12 月，国务院办公厅发布《关于进一步动员社会各方面力量参与扶贫开发的意见》，明确指出要积极引导社会组织扶贫，并从优惠政策、激励体系、宣传工作、管理服务、组织动员等方面提出了支持意见。⑦ 二是 2015 年 11 月，中共中央、国务院发布《关于打赢脱贫攻坚战的决定》，提出健全社会力量参与机制的要求，明确指出要鼓励支持社会组织等加入扶贫开发队伍，突出强调政府要通过

---

① 田家华、程帅等：《中国社区环境治理中地方政府与社会组织合作模式探析》，《湖北社会科学》2021 年第 5 期。

② 李志鹏、曲绍旭：《政社关系视角下居家养老服务供需失衡问题研究》，《老龄科学研究》2021 年 12 月第 12 期。

③ 《关于加强对环保社会组织引导发展和规范管理的指导意见》，2017 年 3 月 24 日，中华人民共和国民政部网，http://www.mca.gov.cn/article/xw/tzgg/201703/20170315003852.shtml。

④ 《关于加强文化领域行业组织建设的指导意见》，《人民日报》2017 年 5 月 12 日第 6 版。

⑤ 王红艳：《社会组织腐败治理机制变迁与发展》，《政治学研究》2016 年第 2 期。

⑥ 《国务院关于印发国家八七扶贫攻坚计划的通知》，《江西政报》1994 年第 11 期。

⑦ 《国务院办公厅印发〈关于进一步动员社会各方面力量参与扶贫开发的意见〉》，2014 年 12 月 4 日，中国政府网，http://www.gov.cn/xinwen/2014-12/04/content_2786643.htm。

购买服务等方式引导各类社会组织参与到村到户形式的精准扶贫。[①] 三是2016年12月，国务院《"十三五"脱贫攻坚规划》专辟一节规划社会组织参与脱贫攻坚任务，表示要从国家层面对这一工作加以指导，提出要制定出台社会组织参与脱贫攻坚的指导性文件。[②] 四是2018年8月，中共中央、国务院发布《关于打赢脱贫攻坚战三年行动的指导意见》，提出要加快建立社会组织帮扶项目与贫困地区需求信息对接机制，开展全国性社会组织参与"三区三州"深度贫困地区脱贫攻坚行动，实施社会工作"专业人才服务三区计划""服务机构牵手计划""教育对口扶贫计划"等项目，并指出要落实社会扶贫资金所得税税前扣除政策。[③]

从专项类文件看：国务院扶贫开发领导小组在2017年12月印发的《关于广泛引导和动员社会组织参与脱贫攻坚的通知》，是首份针对社会组织参与脱贫攻坚的文件。文件首先对社会组织在脱贫攻坚中地位进行了界定，指出社会组织既是"重要纽带"（即联系社会帮扶资源与农村贫困人口的重要纽带），也是"重要载体"（即动员组织社会力量参与脱贫攻坚的重要载体），还是"重要组成部分"（即构建大扶贫格局的重要组成部分）；其次，对社会组织之于脱贫攻坚的职责进行了阐释，指出社会组织参与脱贫攻坚，既是其服务国家、社会、群众、行业的重要体现，也是其发展壮大的重要舞台和现实途径；再次，对社会组织参与脱贫攻坚的重点领域进行了划定，倡导社会组织重点参与产业扶贫、教育扶贫、健康扶贫、易地扶贫搬迁、志愿扶贫；又次，明确指出全国性和省级社会组织应担任脱贫攻坚的主力军，并提出五项"倡导性要求"和三项"指令性要求"；最后，明确指出相关部门和单位应积极履职，为社会组织参与脱贫攻坚提供全面保障，突出强调作为主责部门的民政部门、扶贫部门要重点抓好建立协调服务机制、建设共享合作平台和信息服务网

[①]《中共中央国务院关于打赢脱贫攻坚战的决定》，《人民日报》2015年12月8日第1版。
[②]《国务院印发〈"十三五"脱贫攻坚规划〉》《人民日报》2016年12月3日第4版。
[③]《中共中央国务院关于打赢脱贫攻坚战三年行动的指导意见》《人民日报》2018年8月20日第6版。

络、建立健全信息核对和抽查机制等几项工作。① 需要注意的是，在该份文件出台前，社会上出现培育多元社会扶贫主体的呼声，认为社会组织及民营企业参与脱贫攻坚，有利于改变当时"政府热、社会弱、市场冷"的扶贫局面。②

另一份专门文件是国务院扶贫办综合司、民政部办公厅在2019年5月发布的《关于规范社会组织参与脱贫攻坚工作的通知》。该文件出台的背景是"存在个别社会组织打着扶贫旗号敛财牟利的情况"。文件强调要严禁利用扶贫名义牟利，指出要实行扶贫资金使用公告公示、扶贫捐赠支出情况抽查核实等工作制度；强调要严肃查处违法违规活动，指出行业管理部门要加强对社会组织参与脱贫攻坚的指导和管理；强调建立长效激励约束机制，指出扶贫部门要建立健全社会组织扶贫工作台账，扶贫和民政部门要建立社会组织扶贫信息共享机制，有关部门要及时发现和总结社会组织扶贫的好经验好做法，并加大对先进社会组织的宣传力度。③

三　社会组织扶贫与政社合作协同高效：实践样本

制度安排得到扎实落实。文献资料研究和实地调研发现，一批又一批全国性、地方性社会组织参与扶贫工作，为如期完成脱贫攻坚任务发挥举足轻重的作用。

全国性社会组织切实发挥了脱贫攻坚主力军的作用。资料显示，中国商业联合会倡导和组织中商联及代管协会、事业单位每年向深度贫困地区开展一次有实效的对口扶贫活动，积极参与帮助贫困地区编制特色产业发展规划和内贸流通、民族贸易发展规划等，2018年起每年召开一次中国商业联合会系统扶贫与脱贫攻坚工作交流会；中国残疾人福利基

---

① 《国务院扶贫开发领导小组关于广泛引导和动员社会组织参与脱贫攻坚的通知》，2017年12月5日，中华人民共和国民政部网，http://mzzt.mca.gov.cn/article/zt_2018tpgj/rdjj/jcbs/201810/20181000011780.shtml。

② 周秋光：《充分释放社会扶贫潜力》，《人民日报》2017年11月28日第7版。

③ 《国务院扶贫办综合司 民政部办公厅关于规范社会组织参与脱贫攻坚工作的通知》，2019年6月28日，中华人民共和国民政部网，http://www.mca.gov.cn/article/xw/tzgg/201906/20190600018040.shtml。

金会持续开展"集善扶贫健康行"白内障项目、"集善扶贫健康行"骨关节项目，积极参与组建孤独症儿童（南方）康复基地①；吴阶平医学基金会扎实推进甘肃定西医疗扶贫行动、西藏医疗扶贫系列培训、医疗扶贫"三地行"（即云南临沧、陕西延安、江西安源）活动②；中国科技馆发展基金会专注于激发农村学生创造能力、加强教师科技知识培训，以及推动科普资源向经济欠发达的偏远地区和少数民族地区倾斜③；中国老区建设促进会致力于老区扶贫，积极谋划实施"双百双促"（爱心企业与老区县贫困村结对帮扶）行动、"一县一品"（老区县标志性农产品认定和推广）行动，并在京东商城开办"革命老区扶贫馆"，组织开展贫困老区院校师资骨干培训和就业促进活动等④；中国农产品市场协会积极、有效应对2014年云南鲁甸花椒滞销问题、2016年贵州剑河土鸡滞销问题，成功打造甘肃高原夏菜、湖北秭归脐橙、海南冬季瓜菜、宁夏冷凉蔬菜等知名品牌，并在农产品批发市场产销对接、质量检测大数据平台建设等工作上迈出实质性步伐。⑤

地方性社会组织发挥自身优势积极参与脱贫攻坚。早在2015年之前，就有为数不少的社会组织参与精准扶贫，只不过因为社会组织的独特作用没有受到充分认识而未被纳入重要帮扶主体。但当时也涌现一些社会组织精准扶贫典型，例如，四川省成都市锦江区的社会关爱援助中心启用"项目式扶贫"精准帮扶模式，并取得良好社会效益。⑥ 2016年以降，

---

① 《民政部社会组织管理局关于中国残疾人福利基金会等社会组织参与脱贫攻坚有关情况的通报》，2018年10月9日，中国社会组织网，http：//www.chinanpo.gov.cn/2351/114507/index.html。

② 《民政部社会组织管理局关于中国残疾人福利基金会等社会组织参与脱贫攻坚有关情况的通报》，2018年10月9日，中国社会组织网，http：//www.chinanpo.gov.cn/2351/114507/index.html。

③ 《民政部社会组织管理局关于中国残疾人福利基金会等社会组织参与脱贫攻坚有关情况的通报》，2018年10月9日，中国社会组织网，http：//www.chinanpo.gov.cn/2351/114507/index.html。

④ 《民政部社会组织管理局关于中国老区建设促进会参与脱贫攻坚有关工作情况的通报》，2018年10月16日，中国社会组织网，http：//www.chinanpo.gov.cn/2351/114770/index.html。

⑤ 《民政部社会组织管理局关于中国农产品市场协会参与脱贫攻坚有关工作情况的通报》，2018年7月23日，中国社会组织网，http：//www.chinanpo.gov.cn/2351/112882/index.html。

⑥ 《成都锦江：群众"点菜"社会组织"下单"》，2015年8月5日，中国社会组织网，http：//www.chinanpo.gov.cn/3501/89108/index.html。

更多社会组织投入精准扶贫。山东省日照市实施"十大精准扶贫行动",300 多家社会组织"应邀"参与行动①;山东省潍坊市爱心义工公益服务中心实施"爱在徐庄·宜居养老扶贫"项目,潍坊金阳公益服务中心推动"情系夕阳·爱留古村"乡村公益游项目,潍坊市女企业家协会落实"巾帼扶贫爱心超市"项目②;江苏省泰州市开展"情系百姓·惠泽万家"精准救助活动,70 家市级社会组织、30 家区级社会组织参与重点帮扶结对活动③;广东省河源市积极协调深圳、河源两地各级团组织、团属社会团体的资源支持村落发展,同时联合黑土麦田实施"乡村创客"项目。④ 据不完全统计,2019 年,湖南省共有 5000 多家社会组织参与脱贫攻坚,累计捐赠款物价值 3 亿多元,受益困难群众 40 多万(户)人次。⑤

概言之,各类社会组织广泛参与脱贫攻坚,并取得显著成效。社会组织领域 1 名同志被授予全国脱贫攻坚楷模荣誉称号,23 名个人、20 个集体分别被授予全国脱贫攻坚先进个人和先进集体荣誉称号。⑥ 资料显示,截至 2020 年底,社会组织实施的扶贫项目超过 9.2 万个,投入各类资金 1245 亿元;同时,中央财政累计投入资金 15.8 亿元用于支持社会组织参与社会服务项目,直接受益对象达到 1300 多万人次。⑦

---

① 《济南 300 余家社会组织助力千余群众脱贫》,2016 年 12 月 26 日,中国社会组织网,http://www.chinanpo.gov.cn/1921/100657/index.html。

② 《山东潍坊 36 个社会组织建立扶贫项目》,2016 年 10 月 26 日,中国社会组织网,http://www.chinanpo.gov.cn/1921/99344/index.html。

③ 《江苏泰州市百家社会组织结对帮扶困境家庭》,2016 年 9 月 23 日,中国社会组织网,http://www.chinanpo.gov.cn/1921/98805/index.html。

④ 《广东河源探索"人民团体+社会组织"精准扶贫模式》,2016 年 10 月 28 日,中国社会组织网,http://www.chinanpo.gov.cn/1921/99432/index.html。另,黑土麦田(Serve for China)是民政部批准成立的全国性公益组织,由耶鲁大学和哈佛大学的中国毕业生联合创办,旨在培育杰出的乡村创客,为中国农村创造可持续的影响。

⑤ 《在脱贫攻坚决战决胜时刻彰显社会组织"不忘初心、牢记使命"主题教育成效——湖南省民政厅引导和动员社会组织参与脱贫攻坚取得积极成效》,2019 年 12 月 19 日,中华人民共和国民政部网,https://chinanpo.mca.gov.cn/xwxq?id=11083&newsType=2351。

⑥ 《关于深入开展向社会组织领域全国脱贫攻坚先进典型学习的通知》,2021 年 3 月 12 日,中华人民共和国民政部网,https://chinanpo.mca.gov.cn/xwxq?id=13866&newsType=2351。

⑦ 《全国社会组织吸纳就业超千万人》,《人民日报》2021 年 10 月 14 日第 12 版。

四　作用评估分析

结合政策制度分析和实践样本研究看，政府与社会组织之间不但合作性增强，而且合作的协同性有效性显著提升，二者之间的关系呈现更加健康和谐的态势。

资料显示，青海省、新疆维吾尔自治区等省（市、自治区）民政部门先后向民政部社会组织管理局报送当地"社会组织参与脱贫攻坚需求情况"，后者将具体需求向社会通告，征集有意愿参与脱贫攻坚的社会组织，并向成功认领脱贫攻坚项目的社会组织发放"社会组织参与脱贫攻坚项目认领证书"。[1] 民政部社会组织管理局还向全国性社会组织发出征集参与挂牌督战县脱贫攻坚项目的信息，并实行精准推送。[2] 2018年10月，为了提高社会组织参与精准扶贫精准脱贫能力，民政部社会组织管理局在陕西省宝鸡市举办"全国社会组织扶贫现场观摩暨示范培训班"，邀请专家学者和成功典型从推动出台政策举措、推进党建工作、形成工作合力、搭建平台载体、做好宣传推介等方面进行讲解和介绍。[3] 同时，民政部还部署安排民政系统脱贫攻坚工作，突出强调要积极引导各级各类社会组织、专业社工、志愿者、慈善力量参与脱贫攻坚。[4] 这些做法，充分彰显民主化、精细化理念。

此外，社会组织业务主管单位和社会组织之间的关系也得到改善。例如，中央网信办积极引导和动员其主管的中国互联网发展基金会、中国网络社会组织联合会、中国网络空间安全协会充分发挥自身优势，加大参与脱贫攻坚工作力度，不但取得良好效果，也密切了主管单位和社

---

[1] 《关于青海省脱贫攻坚需求情况的通告》，2019年8月19日，中国社会组织网，http://www.chinanpo.gov.cn/2351/120697/index.html；《关于南疆深度贫困县脱贫攻坚项目需求情况的通告》，2020年7月13日，中华人民共和国民政部网，https://chinanpo.mca.gov.cn/xwxq？id=3986&newsType=2351。

[2] 《关于征集全国性社会组织参与挂牌督战县脱贫攻坚项目的通知》，2020年5月9日，中国社会组织网，http://www.chinanpo.gov.cn/2351/126017/index.html。

[3] 《全国社会组织扶贫现场观摩暨示范培训班在陕西省宝鸡市举办》，2018年10月24日，中华人民共和国民政部网，http://www.mca.gov.cn/article/xw/mzyw/201810/20181000012456.shtml。

[4] 《民政部召开电视电话会议部署打赢脱贫攻坚战三年行动》，《人民日报》2018年8月23日第15版。

会组织之间的关系。[1]

不过，需要注意的是，未来优化政府和社会关系，抓好社会组织建设和治理是应该坚持的重点，而且根据实际需要看，要重点培育扶持基层公益性、服务性、互助性社会组织。[2] 这是因为，社会组织的发展有利于加强社会整合，社会组织可以发挥促进上情下达和政令畅通纽带的作用，社会组织参与公共服务供给有利于缓解政府的压力并促进政府职能转变。[3] 还因为：其一，社会组织具有第三方性及其衍生出来的"天然的被信任感"，在政社关系紧张没有得到彻底缓解的情形下，在调解社会矛盾等微妙工作环节中，可以发挥不可替代的作用；其二，社会组织具有专业性，在基层尤其是农村地区专业人才短缺匮乏的条件下，可以发挥不可替代的作用；其三，社会组织具有相对自主性及其衍生出来的灵活性、创造性，在工作压力层层传导而致使一些基层干部忙于应付且创新乏力的背景下，在产业转型升级和乡村治理本土人才培育等耗时较长的复杂工作环节中，可以发挥不可替代的作用；其四，社会组织，尤其是相对成熟的社会组织，具有广泛的"触角"，它们的加盟可以吸引和撬动更多公益资金和其他资源注入国家、区域发展战略，一定程度上有助于解决资源不足和（或）使用不当等相关问题。不过，要想将"理论上的优势"转化为"现实中的优势"，还需充分发挥社会组织党组织在社会组织中的战斗堡垒和政治核心作用，积极营造"心往一处想、智往一处谋、劲往一处使"良好局面。

第五节 消费扶贫推动政府企业社会合作协同高效

消费扶贫是精准扶贫精准脱贫阶段出现的一种新的扶贫方式，它强调的是社会各界通过消费来自贫困地区和贫困人口的产品与服务来帮助

---

[1] 《民政部社会组织管理局关于全国性网络社会组织参与脱贫攻坚有关工作情况的通报》，2020年1月19日，中国社会组织网，http://www.chinanpo.gov.cn/2351/123410/index.html。

[2] 《中共中央国务院关于加强基层治理体系和治理能力现代化建设的意见》，《人民日报》2021年7月12日第1版。

[3] 张紧跟：《府际治理：当代中国府际关系研究的新趋向》，《学术研究》2013年第2期。

贫困地区和贫困人口增收。① 这一新的扶贫方式，一经出现就受到党和国家的重视，很快进入相应政策制度框架，成为重要的扶贫方式。

一 消费扶贫与政府企业社会合作协同高效：政策制度

2018年8月发布的《中共中央国务院关于打赢脱贫攻坚战三年行动的指导意见》虽未明确提出消费扶贫这一概念，但已清楚表达消费扶贫的意涵并强调要发挥其作用。文件中的具体表述是："鼓励引导社会各界使用贫困地区产品和服务，推动贫困地区和贫困户融入大市场"。②

2018年12月，国务院办公厅发布《关于深入开展消费扶贫助力打赢脱贫攻坚战的指导意见》，不但对消费扶贫进行了概念界定，而且对深入开展消费扶贫提出了涉及五个方面的17条意见，强调要动员社会各界扩大贫困地区的产品和服务消费，要大力拓宽贫困地区农产品流通和销售渠道，要通过提高农产品标准化、规模化和品牌化水平等方式全面提升贫困地区农产品供给水平和质量，要通过抓好基础设施建设等措施促进贫困地区休闲农业和乡村旅游提质升级，要加强组织领导、加大政策激励、提供完善保障、强化督促落实，并将消费扶贫纳入年度脱贫攻坚工作计划和年度工作考核范畴。③ 这是首份针对消费扶贫的、国家层面的专门文件，为脱贫攻坚战中如何发挥消费扶贫作用提供了行动指南。

然而，国家层面的部署并未止步于此。2020年2月，国务院扶贫办、中央网信办、教育部、农业农村部、商务部、国务院国资委和全国工商联共同发布《关于开展消费扶贫行动的通知》，指出要以消费扶贫行动为抓手，以促进扶贫产品稳定销售为重点，以拓展贫困户增收渠道、稳定脱贫成果为目的，在实现城市生活必需品得到有效供给的同时，有力促进贫困地区扶贫产业健康发展，实现城市居民需求升级和贫困群众持续

---

① 《关于深入开展消费扶贫助力打赢脱贫攻坚战的指导意见》，2019年1月14日，中国政府网，http://www.gov.cn/zhengce/content/2019-01/14/content_5357723.htm。

② 《中共中央国务院关于打赢脱贫攻坚战三年行动的指导意见》，《人民日报》2018年8月20日第1版。

③ 《关于深入开展消费扶贫助力打赢脱贫攻坚战的指导意见》，2019年1月14日，中国政府网，http://www.gov.cn/zhengce/content/2019-01/14/content_5357723.htm。

增收的双赢局面。① 2020 年 2 月,《中共中央国务院关于抓好"三农"领域重点工作确保如期实现全面小康的意见》发布,再次强调"深入开展消费扶贫"。② 2020 年 3 月,习近平总书记在《在决战决胜脱贫攻坚座谈会上的讲话》中指出,"当前,最突出的任务是帮助中西部地区降低疫情对脱贫攻坚的影响,在劳务协作上帮、在消费扶贫上帮"。③

实事求是地讲,消费扶贫的理念和实践早于国家政策制度的出台。早在 2016 年,中信国安集团与贵州省扶贫办就签署战略合作协议,启动"黔货进京"消费扶贫活动,十多家贵州企业生产的农副产品借助"国安社区"平台走上北京餐桌④;同期,中国扶贫开发服务有限公司也谋划将贫困地区具有代表性的优质商品打造成消费扶贫产品,然后通过电商渠道加大销售力度。⑤《关于深入开展消费扶贫助力打赢脱贫攻坚战的指导意见》发布以来,即 2018 年 12 月以来,消费扶贫行动在全国范围内全面展开。

二 消费扶贫与政府企业社会合作协同高效:实践样本

资料显示,天津市和甘肃省借助"国安社区"平台实施"甘货进津"行动⑥;北京市在物美、家乐福、京客隆、超市发、首航等多家超市的数百家门店开设"北京市消费扶贫产品专区"和"和田地区特色产品专柜",在京举办"三区三州"贫困地区农产品产销对接专场活动⑦;江苏省为"西货苏销"计划而建立了东西部消费扶贫交易中心以及东西部消费扶贫联盟,辐射带动 832 个贫困县⑧;中国建设银行与北京市人民政府

---

① 《七部门开展消费扶贫行动》,《人民日报》2020 年 2 月 18 日第 13 版。
② 《中共中央国务院关于抓好"三农"领域重点工作确保如期实现全面小康的意见》,《人民日报》2020 年 2 月 6 日第 10 版。
③ 习近平:《在决战决胜脱贫攻坚座谈会上的讲话》,《人民日报》2020 年 3 月 7 日第 2 版。
④ 《"黔货进京"助农脱贫》,《人民日报》2016 年 10 月 30 日第 11 版。
⑤ 《中扶推出消费扶贫产品》,《人民日报》2016 年 12 月 2 日第 22 版。
⑥ 《甘肃贫困户产品入津销售》,《人民日报》2018 年 5 月 2 日第 13 版。
⑦ 《北京将在百家超市设扶贫专柜》,《人民日报》2019 年 3 月 22 日第 14 版;《"三区三州"农产品在京推介》,《人民日报》2019 年 4 月 4 日第 10 版。
⑧ 王志忠:《扎实推进东西部扶贫协作》,《人民日报》2020 年 12 月 11 日第 9 版。

及贫困地区企业开展战略合作,依托善融商务电商平台设立线上扶贫馆,覆盖27个省、864个贫困县、扶贫商户4000余户、17万建档立卡贫困人口,并成功打造"哈尼红米""安康茶叶"等多款热销商品,仅2019年扶贫商品交易额就超过100亿元。[①]

实地调研发现,G省下辖的GB市构建消费扶贫体系,促进贫困户持续稳定增收。主要做法包括:第一,以"成规模、有特色、质达标、带贫困"为目标,加强脱贫奔康产业园建设,建设一批扶贫产品生产基地,全面提升扶贫产品产量和质量,完善扶贫产品生产基地与贫困户利益联结机制,确保贫困户真正从脱贫奔康产业园中受益。第二,严格按照"县认定、市审核、省复核、国务院扶贫办汇总备案并公示发布"的操作流程,做好扶贫产品认定工作,全面发挥消费扶贫、带贫、益贫作用。第三,建设扶贫产品电子商务系统、扶贫产品销售终端系统、扶贫产品冷链物流系统、扶贫产品质量安全追溯体系四大系统,全面拓宽扶贫产品流通和销售渠道。第四,深入开展扶贫产品进学校、进医院、进国企、进金融机构、进工会的"六进"行动,并通过建立稳定的供销关系、加大企业协作以及用好展销平台等方式全力推进扶贫产品融入粤港澳大湾区。第五,加强线上线下销售,全力推进双线协同发力销售。深入开展共青团助力消费、巾帼助力消费、旅游消费扶贫活动,加强社会力量参与消费,全力推进全社会合力助销大格局。

三 作用评估分析

消费扶贫行动之所以能迅速兴起,"在消费扶贫上帮"[②]之所以被强调,主要是因为这种扶贫方式具有强大的生命力和撬动力。也正因为如此,其对于政府、企业、社会构建健康和谐、协同高效的伙伴式合作关系具有独特作用。

首先,消费扶贫行动卷入主体前所未有的多元,为凝聚力量进行攻

---

① 中国建设银行:《中国建设银行一心一意办好"网上的银行"》,《人民日报》2019年5月15日第8版。

② 习近平:《在决战决胜脱贫攻坚座谈会上的讲话》,《人民日报》2020年3月7日第2版。

坚克难奠定坚实的人力资源基础，也为如何理顺不同类型主体的关系提供了场景。专项扶贫的帮扶主体是政府及其组成部门；行业扶贫的帮扶主体是党政部门、国有企业等；社会扶贫的帮扶主体是人民团体、民营企业、社会组织、社会公众以及军队和武警部队等；而在消费扶贫行动中，党组织、政府、企业、社会组织、广大民众、军队武警部队等无一缺场，几乎实现"一网打尽"。

其次，消费扶贫行动中嵌入的机制前所未有的多元和复杂，既为不同利益主体创造了利益连接点，也为探索实现多种机制有机衔接提供了契机。消费扶贫中有政府机制在起作用，各级政府不但通过制定政策措施鼓励倡导企业、社会参与和支持消费扶贫，而且主导建立消费扶贫交易市场以及其他各种销售平台和渠道，甚至鼓励各级预算单位通过优先采购、预留采购份额方式采购扶贫产品。消费扶贫中有市场机制在起作用，由于市场（一定范围内）运作和配置，实现了贫困地区农产品与城镇广大消费者的对接、贫困地区企业与非贫困地区企业的对接、国有企业与民营企业的对接、实体企业与电商等平台企业的对接，大型企业与中小型企业乃至散户的对接等。消费扶贫中毫无疑问有社会机制在起作用，来自各行各业的社会大众为了脱贫攻坚而组织化地、持续地奉献爱心，并实现了贫困地区居民与非贫困地区人口链接。

更值得注意的是，政府机制、市场机制、社会机制在消费扶贫中实现有机融合。对于购买扶贫产品的居民个体而言，他（她）既是一位响应国家号召的公民，也是奉献爱心的仁者，还是一位定向购买产品的消费者。对于企业而言，消费扶贫可以助推构建"带上员工做公益、带着客户做公益、带动机构做公益、融合业务做公益"的新的工作格局。[①] 政府机制、市场机制、社会机制在购买（销售、消费）扶贫产品的行为中实现了融合。

对于地方政府而言，它通过政府搭台承销、预算单位购销、东西协作帮销、帮扶单位助销、龙头企业订销、商场超市直销、电子商务营销、

[①] 中国建设银行：《中国建设银行一心一意办好"网上的银行"》，《人民日报》2019年5月15日第8版。

社会力量带销等方式开展消费扶贫①，方式的遴选组合即是三种机制的统筹对接。从国家层面看，强调各级机关和国有企事业单位等要带头参与并将消费扶贫纳入定点扶贫和结对帮扶工作内容，东西部地区要将消费扶贫纳入东西部扶贫协作和对口支援政策框架并建立专门协作机制，民营企业等社会力量宜将消费扶贫纳入"万企帮万村"精准扶贫行动等活动和计划中，②使得消费扶贫成为贯穿其他所有扶贫模式的方式，为构建"政府引导、市场运作、社会参与"创造现实基础。

　　正因如此，消费扶贫被认为是一崭新的扶贫方式。它推动扶贫从输血式扶贫转为造血式扶贫、从单方受益扶贫转为多方共赢扶贫、从不可持续扶贫转为可持续扶贫、从单一的爱心奉献转为爱心通过市场合理配置进而实现爱心扶助效益最大化。③而本著认为，消费扶贫的更大意义在于：多元主体的卷入，多元机制的运作，为探索构建网络化的政府、市场、社会关系，进而打造"人人皆可为""人人皆愿为""人人皆能为"的生产—生活—治理共同体提供了可能、创造了机会和一定条件。

---

　　① 《大力开展消费扶贫》，《人民日报》2020年4月20日第4版。
　　② 《中共中央国务院关于打赢脱贫攻坚战三年行动的指导意见》，《人民日报》2018年8月20日第1版。
　　③ 《产品拓销路　脱贫有通路》，《人民日报》2019年2月26日第13版；《山货出深山　收成变收入》，《人民日报》2019年4月15日第16版。

第二章

脱贫攻坚推动乡村治理综合创新

如前所述，中国的扶贫开发主要指的是政府主导和引导的农村扶贫开发，扶贫开发对政府治理和乡村治理的冲击不但是不可避免的，而且是最直接、最显著的。乡村是所有扶贫方式的作用界面，是绝大多数扶贫项目的落地场域，故而，脱贫攻坚对乡村治理的影响是综合的、系统的。

第一节 乡村治理的重要性复杂性

乡村治理既重要也复杂，发生着（了）基层党组织、基层政府与群众自治组织的直接遭遇，法治与德治的直接遭遇，政府与社会、企业的直接遭遇，方针政策理论与实践的直接遭遇，以及现代文明和传统文化的直接遭遇。正因如此，乡村治理期待的是综合性创新、系统性变革。

一 乡村治理的重要性

理解乡村治理的重要性，宜从理解社区入手。而通过还原社区概念之后，才能更加懂得乡村治理的重要性。通过考察社区理论的创始人德国学者滕尼斯（Ferdinand Tonnies，1855—1936）以及后来一些学者的研究成果，我们至少可以从六个维度去考量和理解社区。[①]

[①] "乡村治理重要性"这一部分的主要内容为本人公开发表成果，详见王红艳《理解社区：从还原入手》，《学海》2012 年第 3 期。

其一，社区（可以）是一种人类联结方式。

滕尼斯（Ferdinand Tonnies）认为社区是一种不同于社会的人类联结模式，它以血缘、地缘和心灵/邻里关系/为友谊为基石。尼斯贝特（Robert A. Nisbet）认为社区是一种社会性的结合（social bonds），具有感情和谐（emotional co-hesion）、深层（depth）、延续（continuity）、丰富（fullness）等特点。① 埃利斯（Norbert Elias）将社区界定为居住在同一个地区的居民因为功能上的相互依赖而连接在一起的状态。② 米讷（David W. Minar）则认为社区是人们联系他人的一种方式的一种状态，是人类互动的原初维度（primary dimension）。③ 瑞德菲尔德（Robert Redfield）指出小社区（little community）和个体的人（Person）、群体的人们（people）、民族（nation）以及文明（civilization）一样都是人类的存在形式，但是小社区是一种主要的、明显的人类生活方式，它以显著的人性引起我们的注意，具有可识别性强、同质性强、变化慢的特点，能够自给自足，能够提供从摇篮到坟墓的服务。④ 正因为如此，有学者指出，当社会学家使用"社会性"（social）这个词汇来研究个性特征、家族关系和各类经济、政治实体时，social真正的词源学上的来源不是societas而是communitas。不过，作为一种人类联结方式，尤其是滕尼斯所描述的社区，只是一种理想类型和心智建构的产物，一种在经验层面不可能存在的纯洁形式。因为自然意愿当中必定具有一定的理性成分，只是某一个群体的存在相对更多地以理性意愿或者更多地以自然意愿为条件而已。实际上，如果一种形态的存在以排斥另一种形态为基础的话，那么人类社会根本不可能存在。正因为如此，滕尼斯也一再强调，社区与社会概念表示的是各种模式的核心特征以及结合在一起的趋势。⑤ 所以，我们可以稳妥地把社区—社会看作是一个"连续统"，"连续统"的两极是两种

---

① Robert A. Nisbet (1967), *The Sociological Tradition*, London: Heinemann, p. 6.
② Norbert Elias, "Towards a theory of communities", in Colin Bell and Howard Newby (eds) (1974), *The Sociology of Community: A Selection of Readings*, London: Cass, pp. 6–7.
③ David W. Minar, Scott Greer (1969) (eds.), *The Concept of Community: Readings with Interpretations*, Chicago: Aldine Pub. Co, p. 331.
④ Robert Redfield (1955), *The Little Community: Viewpoints for the Study of a Human Whole*, Chicago: University of Chicago Press, p. 3.
⑤ Robert A. Nisbet (1967), *The sociological tradition*, London: Heinemann, p. 56.

极端模式，而现实的人类社会永远只是这个"连续统"中的某种模式。用米讷（David W. Minar）的话来说，"最好的可能是将社区看作是一个变量，它在很多集体里头都在一定程度上存在，在少数集体中则以一种极端的（极多地或者极少的）方式存在着"。①

其二，社区（可以）是一种情感。

在滕尼斯的研究中，社区—社会这对关系具有淡淡的浪漫色彩，它最初反映的是与城市化、工业化增长有关的不满和痛苦，表达了逆转潮流又重回到人类社会发展早期阶段的渴望，因为那时生活更简单、拥有所有令人向往的而现在已经失去了的品质。也就是自那时起，社区在一定程度上成为了希望的符号：希望更近一些、更温暖一些、更和谐一些的人类之间的联结方式能够再次复活。简言之，滕尼斯是用社区—社会来表达他对他所生活时代的情感，社区在他看来是美好品质的象征，是一个备受珍视的理想，是过去以及好年代的象征，社会则是混乱的以及走向混乱的象征，工业、科学以及城市生活是邪恶的源泉。② 相似的表述还有：社区是传统的，社会是变化的；社区是情感，社会是理性；社区是温暖、亲密的，社会是冷漠、正式的；社区是爱，社会是生意；③ 再有，社会是一种冷酷的、非个人的、碎片的生活方式，缺乏和谐，人们之间相对孤立，摩擦和争斗频繁发生，社区生活则比较温暖，是家庭式的（homely）、挚爱的（affectionate），更多地是一个由严格的传统所保证的团结的、和谐的、合作的共同体。④

一般认为，滕尼斯的社区—社会是结构与感情的融合。滕尼斯在《社区与社会》中一再强调，社会是人为建构的人类集合体，个体之间和平地生活和居住在一起，表面上像社区，也有各种连接因素，但个体之

---

① David W. Minar, Scott Greer (1969) (eds.), *The Concept of Community: Readings with Interpretations*, Chicago: Aldine Pub. Co, p. 331.

② Norbert Elias, "Towards a theory of communities", in Colin Bell and Howard Newby (eds) (1974), *The Sociology of Community: A Selection of Readings*, London: Cass, pp. 6 - 8.

③ Danesh A. Chekki, "Some new dimensions of communities: an overview", in Danesh A. Chekki (ed.) (1989), *Dimensions of Communities: A Research Handbook*, New York: Garland, pp. 3 - 11.

④ Norbert Elias, towards a theory of communities, in Colin Bell and Howard Newby (eds) (1974), *The Sociology of Community: A Selection of Readings*, London: Cass, pp. 6 - 8.

间实质上是分离的；而在社区里，尽管有各种不同隔离因素，个体之间实质上是连接在一起的[1]。情感与结构的相互纠缠，既是滕尼斯社区理论受到欢迎的原因之一，同时也为之后的研究留下不少不确定性，而且，感情成分多于结构成分的特点还降低了人们对他理论的认同程度。在滕尼斯之后，不少学者试图对感情与结构的纠缠进行拆卸，使得社区从一个褒扬美好过去的词汇转变为一个更适当的、更现实主义的符号，用以表述一种人类联结的具体结构及其共同特点[2]。不过，把社区视为一种情感的仍然不乏其人。例如，瑞德菲尔德（Robert Redfield）的小社区研究就表现出了明显的感情倾向，体现的还是对社区的怀念。

其三，社区（可以）是一种价值。

社区通常被认为其本身是有价值的，社区价值包括团结（solidarity）、参与（participation）、凝聚力（coherence）等。但是如同社区本身一样，社区价值也是一个有争议的词汇。[3] 不过，几乎没有异议的是，社区总是被认为是好的，所有社会精神的宝贵元素（比如爱、忠诚、荣誉和友谊）都是社区的发散物。[4] 正因为如此，有学者认为社区是有道德维度的，而且道德社区与大众社会有着明显不同的特征。

其四，社区（可以）是一种物质性实体。

在滕尼斯的研究中，社区属于类型学范畴的实体，法国学者黎伯莱（Le Play）的研究使得社区成为了一种物质性实体。黎伯莱在其著作《欧洲工人阶级》（*The European Working Classes*）中，重点处理了欧洲家族和社区类型问题，具体研究了社区的结构、社区与环境的关系、社区的组成成分以及经济、政治力量如何导致社区解体等问题。在技术层面上，他以家庭为研究主体，运用预算法和对比法对传统型家庭和解体型家庭进行了研究，同时分析了家庭与社区其他制度（包括宗教、雇主、政府、

---

[1] Ferdinand Tonnies (1940), *Fundamental Concepts of Sociology*: (Gemeinschaft und Gesellschaft), translated and supplemented by Charles P. Loomis, New York: American Book Company, p. 74.

[2] Norbert Elias, "Towards a theory of communities", in Colin Bell and Howard Newby (eds) (1974), *The Sociology of Community: A Selection of Readings*, London: Cass, pp. 6 - 8.

[3] Hugh Butcher et al. (1993) (eds.) *Community and Public Policy*, London: Pluto Press in association with Community Development Foundation, pp. 13 - 18.

[4] Robert A. Nisbet (1967), *The Sociological Tradition*, London: Heinemann, pp. 82 - 97.

学校制度）的互动关联状况，讨论了家庭在社会秩序变迁中所扮演的角色。他对欧洲传统社区所进行的研究是社区经验研究领域的典范。①

在具有结构功能主义倾向的研究中，社区还是一个具有自我功能的、系统性的实体。在这种情形下，社区一般认为由三种类型组成，这三种类型分别是：个体、非正式组织和正式组织，它们通常又以家庭、经济、政府、宗教、教育、社会福利的亚系统之形式出现。社区结构因为各部分之间的互赖性互动而得以维持，这些互动由主流价值进行规范和指导。社区结构各部分如此相互关联和被组织化，以至于社区成为了一个自我驱动（self-propelling）的实体。这一个实体具有明显的边界，其赖以存在的基础是以地区为取向的活动，以及人们通过活动建立起来的彼此之间的关系。②

其五，社区（可以）是一种方法、一种视角。

将社区作为一种视角和方法的传统同样可以追溯到滕尼斯，但这一做法不是滕尼斯的专利。涂尔干等为这一传统的继承和发扬做出了重要贡献。涂尔干将社区作为分析框架，从社区视角分析道德、合约、自杀和人类的本质，从而实现了从一个新维度对这些问题做出开创性解释的目标。社区也不是社会学家的专利。正如尼斯贝特所说的，"社区不仅仅是社会学家的兴趣，而是一种视角、一种方法，它照亮了宗教、权威、法律、语言、个性特征等研究的道路，为古老问题的研究开辟了新局面"。③

当学者们将社区作为一种视角和（或）方法时，一般有两种处理方式。一种情况是把社区作为田野和样本，即研究者只是将社区作为收集资料的方法和来源，其目的在于研究别的东西而不是社区本身，此时社区的作用仅仅犹如物理学家的实验室。这种类型的社区研究与其他经验研究没有什么实质性的不同，它实际上只是将社区研究替换为区域研究（locality study）。因此，这种研究在严格意义上不能算作社区研究。第二

---

① Robert A. Nisbet (1967), *The Sociological Tradition*, London: Heinemann, pp. 101-103.

② Allan D. Edwards and Dorothy G. Jones (1976), *Community and Community Development*, Mouton: The Hague, pp. 14-15.

③ Robert A. Nisbet (1967), *The Sociological Tradition*, London: Heinemann, pp. 56-97.

种情况是将社区看作一个物体（object）或者事物（thing），并试图去说明这一物体或者事物的本质。① 如前所述，黎伯莱就是这样做的。在这种情况下，社区可以被看成是一个整体，一个由不同部分整合而成的整体；是一个系统，可以是生态的、社会的或者文化的；是一个或者一类组织，它具有独特的调节社区成员总体生活的制度；是一种类型的人类社会进程，它不存在于其他人类社会结构中；还可以是一种人，它的气质可以在成员行动习惯和社区制度当中看到。②

其六，社区（可以）是一面旗帜。

社区通常被认为是由美好生活组成的，或者说，人们通常把美好生活的概念归到社区名下，而且每个人都希望生活在这样一个社区当中。③所以，在政治家眼里社区是一面写着"美好生活"的大旗。研究表明，1930年代起社区发展在广大的第三世界国家展开，变得时髦和有力。④ 社区发展是西方发达国家"援助"第三世界国家人民时扛着的一面大旗。在西方发达国家本土，自20世纪60年代以来，社区迎来了其"左右逢源"的时期。这一时期，左翼积极分子开始利用文化和社区来培养追随者和批评社会，社区更多的成为左翼而不是右翼的集结号；右翼分子当中，尽管许多成员以高度热情拥抱了市场功利主义，宗教右翼却积极倡导社区和家庭的价值。⑤ 不过，左翼和右翼都只是将社区作为一种浪漫修辞和策略，他们真正关心的是如何运用社区和文化来实现组织的政治目

---

① Colin Bell and Howard Newby, "Introduction", in Colin Bell and Howard Newby (eds) (1974), *The Sociology of Community*: *A Selection of Readings*, London: Cass, 以及 Conrad M. Arensberg and Solon T. Kimball, "Community study: retrospect and prospect", in Colin Bell and Howard Newby (eds.) (1974), *The Sociology of Community*: *A Selection of Readings*, London: Cass, pp. 338 – 341.

② Robert Redfield (1955), *The Little Community*: *Viewpoints for the Study of A Human Whole*, Chicago: University of Chicago Press, 以及 Colin Bell and Howard Newby (eds.) (1974), *The Sociology of Community*: *A Selection of Readings*, London: Cass.

③ Colin Bell and Howard Newby, "Introduction", in Colin Bell and Howard Newby (eds.) (1974), *The Sociology of Community*: *A Selection of Readings*, London: Cass.

④ Conrad M. Arensberg and Solon T. Kimball, "Community study: retrospect and prospect", in Colin Bell and Howard Newby (eds.) (1974), *The Sociology of Community*: *A Selection of Readings*, London: Cass, p. 335.

⑤ James M. Jasper, Culture, Knowledge, Politics, in Schwartz, Mildred A. (ed.) (2005) *Handbook of Political Sociology*, Cambridge: Cambridge University Press, pp. 115 – 134.

标。具体到英国，20 世纪 80 年代是"新右"的十年，这十年中个人主义以及市场的力量占据最高统治地位；20 世纪 90 年代则是"新中"的十年，柏林墙的拆除象征着作为经济体系的社会主义的终结，但是不久之后东方和西方的决策者都谈到了要重建市民社会，社群主义备受欢迎，社区以及社区发展获得了重要的战略地位。① 时至 2010 年的英国首相竞选，社区仍然是三位竞选者手中挥舞的大旗。

社区之所以可以成为一面旗帜，还因为它具有相当的"实用价值"。研究表明，英国政府支持社区和社区发展实际上是在培育一种落实社会福利政策和健康、教育政策的机制，其用意不在于消除不平等而是管理不平等，其特点是通过社区关系来管理社会冲突，而将政府角色从社会冲突中剔除出来。② 英国政府重视社区和推进社区发展的另一个目的是利用社会资本来增强经济资本的使用效率。广为流行的社会资本主义（social capitalism）认为，市场自然是解决经济稀缺的最好办法，但是社区发展也在其中发挥重要作用，投入社会资本可以使经济资本发挥更有效的作用。最直白的是，社区可以提供廉价的或者无偿的劳动力，政府和纳税人因此也就可以省下一笔钱。③ 吉登斯（Anthony Giddens）更是指出，社区是新型政治的根本所在，因为它不仅是一种重新找回的地方团结形式，而且还是一种促进街道、城镇以及更大区域内的社会和物质复苏的可行办法。④

二 乡村治理的复杂性

乡村更接近滕尼斯眼里的"社区"，共同体构建基础更好。但笔者在

---

① Greg Smith, "Religion and the rise of social capitalism: the faith communities in community development and urban regeneration in England", in Community Development Journal, Vol. 37, No 2, April 2002, pp. 167–177.

② Eilish Rooney, "Community development in times of trouble: reflections on the community women's sector in the north of Ireland", in Community Development Journal, Vol. 37, No. 1, January 2002, pp. 33–46.

③ Greg Smith, "Religion and the rise of social capitalism: the faith communities in community development and urban regeneration in England", in Community Development Journal, Vol. 37, No. 2, April 2002, pp. 167–177.

④ ［英］安东尼·吉登斯：《第三条道路：社会民主主义的复兴》，郑戈译，北京大学出版社 2000 年版，第 83 页。

2021年4月于我国西部地区所作的一项涵盖2225名受访者的问卷调查显示，基层治理共同体构建工作虽取得长足进步，但也存在不少问题，充分彰显包括乡村治理在内的基层治理的复杂性。

（一）基层共同体构建面临的主要问题

从村（居）民个体角度看，一方面，对村（社区）干部和公共事务关注不够。对于"您认识几名本村或社区的干部并能准确叫出名字"，合计12%%的受访者选择了"0名"和"1名"，另有26%选择"2—3名"（备注：当前各村、社区干部一般至少在5名以上）；对于"您了解村（社区）干部平时在忙些什么吗"，合计20%的受访者表示"不关心""完全不清楚"，另有15%表示"只是有点了解"。另一方面，参与村（社区）活动的积极性欠高。14%的受访者表示没有参加本村（社区）组织的任何活动，10%表示每年只参加1次；对于村（社区）委员会的换届选举这样的大事，仍有12%的受访者表示"基本不去参与，都是形式主义的选举"，4%认为"与自己关系不大，去不去看自己心情"。

从村（社区）级组织角度看，一是对实施党政统筹具体制度的共识不高。对于"您认为村（社区）支部书记和居委会主任'一肩挑'有必要的吗"，40%的受访者表示"不好说，看情况"，更有10%认为"没必要"。二是对村（社区）基层党员先进性的认可度不高。10%的受访者表示"没觉得身边的党员比非党员优秀"，还有24%认为自己身边的党员"就那样吧"。三是对村（社区）监督委员会工作成效评价不高。对于"您认为村（社区）监督委员会对社区公共事务进行监督的效果如何"，30%的受访者选择"监督效果一般，应该加强力度"，更有11%选择了"没用，监督只是走形式"。四是村（社区）公共事务数字化信息的针对性和易获取性不高。对于"您所在的村（社区）公共事务信息化建设效果如何"，选择"信息接收的内容太多，针对性较少，看与不看都一样"和"使用智能手机程序复杂，流量大，不愿使用"的受访者合计32%。

从乡镇（街道）角度看，乡镇人大履职不充分情况比较突出。对于"乡镇人大在公园社区治理中发挥了什么作用"，14%的受访者认为"没发挥作用"，11%认为"只参与决策"，17%认为"只参与监督"；对于"街道（乡镇）人大代表在公园社区预算草案的讨论和预算监督中发挥了作用吗"，5%的受访者选择了"没发挥作用"，35%选择"我不清楚"；

对于"基层人大代表在公园社区建设中是否发挥了积极联系群众、吸纳民意的作用",8%的受访者认为"没有发挥积极作用",39%表示"我没有接触过人大代表"(备注:公园社区建设是调研地区当时的中心工作)。

从社会组织角度看,社会组织在村(社区)层面的影响力有待提高。一方面,28.2%的受访者表示"不清楚,不了解"社会组织;另一方面,关于在日常生活中与社会组织的联系程度,26%的受访者表示相比以前而言"基本没变化",6%的受访者反映联系"更少了"。

(二)构建问题导致的不良影响

构建中出现的上述问题产生了不少不良影响,这些不良影响反过来加剧了构建基层治理共同体的复杂性和艰巨性。

一是居民对村(社区)及乡镇(街道)政府的满意度有待提高。合计16%的受访者对自己所在村(社区)"非常不满意""很不满意""有点不满意",另有26%表示"还算满意";合计30%的受访者表示"不认可"和"只是有点认可"村(社区)的管理水平;合计28%的受访者表示"不满意"和"只是有点满意"村(社区)的环境条件;对于"您对自己所在乡镇(街道)政府提供的公共服务满意吗",选择"非常不满意""不满意""一般"的受访者合计达到32%。

二是居民对村(社区)及地方政府的信任度有待提高。合计21.7%的受访者认为自己与村(社区)的心理距离较远;认为党中央、国务院"完全可信""相当可信"的受访者高达85%,但认为地方政府"完全可信""相当可信"的只有61%。

三是居民对自己信心明显不足,对国家和社会的信心有待提高。对于"我能够以自己的智慧和力量参与到发展与改革的进程当中"这一说法,选择"非常不同意""不同意""有点不同意"及"中立"的受访者合计超过45%;对于"我相信通过自己的努力,可以提升自己的社会地位",选择上述四项的受访者合计超过60%;对于"社会发展稳定、国家长治久安,这是完全可以预见的",13%的受访者选择了上述四项,另有11%表示"只是有点同意"。

鉴于上述情况,应从以下三个方面入手改善这种状况。

其一,瞄准薄弱环节,切实完善基层治理共同体的结构。从问卷调查看,一是需从优化基层党员素质能力入手,增强基层党组织的吸引力和组织力,发挥党建引领基层治理的作用,充分满足广大基层群众的期盼。超过八成的受访者表示"有困难时会找村(社区)党组织",超过七成的受访者认为"群众自发组织广场舞等活动也需要基层党组织和政府部门的帮助、协调和管理"。二是从培育或引进急需社会组织入手,提高社会组织的影响力,增强治理主体的广泛性。当前农村社区最需要的是"便民服务类""居家养老类"社会组织。三是从完善村(社区)监督委员会的结构入手,提高其履职能力和履职实效。而从其他地区的实践看,可尝试通过设立村(社区)专职监督员等方式破解"不敢监督"和"监督不力"的难题。四是从建立刚性制度入手,推动基层人大尤其是街道(乡镇)人大全面履职,充分发挥其在基层治理中的决策和监督作用。

其二,针对群众需求精准发力,不断提高基层治理共同体的治理成效。通过合理运用信息化新技术不断提高公共信息的公开度和透明度,做实"两代表一委员"村(社区)级工作站,以及健全村(社区)"两委"班子成员联系群众机制,动态了解、全面掌握群众生产生活需求,然后精准发力,切实提高基层治理共同体的治理成效,积极探索以显著成效提升治理共同体吸引力、凝聚力的路子。从本次问卷调查看,当前村(社区)面临的最大社会性问题是"因停车位问题产生的矛盾"以及"各种垃圾的乱放乱处理",当前基层群众最希望党组织解决的是"收入待遇"和"个人发展问题",最希望街道(乡镇)政府更好发挥作用的领域是维护社会稳定、提供公共服务和保护生态环境。

其三,充分重视人的现代化工作,持续为基层治理共同体发展注入动力。治理共同体说到底是人的联合体,治理现代化说到底是人的现代化。在共同体构建中不能忽视居民个体因素,需要重点关注居民科学化、法治化、民主化意识和思维的增强问题。同时,全力动员居民参与公共活动和集体事务,充分尊重他们在治理实践中的首创精神和劳动成果,积极探索居民因参与治理而"茁壮成长"且不断增进对国家和社会的信心,共同体因居民参与而充满活力且富有成效的工作模式。问卷调查显示,制度化开展生态治理等公共性特征鲜明的活动,对于构建"人人参与、人人尽责、人人共享"的基层治理共同体颇有助益。

第二节 乡村治理创新：政策制度

精准扶贫精准脱贫阶段，出台实施系列涉及乡村治理的文件，为推进脱贫攻坚提供了体系保障、人才基础和行动指南。这些政策制度的实施又有效推动了乡村治理创新，而且是综合性的创新。

一 脱贫攻坚与乡村治理体系：政策制度

2015年底至2020年底，国家层面发布系列关于乡村治理的政策制度，以下几项对推动乡村治理体系创新发挥了值得关注的作用。

一是再造贫困退出流程，进一步增强乡村治理体系的协同性。

2016年4月，中共中央办公厅、国务院办公厅发布《关于建立贫困退出机制的意见》，根据实事求是、分级负责、规范操作、正向激励等原则，对贫困人口、贫困村、贫困县脱贫摘帽的标准和程序提出了要求、作出了部署。[①] 从字面看，此份文件并非专门部署乡村治理体系改革的文件，但由于建立贫困退出机制不但涉及村"两委"、驻村工作队、乡镇，而且涉及县级、市级、省（自治区、直辖市）扶贫开发领导小组乃至国务院扶贫开发领导小组，故而它的运作实际上为进一步理顺六个治理层级之间的责任关系提供了指南，尤其是提高了乡村治理的协同性（详见"专栏1：脱贫摘帽标准和程序"）。

专栏1：脱贫摘帽标准和程序

一 贫困人口退出

贫困人口退出以户为单位，主要衡量标准是该户年人均纯收入稳定超过国家扶贫标准且吃穿不愁，义务教育、基本医疗、住房安全有保障。

[①]《中共中央办公厅国务院办公厅关于建立贫困退出机制的意见》，2016年4月28日，中国政府网，http://www.gov.cn/zhengce/2016-04/28/content_5068878.htm。

贫困户退出，由村"两委"组织民主评议后提出，经村"两委"和驻村工作队核实、拟退出贫困户认可，在村内公示无异议后，公告退出，并在建档立卡贫困人口中销号。

二 贫困村退出

贫困村退出以贫困发生率为主要衡量标准，统筹考虑村内基础设施、基本公共服务、产业发展、集体经济收入等综合因素。原则上贫困村贫困发生率降至2%以下（西部地区降至3%以下），在乡镇内公示无异议后，公告退出。

三 贫困县退出

贫困县包括国家扶贫开发工作重点县和集中连片特困地区县。贫困县退出以贫困发生率为主要衡量标准。原则上贫困县贫困发生率降至2%以下（西部地区降至3%以下），由县级扶贫开发领导小组提出退出，市级扶贫开发领导小组初审，省级扶贫开发领导小组核查，确定退出名单后向社会公示征求意见。公示无异议的，由各省（自治区、直辖市）扶贫开发领导小组审定后向国务院扶贫开发领导小组报告。

国务院扶贫开发领导小组组织中央和国家机关有关部门及相关力量对地方退出情况进行专项评估检查。对不符合条件或未完整履行退出程序的，责成相关地方进行核查处理。对符合退出条件的贫困县，由省级政府正式批准退出。

摘自《中共中央办公厅 国务院办公厅关于建立贫困退出机制的意见》，2016年4月28日，中国政府网，http://www.gov.cn/zhengce/2016-04/28/content_ 5068878.htm。

二是执行基层相关党政正职"不脱贫不调整、不摘帽不调离"铁规，进一步增强乡村治理体系的总体稳定性。

早在2016年10月，中共中央办公厅、国务院办公厅印发《脱贫攻坚责任制实施办法》，明确提出"保持贫困县党政正职稳定，做到不脱贫不调整、不摘帽不调离"，并将其作为相关省（市、自治区）的具体职责之一。① 2018 年 1 月，中共中央国务院发布《关于实施乡村振兴战略的意见》，再次指出要实施贫困县县级党政正职在脱贫攻坚期内原则上保持稳定的政策。② 2019 年 5 月，中共中央办公厅发布《干部选拔任用工作监督检查和责任追究办法》，要求党委（党组）及其组织（人事）部门必须协同纪检监察机关、巡视巡察机构按照各自职责权限，按照"党委（党组）领导、分级负责，实事求是、依法依规，发扬民主、群众参与，分类施策、精准有效，防治并举、失责必究"的原则，切实做好干部选拔任用工作监督工作，其中在"任前事项报告"部分突出强调，"国家级贫困县、集中连片特困地区地市在完成脱贫任务前党政正职职级晋升或者岗位变动的，以及市（地、州、盟）、县（市、区、旗）、乡（镇）党政正职任职不满 3 年进行调整的"应当在事前向上级组织（人事）部门报告，而"未按照规定报告或者报告后未经同意作出的干部任用决定，应当予以纠正"。③ 同年 9 月，中共中央发布《中国共产党农村工作条例》，在"考核监督"部分再次明确指出，要着重考察贫困县精准脱贫成效以及推进乡村振兴战略实绩，考核结果将作为对市县党政领导班子和有关领导干部考核评价和晋升的重要依据。④

三是全面部署治理体系和治理能力建设，进一步增强乡村社会治理体系的科学性。

2019 年 6 月，脱贫攻坚决战正酣之际，中共中央办公厅、国务院办公厅发布《关于加强和改进乡村治理的指导意见》，要求各地区各部门，以坚持和加强党对乡村治理的集中统一领导为前提，以治理体系和治理能力建设为主攻方向，以保障和改善农村民生、促进农村和谐稳定为根本目的，切实建立健全党委领导、政府负责、社会协同、公众参与、法治保障、科技支撑的现代乡村社会治理体制，积极构建共建、共治、共

---

① 《脱贫攻坚责任制实施办法》，《人民日报》2016 年 10 月 18 日第 3 版。
② 《关于实施乡村振兴战略的意见》，《人民日报》2018 年 2 月 5 日第 4 版。
③ 《中办印发〈干部选拔任用工作监督检查和责任追究办法〉》，《人民日报》2019 年 5 月 28 日第 2 版。
④ 《中共中央印发〈中国共产党农村工作条例〉》，《人民日报》2019 年 9 月 2 日第 3 版。

享的社会治理格局,充分彰显党和国家对乡村治理的高度重视。①这份文件以及中共中央、国务院于 2021 年 4 月发布的《关于加强基层治理体系和治理能力现代化建设的意见》②,是现阶段推进乡村治理体系和治理能力现代化建设的指南。

二 脱贫攻坚与乡村治理能力:政策制度

从国家政策制度层面看,精准扶贫精准脱贫阶段涉及乡村治理能力提升的安排部署主要如下。

一是重点抓好驻村工作队建设。

2014 年 1 月,中共中央办公厅、国务院办公厅发布《关于创新机制扎实推进农村扶贫开发工作的意见》,对如何创新扶贫开发工作的体制机制提出六点意见,其中第二点为:"要健全干部驻村帮扶机制,实行普遍建立驻村工作队(组)制度"。③ 2015 年 6 月,习近平总书记在部分省区市党委主要负责同志座谈会上强调,"要把扶贫开发同基层组织建设有机结合起来",指出"选派扶贫工作队是加强基层扶贫工作的有效组织措施,要做到每个贫困村都有驻村工作队、每个贫困户都有帮扶责任人",并且要求"工作队和驻村干部要一心扑在扶贫开发工作上,有效发挥作用"。④ 自此,驻村工作队(组)制度在贫困县得到普遍实行。

驻村工作队(组)为脱贫攻坚发挥重要作用,但制度实施中在一定范围内也出现了选人不优、管理不严、作风不实、保障不力等问题。针对这一情况,中共中央办公厅、国务院办公厅于 2017 年 12 月发布《关于加强贫困村驻村工作队选派管理工作的指导意见》,指出要精准做好选人工作,强调必须优先安排优秀年轻干部和后备干部参加驻村帮扶;指出要精准做好选派工作,强调必须坚持"因村选派、分类施策""县级统

---

① 《中办国办印发〈指导意见〉加强和改进乡村治理》,《人民日报》2019 年 6 月 24 日第 1 版。

② 《中共中央国务院关于加强基层治理体系和治理能力现代化建设的意见》,《人民日报》2021 年 7 月 12 日第 1 版。

③ 《中办国办印发〈关于创新机制扎实推进农村扶贫开发工作的意见〉》,《人民日报》2014 年 1 月 26 日第 2 版。

④ 《谋划好"十三五"时期扶贫开发工作 确保农村贫困人口到 2020 年如期脱贫》,《人民日报》2015 年 6 月 20 日第 1 版。

筹、全面覆盖""严格管理、有效激励""聚焦攻坚、真帮实扶"等原则，把熟悉党群工作、经济工作、社会工作的干部分别派到基层组织软弱涣散、产业基础薄弱、矛盾纠纷突出的贫困村；指出要精准做好帮扶工作，强调驻村工作队必须承担宣传贯彻脱贫攻坚方针政策、决策部署、工作措施等十项任务（详见"专栏2：驻村工作队主要任务"）；指出要精准做好驻村工作队管理工作，强调县级党委和政府、乡镇党委和政府必须加强驻村工作队日常管理制度建设并承担相应管理职责。①

专栏2：驻村工作队主要任务

1. 宣传贯彻党中央、国务院关于脱贫攻坚各项方针政策、决策部署、工作措施。

2. 指导开展贫困人口精准识别、精准帮扶、精准退出工作，参与拟定脱贫规划计划。

3. 参与实施特色产业扶贫、劳务输出扶贫、易地扶贫搬迁、贫困户危房改造、教育扶贫、科技扶贫、健康扶贫、生态保护扶贫等精准扶贫工作。

4. 推动金融、交通、水利、电力、通信、文化、社会保障等行业和专项扶贫政策措施落实到村到户。

5. 推动发展村级集体经济，协助管好用好村级集体收入。

6. 监管扶贫资金项目，推动落实公示公告制度，做到公开、公平、公正。

7. 注重扶贫同扶志、扶智相结合，做好贫困群众思想发动、宣传教育和情感沟通工作，激发摆脱贫困内生动力。

---

① 《中共中央办公厅国务院办公厅关于加强贫困村驻村工作队选派管理工作的指导意见》，2017年12月24日，中国政府网，http://www.gov.cn/zhengce/2017-12/24/content_5250001.htm。

> 8. 加强法治教育，推动移风易俗，指导制定和谐文明的村规民约。
> 9. 积极推广普及普通话，帮助提高国家通用语言文字应用能力。
> 10. 帮助加强基层组织建设，推动落实管党治党政治责任，整顿村级软弱涣散党组织，对整治群众身边的腐败问题提出建议；培养贫困村创业致富带头人，吸引各类人才到村创新创业，打造"不走的工作队"。
>
> 摘自《中共中央办公厅国务院办公厅关于加强贫困村驻村工作队选派管理工作的指导意见》，2017年12月24日，中国政府网，http://www.gov.cn/zhengce/2017-12/24/content_5250001.htm。

值得注意的是，这一文件指出，县级党委和政府应按照工作总结与村民测评、村干部评议相结合的办法，每年对驻村工作队进行考核检查。考核结果不但要报送派出单位备案，而且必须作为驻村干部评优评先、提拔使用的重要依据。对于不胜任驻村帮扶工作的驻村干部，必须根据具体情形作出批评教育、召回调整、严肃问责等不同程度的处理意见。文件还指出，各级党委和政府要强化对驻村工作队的组织保障工作，其中，省级党委和政府负总责，市地级党委和政府承担指导和支持职能，县级党委和政府承担统筹配置驻村力量的任务，共同做好对驻村工作队的培训宣传、督查检查、关心爱护工作，最大限度发挥驻村工作队作为脱贫攻坚之生力军的作用。[①] 以上多管齐下，为确保贫困村驻村工作队选派精准、帮扶扎实、成效明显、群众满意提供了坚实的制度保障。

二是从政策上和待遇上倾斜照顾基层和贫困地区干部。

2018年5月，中共中央办公厅发布《关于进一步激励广大干部新时代新担当新作为的意见》，要求各级党委（党组）坚持严格管理和关心信任相统一的原则，给予广大干部政治上的激励、工作上的支持、待遇上的保障、心理上的关怀。具体而言，各级党委（党组）必须落实谈心谈

---

① 《中共中央办公厅国务院办公厅关于加强贫困村驻村工作队选派管理工作的指导意见》，2017年12月24日，中国政府网，http://www.gov.cn/zhengce/2017-12/24/content_5250001.htm。

话制度、完善干部待遇激励保障制度体系、推进公务员职务与职级并行制度、健全党和国家功勋荣誉表彰制度等，必须更多理解和支持基层干部，尤其要主动为在困难艰苦地区和脱贫攻坚第一线工作的干部排忧解难，并从政策上和待遇上给予倾斜照顾。①

2019年3月，中共中央发布了在2014年版基础上修订的新版《党政领导干部选拔任用工作条例》，旨在推进干部选拔任用工作制度化、规范化、科学化，提高选人用人质量，建设忠诚干净担当的高素质专业化干部队伍，为新时代中国特色社会主义事业顺利发展提供坚强组织保证。文件明确规定破格提拔的三种情形，前两种情形分别是"领导班子结构需要或者领导职位有特殊要求的"以及"专业性较强的岗位或者重要专项工作急需的"，第三种情形则涉及脱贫攻坚工作，即"艰苦边远地区、贫困地区急需引进的"。②

同年同月，中共中央办公厅发布《关于解决形式主义突出问题为基层减负的通知》，同样强调对奋战在困难艰苦地区和脱贫攻坚第一线的干部要从政策上、待遇上给予倾斜。③ 2020年4月，中共中央办公厅发布《关于持续解决困扰基层的形式主义问题为决胜全面建成小康社会提供坚强作风保证的通知》，再次强调要关心关爱脱贫攻坚一线的干部，完善干部担当作为激励机制，并在打好包括脱贫攻坚战在内的"三大攻坚战"等重大斗争中考察识别干部。④

三是，着力提升乡村数字治理能力。

2019年5月，中共中央办公厅、国务院办公厅联合发布《数字乡村发展战略纲要》，指出伴随网络化、信息化和数字化在农业农村经济社会发展中的应用以及农民现代信息技能的提高，数字乡村呼之欲出，这既是乡村振兴的战略方向，也是建设数字中国的重要内容，必须加以高度

---

① 《中办印发〈关于进一步激励广大干部新时代新担当新作为的意见〉》，《人民日报》2018年5月21日第1版。

② 《党政领导干部选拔任用工作条例》，《人民日报》2002年7月24日第1版。

③ 《中共中央办公厅印发〈关于解决形式主义突出问题为基层减负的通知〉》，《人民日报》2019年3月12日第5版。

④ 《中办印发〈通知〉持续解决困扰基层的形式主义问题 为决胜全面建成小康社会提供坚强作风保证》，《人民日报》2020年4月15日第6版。

重视。纲要分析了数字乡村的发展现状与形势，提出了数字乡村发展的总体要求、基本原则、战略目标和重点任务，而"推动网络扶贫向纵深发展，助力打赢脱贫攻坚战"是其中的第九项重点任务。纲要指出，深入推动网络扶贫行动向纵深发展，需要重点做好以下三个方面的工作，一是借助信息化、数字化技术强化对产业和就业扶持；二是运用大数据平台加强对脱贫人员的跟踪及分析；三是切实推进网络扶志和扶智行动，不断提升贫困群众生产经营技能，激发贫困人口内生动力。[1]

三 脱贫攻坚与乡村治理重点：政策制度

脱贫攻坚阶段，关于乡村治理重点的安排部署至少包括以下四项。

一是脱贫攻坚的质量和小康的成色。

2020年1月，中共中央、国务院发布《关于抓好"三农"领域重点工作确保如期实现全面小康的意见》，指出"三农"工作的成效决定脱贫攻坚的质量和小康的成色，要求必须对标对表脱贫攻坚和全面建成小康社会的目标全力补上"三农"领域突出短板。文件对坚决打赢脱贫攻坚战提出了五个方面的意见：一是以更加有力的举措、更加精细的工作、更多的专项扶贫资金等，帮助深度贫困地区贫困人口和特殊贫困群体摆脱贫困，全面完成脱贫任务；二是开展脱贫人口全面排查，对不稳定脱贫户、边缘户实施动态监测，将返贫人口和新发生贫困人口及时纳入帮扶对象，切实巩固既有脱贫成果，防止出现大规模返贫；三是强化常态督导，及时查找、整改问题，组织开展脱贫攻坚普查，做好考核验收工作，同时，扎实做好关于脱贫攻坚实践、成就和制度优势的宣传工作，向世界讲好中国减贫生动故事；四是脱贫攻坚政策总体保持稳定，贫困县坚持实施摘帽不摘责任、不摘政策、不摘帮扶、不摘监管的政策，但已实现稳定脱贫的县可酌情统筹安排一定数量的专项扶贫资金支持非贫困县、非贫困村的贫困人口脱贫；五是启动接续减贫研究工作，研拟解决相对贫困问题的顶层设计、长效机制以及脱贫攻坚与实施乡村振兴战

---

[1] 《中共中央办公厅国务院办公厅印发〈数字乡村发展战略纲要〉》，《人民日报》2019年5月17日第7版。

略有机衔接的意见。①

二是革命老区开发建设。

2016年2月，中共中央办公厅、国务院办公厅发布《关于加大脱贫攻坚力度支持革命老区开发建设的指导意见》。文件指出，鉴于为中国革命、建设、改革作出重大牺牲和重要贡献的革命老区的脱贫攻坚任务异常艰巨，中央决定加大对革命老区的扶持和援助力度。文件要求，要把贫困革命老区作为革命老区开发建设的扶持重点，全面补齐这块"短板中的短板"；要将贫困革命老区的困难群体作为扶持重点，全面保障和改善革命老区的民生福祉；要以集中解决基础设施、资源开发和产业发展等领域的突出问题为重点，切实破解发展瓶颈以加快老区开发建设步伐。②

三是脱贫攻坚领域的基础设施建设。

2018年10月，国务院办公厅发布《关于保持基础设施领域补短板力度的指导意见》。文件不但将脱贫攻坚领域的基础设施建设纳入"重点任务"范畴，而且明确指出了三项重点工作：易地扶贫搬迁工程、以工代赈以及"三区三州"等深度贫困地区的基础设施和基本公共服务设施建设。此外，还强调要充分调动民间投资的积极性，鼓励民间投资依法合规参与扶贫以及污染防治等多个领域的基础设施建设。③

四是基层减负。

2019年3月，中共中央办公厅发布《关于解决形式主义突出问题为基层减负的通知》，指出中央决定将2019年作为"基层减负年"，并从五个方面对开展基层减负工作作出了部署、提出了要求。其中，在"加强计划管理和监督实施"部分指出，牵头部门在进行脱贫攻坚督查考核、政府大督查等工作中要注意倾听基层意见。④ 2020年4月，中共中央办公

---

① 《中共中央国务院关于抓好"三农"领域重点工作确保如期实现全面小康的意见》，《人民日报》2020年2月6日第1版。
② 《中办国办印发〈关于加大脱贫攻坚力度支持革命老区开发建设的指导意见〉》，《人民日报》2016年2月2日第1版。
③ 《关于保持基础设施领域补短板力度的指导意见》，2018年10月31日，中国政府网，http://www.gov.cn/zhengce/content/2018-10/31/content_5336177.htm。
④ 《中共中央办公厅印发〈关于解决形式主义突出问题为基层减负的通知〉》，《人民日报》2019年3月12日第5版。

厅又发布《关于持续解决困扰基层的形式主义问题为决胜全面建成小康社会提供坚强作风保证的通知》，提出要进一步把广大基层干部干事创业的手脚从形式主义的束缚中解脱出来，为打赢脱贫攻坚提供坚强作风保证，突出强调要坚决纠治脱贫攻坚中的形式主义、官僚主义，切实防止数字脱贫、虚假脱贫。①

第三节 乡村治理创新：实践样本

实地调研发现，脱贫攻坚对 G 省下辖的 GB 市区域内的乡村治理体系和治理能力的积极影响是多方面的、综合性的。

一 加强基层党建

加强基层党组织和党员队伍建设，旨在为脱贫攻坚和乡村治理奠定组织基础和提供人才支撑。"帮钱帮物，不如帮助建个好支部。"GB 市积极推动基层党组织在脱贫攻坚中唱主角。

一是全面开展组织体系优化提升行动，将符合条件的村党支部升格为村党总支部或村党委，同时，推动易地扶贫搬迁基层党组织应建尽建。2015 年 11 月至 2020 年 12 月，全市 1854 个行政村中，设置党委 53 个、党总支部 461 个、党支部 1340 个，114 个易地扶贫搬迁安置点已建立党组织 63 个，就近纳入管理 51 个，做到应建尽建，全面实现党的组织和党的工作全覆盖。全市获得省级星级党组织有 779 个，其中五星级 145 个，四星级 277 个，三星级 357 个。与此同时，开展争创"五旗"活动，引导农村基层党组织通过争创"产业兴旺、生态宜居、乡风文明、治理有效、生活富裕"五面红旗，评选出一批"红旗村"，全市共有 355 个村获得 514 面"红旗"。

二是坚持因村派人、尽锐出战原则，制度化向贫困村派出优秀党员干部。2015 年 11 月至 2020 年底，先后选派脱贫攻坚（乡村振兴）工作队员 9622 人。除向 899 个贫困村选派第一书记外，2018 年还向 955 个非

---

① 《中办印发〈通知〉持续解决困扰基层的形式主义问题 为决胜全面建成小康社会提供坚强作风保证》，《人民日报》2020 年 4 月 15 日第 6 版。

贫困村选派了第一书记，实现全市行政村"一村一名第一书记"目标，是全省选派工作队员最多的地级市。

三是加强对脱贫攻坚一线党员干部的激励关爱。出台关爱脱贫攻坚一线干部身心健康的十项措施，将驻村伙食补助标准由40元提高到每人每天100元，每年为每个分队安排2万元工作经费、贫困村党组织第一书记，安排每人5万元驻村帮扶经费和1.5万元专项工作经费。出台《关于进一步加强村级党组织第一书记队伍建设的意见》等系列文件，要求每年按各职务层级第一书记总数20%左右、其他驻村工作队员5%左右的比例，择优提拔任用；明确2019—2021年全市提拔、转任重要岗位、职级晋升、招录重用脱贫一线人数不低于本地、本单位使用干部数的50%，全市每年考察识别一批好干部并将其列入专项优秀年轻干部库。资料显示，2019年至2020年，全市提拔重用脱贫攻坚一线勇担当、善作为好干部925人（其中，处级56人、科级869人），占提拔重用总人数的50.2%。

此外，落实爱心公益超市专项经费补助、干部待遇上调等措施，切实激发农村党员红色动能。2015年11月至2020年底，共有570多名农村党员获得"红色创贷"项目贷款，培育农村党员"创业带富先锋"5000多名。2017年，中组部在该市召开深度贫困地区党建促脱贫现场会，对该市党建促脱贫攻坚工作给予充分肯定。

D县下辖的JC镇，紧扣脱贫攻坚主题，探索建立"党建引领五治融合"模式，构建以自治为基、共治为力、法治为本、德治为先、智治为辅的乡村治理体系，突出抓好"智慧JC"建设，成功构建智慧政务、智慧安防、智慧服务、智慧农业的四智格局，成为享誉市内外的乡村治理示范镇。该镇域内DN村，不断强化共建善治，努力打造乡村治理示范标杆。该村围绕镇里提出的"党建引领五治融合"模式，投入近320万元实施了DN村乡村治理示范提升项目，高标准建成"一部两会三中心"，实现乡村综治中心、乡村新时代文明实践中心、"智慧乡村"综合管理服务中心的高效运转。与此同时，通过开展"一月一议"讨论、组建"一组一会"模式、实施"一村一约"制度、建立"一晒一督"机制，让农村"自治"实起来；通过村企合作联建、群团组织联合、脱贫攻坚联帮、社会力量联动，让农村"共治"动起来；通过推进法律服务常态化、推进平安建设网格化、推进法治教育普及化、推进小微权力规范化,让农村"法治"严起来;通过用活一个宣传阵地、组建一支服务队伍、选树一批示范典型、弘扬一种民俗精神,让农村"德治"活起来;通过优化"智慧办公"建设、完善"智慧服务"体系、建立"智慧农业"平台、提升"智慧安防"水平,让农村"智治"慧起来。DN 村党支部连续三年获评为省级五星级党组织,并获得省级文明村称号。

二 发展村集体经济

发展村级集体经济,旨在为脱贫攻坚和乡村治理奠定物质基础。GB 市把发展壮大村级集体经济作为"书记工程",由各级党委政府主要领导亲抓力促,紧紧围绕全面清零和提质增效的目标,对纳入中央或省级财政扶持范围的行政村,进行重点跟进,确保资金及时到账、用得正确和精准;对没有纳入中央或省级财政扶持范围的行政村,采取资金整合、先建后补、以奖代补、政府与社会资本合作、政府引导基金投入等方式,逐年加大支持力度。

资料显示,2015 年 11 月至 2020 年底,GB 市合计筹措 18.22 亿元投入村级发展集体经济;创建 10 个市级集体经济产业示范园区、100 个县级集体经济产业园区,带动 1000 个村集体经济提质增效;市内所有的 1854 个行政村(含农村社区)均设立了村民合作社,集体经济平均收入超过 5 万元,其中 456 个村的集体经济收入达到 10 万元以上(占比 24.60%);不但实现了集体经济空壳村"清零"的目标,而且落实了每个贫困村有 50 万元以上集体经济发展资金,非贫困村 30 万元以上的发展资金。

D 县下辖的 JC 镇成功引进 TC 集团有机农业综合体项目,建成全省范围内连片最大的有机蔬菜量化设施生产基地和国内领先、世界一流的智慧育苗工厂。借助发展 TC 有机农业综合体项目的利好机遇,该镇的 DN 村积极转变思路,提出了"用足优势、合作共赢"的产业发展思路,第一时间将全村近 60% 的土地共 960 多亩流转给企业,支持配合企业发展现代农业和休闲旅游业,推动农业转型升级,为群众创造更多就业和增收机会,并培养了一批职业农民。同时,还投入 55 万元村集体经济发展资金,购买了 TC 集团一个标准化有机蔬菜生产大棚,通过采用"公司

+基地+村民合作社"模式发展有机蔬菜产业,确保村集体经济每年稳定增收10万元以上。资料还显示,TC集团正在通过产业配套、土地流转经营、合作经营、股份合作四种模式带动村集体经济发展,在D县以及该市其他具备条件的县积极打造村集体经济市级产业示范园。

三 统筹基层监督资源

一方面,GB市推动村务监督委员会改革,另一方面,GB市探索设立脱贫攻坚专项治理监督站,双管齐下为脱贫攻坚和乡村治理提供纪律保障。

(一) 推动村务监督委员会改革

GB市以健全完善村党组织领导的自治、法治、德治、智治相结合的乡村治理体系为目标,以规范和制约基层组织权力运行为核心,以完善村级民主管理和民主监督为重点,积极推动村务监督委员会改革,使其机构设置、职责权限、产生程序、监督内容、监督方式、工作制度、管理考核等更加规范,形成责权明晰、衔接配套、运转高质有效的村级民主监督机制。以Y县为例。该县提出村务监督委员会的人员构成必须达到3至5人(其中女性代表应占有一定的比例),由村民会议或村民代表会议在村民中推选产生;村务监督委员会的工作职责包括:监督村级事务民主决策情况,监督村"三资"管理情况,监督村工程项目建设情况,监督村务公开情况,监督村民委员会干部正确行使职权的情况;村务监督委员会还可根据村民意见,建议村民委员会召开村民会议或村民代表会议,审议或复议相关事项;对反映涉及村民利益的问题进行调查了解,对经了解属实的问题建议村民委员会及时解决,对该解决而未解决的问题可直接向乡(镇)纪委反映。

村务监督委员会的监督内容覆盖:上级强农惠农和扶贫帮困、救灾救济资金的分配方案,公益事业的兴办和筹资筹劳方案,土地承包经营方案,宅基地的使用方案,征地补偿费的使用、分配方案,集体土地、房屋、山林、矿产等资产、资源处置情况,集体经济合同,工程项目建设情况,以及村民会议认为应当由村民会议讨论决定的涉及村民利益的其他事项;村"两委"提出、讨论重要决策、重大事项、重要人员安排和大额资金使用(简称"三重一大")工作事项应通知村务监督委员会;

村务监督委员会要抓好内部管理，逐步建立集体议事决策制度、村务财务情况分析制度、监督工作报告制度、监督工作回避制度以及工作档案管理制度。

(二) 设立村级专项治理工作站

GB 市创建村级专项治理工作站的作法引起社会各界广泛关注。这一做法也得到上级有关部门的充分肯定。该市下辖的 Y 县的《建设村级专项治理工作站延伸监督触角助力脱贫》被评为 2018 年度全省专项治理工作创新优秀案例，并在 2019 年全省专项治理第二次例会上作典型发言；该市村级专项治理工作站典型经验在 2020 年全省改革创新基层社会治理典型经验推广交流会上作交流发言，并被编入《2020 年第四批改革典型经验（基层社会治理）复制推广清单》在全省推广。该市在行政村设立脱贫攻坚专项治理监督工作站（以下简称"监督站"）的动因、做法的有益启示如下。

1. 设站动因

一方面，基层监督任务艰巨。GB 市是全省乃至全国脱贫攻坚主战场之一，脱贫任务异常艰巨。2020 年，全市要实现现行标准下 102 万贫困人口、899 个贫困村全部脱贫及 12 个贫困县全部摘帽。为打赢脱贫攻坚战，2016—2020 年全市累计投入各类财政扶贫资金 428.5 亿元，各类社会捐赠帮扶近 100 亿元，实施了包括农村道路、危房改造、饮水设施等在内的众多扶贫项目，且绝大部分项目在村里落地。这决定了扶贫领域腐败和不正之风专项治理任务势必艰巨复杂。

另一方面，村级监督力量薄弱。面对艰巨监督任务，仅依靠市、县、乡三级纪检监察和职能部门的力量很难实现监督监管全覆盖，需要充分调动村级组织和群众力量参与监督。而原有村级监督力量显然难以胜任新任务：一是各行政村设立的村务监督委员会，只能依法开展村务监督工作，并未被赋予监察监督脱贫攻坚的职能；二是村级党组织的纪检委员设置不够规范，职责不很清楚，难以真正发挥作用；三是村级纪检委员、村务监督委员会成员绝大多数是本地人，难以摆脱"熟人社会"人情面子的束缚，难免出现不敢监督、不愿监督的情况，监督实效通常大打折扣。

2. 基本做法

（1）创新监督队伍建设管理

一是优中选优，配齐配强监督专员。优先从"两代表一委员"、退休干部和教师、退役军人、经济能人等乡贤以及曾担任村（社区）两委干部中推荐人选，经考核小组考察合格后，报县纪委监委班子研究确定选派监督专员人选。截至2021年12月底，全市1893个村（社区）监督站配备了5689名监督专员，其中本地乡贤达到2316名。

二是落实待遇，工资收入到位。明确由县级财政全额预算，按照村两委"半定工"干部2400元/月的标准，给监督专员发放工资。同时，实行绩效工资机制，将开展监督、排查问题线索等作为考评指标，并将考核结果与实发工资挂钩。

三是建章立制，加强日常管理。明确监督专员由县纪委监委直接领导，由乡（镇）纪委代管，不承担村（社区）"两委"具体工作。同时，制定实施监督专员日常管理、接访、走访、巡访、工作例会、定期报告、考核考评、监督检查和保密工作等制度。

（2）清晰划定监督专员的工作重点

一是加强对党务村务公开的监督。通过认真审核党务、村务公开的内容、时间、形式及程序，督促村两委及时公开群众关心的热点问题；同时认真征求村民对党务、村务公开和民主管理的意见建议，对存有疑义的公开事项及时反馈给村两委，并要求限期予以答复和处理。

二是加强工程建设监督。监督重点为村级工程建设、惠农惠民工程，监督内容包括工程质量是否合格、档案资料是否健全、资金拨付是否及时、工程验收是否合格等。

三是加强村党员干部廉洁自律监督。按照农村基层干部廉洁履行职责若干规定等制度对村干部履行职责、依法办事进行监督；督促村干部在村级事务管理和决策等方面严格落实"三重一大"集体决策等制度。同时对村两委干部执行党和政府在农村的各项方针政策以及各项惠农惠民政策情况及时进行监督。

（3）切实加强能力培训

一是集中培训解决"我要干什么"。每季度举办村级监督专员集中培训班，围绕各时段中心工作对村级监督专员进行培训，实现监督业务培训全覆盖。

二是分散培训解决"我要怎么干"。各乡（镇）根据监督需要不定期召开专题培训会议，联系乡（镇）的纪委班子不定期深入一线对监督专员进行"开小灶"式督导培训，有效破解监督专员"我要怎么干"问题。同时向监督专员印发监督业务应知应会知识，由乡（镇）纪委分散组织学习并开展测试。

三是实战培训解决"怎么干得好"。为提高监督专员的监督实战能力，将监督专员纳入县纪委督查暗访组开展工作，通过"老带新"传帮带的实战培训方式，有效解决监督专员"怎么干得好"问题。

（4）全面完善工作机制

一是探索协同监督机制。实行"村村联动"协作，由乡（镇）纪委整合各村（社区）监督专员力量，将村（社区）分成多个协作区，采取联合排查式、抽查核查式等监督方式，发现问题及时督促整改落实。

二是丰富日常监督方式。由乡（镇）纪委每月派发工作清单，采取列席会议、提出建议、监督落实等方式，开展常态化监督；通过列席村（社区）两委"三重一大"会议、检查相关台账资料、实地检查项目实施情况等，着力发现村（社区）党务、村务、财务管理、项目实施方面的问题线索。

三是做实收集社情民意。监督专员在茶余饭后，深入田间地头，通过与群众"拉家常"，掌握监督对象在工作生活作风上是否存在问题等线索；结合党务、村务、财务公开，建立统一规范的"阳光三务"监督公示栏、微信群，并通过栏上贴、掌上看等方式及时掌握群众提出的意见建议。

四是强化对上报问题的研判。县、乡（镇）纪委定期对村级工作站上报的问题线索和群众诉求问题进行研判、甄别，上报的问题线索可查性强的，将进行核实处置，并依纪依法严厉查处。

3. 脱贫攻坚专项治理监督站带来的启示

专项监督站的设立，有效激活了村、乡、县乃至市等多级监督资源，切实优化了基层监督体系，显著提高了监督能力，不但为打赢脱贫攻坚战发挥了保驾护航的作用，而且解决了基层尤其是村级监督难的难题，为探索贯通各类监督的有效路径提供了有益启示。

其一,"专项治理"是推动各类监督有机贯通的"窗口期"。

监督站产生和发展于扶贫领域腐败和不正之风专项治理实践中。专项治理可以成为推动各类监督有机贯通的契机与其自身的产生逻辑密切相关:如期打赢脱贫攻坚战需要运行大扶贫工作格局,大扶贫工作格局顺畅高效运行需要有一套大监督工作格局与其匹配、为之护航,而专项治理正是构建大监督工作格局的有效抓手和具体体现。当前,为了做好巩固拓展脱贫攻坚成果和乡村振兴衔接阶段的工作,各地陆续启动了乡村振兴专项监督工作。纪检监察机关和其他相关职能部门应抓住这次机会,不断深化优化纪检监察机关牵头抓总、多部门配合、行业部门负主责、社会力量有效参与的监督体制机制,为推动各类监督有机贯通、协同发力作出新探索。

其二,"基层"是推动各类监督有机贯通的"突破口"。

理论上讲,基层是探索各类监督有机贯通最为合宜的界面。这是因为,在我国现行国家治理体制机制下,势必出现"上面千把锤,下面一根钉""上面千条线,下面一根针"情形,基层势必既有可能成为累积问题难题的界面,也有可能从基层找到解决问题难题的"钥匙"。从实践看,监督站堪称加快各类监督资源整合的"助推器",其不但促进了县乡村党内监督的协作,而且促进了党内监督与人民群众监督的联动,以及跨区域间的监督合作,概而言之,推动了各类监督在"最后一公里"实现"胜利会师"。

其三,"系统推进"是推动各类监督有机贯通的关键。

各类监督有机贯通,不只是制度、组织、人员等在形式上的对接,还是一个包括功能耦合的系统集成过程。GB市在实践中,不但创新监督队伍建设管理、清晰划定监督工作重点,而且切实加强能力培训、不断完善工作机制,彰显强烈的系统集成的努力,从而不但妥善处理了"谁来监督""监督什么"的问题,而且有效解决了"如何监督""监督落实"的难题,呈现显著的综合效应,有力证明系统推进是推动各类监督有机贯通的关键一招。

四 修订完善村规民约

推进村规民约修订完善工作,旨在为脱贫攻坚和乡村振兴提供德治基础。Y县以健全党组织领导下自治、法治、德治、智治相结合的现代乡村治理机制为目标，以坚持党的领导、坚持合法合规、坚持发扬民主、坚持价值引领、坚持因地制宜和坚持易行易记为原则，积极推进村规民约修订完善工作。该县强调，村规民约内容应该包括规范日常行为、维护公共秩序、保障群众权益、调解群众纠纷、引导村风民俗等方面内容；修订村规民约应该坚持问题导向，针对攀比炫富、铺张浪费、"等靠要"、家庭暴力、拒绝赡养老人、侵犯群众合法权益、"黄赌毒"等突出问题，提出有针对性的抵制和约束内容；修订工作应该结合本村实际，突出村民普遍关心的事项，防止"百村一约"情况的发生；修订工作应该经历宣传发动、征集民意、拟定草案、提请审核、审议表决、备案公布、整理归档七个环节；此外还提出到2021年全县所有建制村均应完成修订完善务实管用村规民约的目标。

五 探索屯级治理平台

探索屯级治理平台，旨在为脱贫攻坚和乡村治理创设更加合宜、有效的治理平台。Y县加快了推动以自然屯为基本单元建设村民理事会、村民监事会的步伐，作出了对于群众意愿强烈且条件成熟的、由多个村民小组组成的自然屯可组建村民理事会、村民监事会的部署，意在将村民理事会、村民监事会建成村党组织、村民委员会、村务监督委员会、村民小组和村民群众之间的重要桥梁，将村民理事会、村民监事会建成村民参与自然屯治理的议事平台和服务机构，创新构建自然屯"屯级党组织＋村民理事会＋村民监事会＋村民"多主体协同共治的治理新架构，激发村民自我教育、自我管理、自我服务、自我监督热情，调动村民积极依法有序参与本屯公共事务，增强村民民主自治能力和本领，引导村民履行民主议事、民主监督、化解矛盾纠纷等职责，不断提升乡村治理体系和治理能力现代化水平。

第三章

脱贫攻坚推动治理模式系统集成

我国的贫困人口规模之大、分布地域之广、程度之深世所罕见，治理难度超乎想象。但是，中国共产党团结带领中国人民经过艰苦卓绝的努力，最终于2020年底完成了消除绝对贫困的艰巨任务。而这主要得益于我国不但构建和运行了"大扶贫"工作格局，而且尝试构建和运行与之适配、为之保驾护航的"大监督"工作格局。脱贫攻坚直接催生了这两个工作格局，为推动中国特色治理模式的系统集成作出积极探索。

第一节 大扶贫工作格局的构建和运作

"大扶贫"工作格局的核心要义是：在扶贫领域建构一套集中力量办大事的体制机制并使其稳定且顺畅地运行起来。[1] 仅仅将大扶贫格局理解为专业扶贫、行业扶贫、社会扶贫的"三位一体"，既不足以充分反映我国扶贫开发实践的全貌，也不足以揭示我国的制度机制优势。"大扶贫"工作格局是在我国扶贫开发事业的推进中发端并逐步走向成熟的。"大扶贫"工作格局的构建路径和运行逻辑如下。

一 赋予扶贫"大事"之地位，为扶贫开发提供合法性保障

根据我国的战略部署和制度安排，集中力量所办之事必是关乎国计民生的重大事务。我国政府在过去的三十多年里通过各种"计划"、"纲

---

[1] 本节内容为本人公开发表成果，详见王红艳《中国扶贫模式核心特征研究》，《理论学刊》2020年第7期。

要"和"决定",赋予扶贫工作关乎经济社会发展大局、国家根本制度以及我国国际形象的意义,使其具有合法的"大事"地位。

国务院于1994年发布的"八七计划"开宗明义指出,解决以至彻底消灭贫困"是一项具有重大的、深远的经济意义和政治意义的伟大事业",因其"不仅关系到中西部地区经济的振兴、市场的开拓、资源的开发利用和整个国民经济的持续、快速、健康发展,而且也关系到社会安定、民族团结、共同富裕以及为全国深化改革创造条件"。[1]

七年之后,国务院发布的《中国农村扶贫开发纲要(2001—2010年)》,不但明确指出缓解和消除贫困"是社会主义的本质要求",而且强调其"是中国共产党和人民政府义不容辞的历史责任"。[2]

十年之后,国务院发布的《中国农村扶贫开发纲要(2011—2020年)》提出"三个事关",强调"扶贫开发事关巩固党的执政基础,事关国家长治久安,事关社会主义现代化大局",同时,阐明扶贫开发的工作五个"属性",认为"深入推进扶贫开发,是建设中国特色社会主义的重要任务,是深入贯彻落实科学发展观的必然要求,是坚持以人为本、执政为民的重要体现,是统筹城乡区域发展、保障和改善民生、缩小发展差距、促进全体人民共享改革发展成果的重大举措,是全面建设小康社会、构建社会主义和谐社会的迫切需要"。[3]

党中央、国务院于2015年发布的《关于打赢脱贫攻坚战的决定》,除再次重申"消除贫困、改善民生、逐步实现共同富裕,是社会主义的本质要求,是我们党的重要使命"外,提出"五个事关",强调"扶贫开发事关全面建成小康社会,事关人民福祉,事关巩固党的执政基础,事关国家长治久安,事关我国国际形象"。[4]

二 授予专门机构"集中力量"之权力,为扶贫开发提供组织保障

具体由谁来"集中力量"是必须解决的第二个问题。我国政府在

---

[1] 《国务院关于印发国家八七扶贫攻坚计划的通知》,《江西政报》1994年第11期。
[2] 《中国农村扶贫开发纲要(2001—2010年)》,《人民日报》2001年9月20日第5版。
[3] 《中国农村扶贫开发纲要(2011—2020年)》,《人民日报》2011年12月2日第8版。
[4] 《中共中央国务院关于打赢脱贫攻坚战的决定》,《人民日报》2015年12月8日第1版。

1986 年成立"国务院贫困地区经济开发领导小组",并于 1993 年将其更名为"国务院扶贫开发领导小组",明确其作为集中力量之实施主体的合法地位,这使得"集中力量"不但成为可能而且获得了有力的组织保障。

这个旨在"办好大事"的"领导小组",是国务院的议事协调机构,由国务院副总理兼任组长,由国务院办公厅、总政治部、发展改革委、民政部、财政部等 40 多个部门的负责同志担任成员①,主要任务是:拟定扶贫开发的法律法规、方针政策和规划,审定中央扶贫资金分配计划,组织调查研究和工作考核,协调解决扶贫开发工作中的重要问题,调查、指导全国的扶贫开发工作,以及做好扶贫开发重大战略政策措施的顶层设计。②

国务院扶贫开发领导小组下设办公室,即国务院扶贫开发领导小组办公室(以下简称国务院扶贫办),负责承担领导小组的日常工作。国务院扶贫办内设政策法规司等五个司,下辖中国扶贫发展中心等四个直属事业单位,主管中国扶贫基金会等五个社团。其日常工作主要包括:研究拟定扶贫开发工作的政策规划并组织实施,协调社会各界参与扶贫工作,拟定扶持标准,指导扶贫系统的统计监测工作等。③

同时,各省(自治区、直辖市)和地(州、市)、县(市、区)也成立了扶贫开发领导小组和扶贫办,乡(镇)配有扶贫专干,专门负责当地扶贫开发的统筹协调工作。也就是说,我国建构了一套"纵向到底"的扶贫体系。

三 五管齐下解决"怎样集中力量",为扶贫开发提供制度保障

"怎样集中力量"是必须解决的第三个问题。解决办法主要包括:

(一)制定扶贫工作规划

国务院扶贫开发领导小组牵头召集各方力量,根据实际工作需要,

---

① 《机构职能》,2017 年 6 月 13 日,国务院扶贫开发领导小组办公室网站,http://www.cpad.gov.cn。
② 《机构职能》,2017 年 6 月 13 日,国务院扶贫开发领导小组办公室网站,http://www.cpad.gov.cn。
③ 《中国农村扶贫开发概要》,2017 年 6 月 13 日,国务院扶贫开发领导小组办公室网站,http://www.cpad.gov.cn。

研究制定全国层面的扶贫规划，以此"号令"各省（市、自治区）的扶贫行动。截至当前，国家层面的规划共有三个，即上文所提及的"八七计划"、《中国农村扶贫开发纲要（2001—2010年）》以及《中国农村扶贫开发纲要（2011—2020年）》。

省、县、村三级亦根据国家层面的精神，按照"实事求是、综合设计、因地制宜、分类指导"以及"统一评估、统一论证、一次批准，分年实施、分期投入、分期分批地解决问题"的原则，分别制定各自的扶贫规划。而且，各级规划之间密切关联、有机衔接。县级扶贫规划是在充分考虑村级扶贫工作基础上形成的；省级扶贫规划是在县级规划的基础上形成的，西部地区的扶贫开发规划则与西部大开发的总体部署实现了衔接。

（二）设定扶贫工作目标

国务院扶贫办牵头组织各界力量，根据全国经济社会发展总体状况，定期修订扶贫目标，渐次提高贫困标准，稳步实现逐步提高贫困人口生活水平的目标。

1986年，我国政府以农村人均纯收入213元为贫困标准，将低于此线的1.25亿人确定为第一阶段的扶助对象。[1] 1994年，我国政府以农村人均纯收入440元为贫困标准，将低于此线的8000万人确定为第二阶段的扶助对象。[2] 2000年，我国政府以农村人均纯收入865元为贫困标准，将处于此线之下的9422万人口确定为第三阶段的扶助对象。[3] 2011年，我国政府将贫困标准大幅提至2300元，将低于此线的人口全数确定为第四阶段的扶助对象。

进入第四阶段之精准扶贫时期，我国政府提出："到2020年，稳定实现农村贫困人口不愁吃、不愁穿，义务教育、基本医疗和住房安全有保障。实现贫困地区农民人均可支配收入增长幅度高于全国平均水平，

---

[1] 中华人民共和国国务院新闻办公室：《中国的农村扶贫开发》，《人民日报》2001年10月16日第5版。

[2] 国家统计局农村社会经济调查总队：《中国农村贫困监测报告·2004》，中国统计出版社2004年版。

[3] 中华人民共和国国务院新闻办公室：《中国农村扶贫开发的新进展》，《人民日报》2011年11月17日第23版。

基本公共服务主要领域指标接近全国平均水平。确保我国现行标准下农村贫困人口实现脱贫，贫困县全部摘帽，解决区域性整体贫困"的总体目标，着重强调"到 2020 年要实现让 7000 多万农村贫困人口摆脱贫困的既定目标，加快补齐全面建成小康社会中的这块突出短板，决不让一个地区、一个民族掉队"。① 其中，2017 年底，我国政府再次提高农村贫困标准，将年收入低于 2952 元的 3046 万农村居民确定为扶助对象。②

（三）确定扶贫工作方针

我国政府在不同时期根据扶贫的实践情况，结合当时理论研究成果，研究制定新的工作方针，明确全国扶贫工作的开展方向。1986 年以来，我国扶贫工作方针大致发生以下三次变迁。

其一，"开发式"主导阶段。20 世纪 80 年代中期，我国政府提出"开发式"扶贫方针，改变以往分散式、救济式惯用做法，主张以经济建设为中心，支持、鼓励贫困地区干部群众改善生产条件，开发当地资源，发展商品生产，增强自我积累和自我发展能力。③ 此后的二十年中，各级政府均是根据"开发式"扶贫方针制定各种具体扶贫政策的。

其二，"开发式＋保护式"相济阶段。时至 2011 年前后，针对是否应该继续坚持以"开发式"扶贫为方针的质疑④，我国政府根据"以最低保障来兜底、以开发式扶贫谋发展"的指导思想修订了原有方针。进而，提出"要把扶贫开发作为脱贫致富的主要途径，鼓励和帮助有劳动能力的扶贫对象通过自身努力摆脱贫困；同时，把社会保障作为解决温饱问题的基本手段，逐步完善社会保障体系，充分发挥社会保障制度稳定、持久、有效地解决贫困人口温饱问题的基础作用"。⑤

其三，"精准扶贫"阶段。进入第四阶段不久，习近平主席即提出"精准扶贫"理念，对"粗放式"扶贫做法进行了摒弃，对"开发式＋

---

① 《中共中央国务院关于打赢脱贫攻坚战的决定》，《人民日报》2015 年 12 月 8 日第 1 版。
② 习近平：《在打好精准脱贫攻坚战座谈会上的讲话》，《求是》2020 年第 9 期。
③ 中华人民共和国国务院新闻办公室：《中国的农村扶贫开发》，《人民日报》2001 年 10 月 16 日第 5 版。
④ 朱玲：《应对极端贫困和边缘化：来自中国农村的经验》，《经济学动态》2011 年第 7 期。
⑤ 《中国农村扶贫开发纲要（2011—2020 年）》，《人民日报》2011 年 12 月 2 日第 8 版。

保护式"扶贫方针进行了超越。"精准扶贫"的核心内容主要包括"六个精准"以及"五个一批"。其中,"六个精准"指的是"对象要精准、项目安排要精准、资金使用要精准、措施到位要精准、因村派人要精准、脱贫成效要精准";"五个一批"指的是"发展生产脱贫一批、易地扶贫搬迁脱贫一批、生态补偿脱贫一批、发展教育脱贫一批、社会保障兜底一批"。①

(四) 实施重点扶助制度

由于自然资源、历史传统等方面的原因,我国贫困具有一定程度的集中连片特点。为了集中使用扶贫资金,有效扶持贫困人口,我国政府选择重点攻坚策略,长期实施国定贫困县、国定重点县等制度。

国定贫困县制度的出台和实施始于 1986 年。当年,我国政府确定一批国家重点扶持贫困县(即国定贫困县),共计 258 个。② 进入第二阶段,我国政府继续实施国定贫困县制度,但提高了认定标准,将 592 个县列为"八七计划"的国定贫困县,涉及 27 个省、自治区、直辖市。③

进入第三阶段,我国政府对国定贫困县制度进行了修订,开始实施国定重点县制度,并根据"631 指数法"确定 592 个国定重点县。④ 进入第四阶段,我国政府将 14 个连片特困地区作为扶贫攻坚主战场。不过,连片特困地区以外的国定重点县和贫困村还是重要扶贫范围,中央政府对原定 592 个国定重点县的支持政策保持不变。⑤ 根据这些原则,共有 832 个县(连片特困地区与国定重点县有交叉)、12.8 万个贫困村(2014 年认定)入列。⑥

值得重视的是,各省、自治区、直辖市亦根据中央政府有关原则精

---

① 中共国务院扶贫办党组:《脱贫攻坚砥砺奋进的五年》,《人民日报》2017 年 10 月 17 日第 8 版。
② 《中国农村扶贫开发概要》,2006 年 11 月 20 日,国务院扶贫开发领导小组办公室网站,http://www.cpad.gov.cn。
③ 《中国农村扶贫开发概要》,2006 年 11 月 20 日,国务院扶贫开发领导小组办公室网站,http://www.cpad.gov.cn。
④ 《中国农村扶贫开发概要》,2006 年 11 月 20 日,国务院扶贫开发领导小组办公室网站,http://www.cpad.gov.cn。
⑤ 《中国农村扶贫开发纲要(2011—2020 年)》,《人民日报》2011 年 12 月 2 日第 8 版。
⑥ 《2020 年所有贫困县都要摘帽》,2015 年 3 月 13 日,新华网,http://www.xinhuanet.com。

神和地方实际制定实施省定贫困县、省定重点县制度。对于纳入重点资助范围的地区，各级政府从项目、资金乃至土地政策上给予"大幅"倾斜和有力支持。此外，我国政府在第三阶段还启动和实行了整村推进扶贫开发计划，其亦属重点扶助制度范畴。[①]

（五）实行严格的工作责任制和考核制

扶贫工作责任制的总体框架是：中央统筹、省负总责，市（地）县抓落实、工作到村、扶贫到户。其中要义包括：扶贫开发工作责任在省，即责任到省、任务到省、资金到省、权力到省；扶贫开发工作关键在县，即各县尤其是扶贫开发工作重点县，必须将扶贫开发作为党委和政府的中心任务，以扶贫开发工作统揽全局，负责把扶贫开发的政策措施真正落实到贫困村、贫困户；扶贫工作实行党政"一把手"负责制，上级党政部门必须将扶贫开发的实际效果作为考核下级地方党政主要负责人政绩的重要依据[②]。

考核工作的权限划分是：中央负责对各省扶贫开发工作进行考核，各省负责组织对市县两级扶贫开发工作进行考核。[③] 考核工作的体制设置是：考核工作由各级扶贫开发领导小组统一组织和领导，由扶贫考核工作领导小组具体负责，由考核工作领导小组下设的考核工作实施小组（以下简称"考核组"）具体执行。考核组设在各级扶贫办，由所选聘的扶贫、绩效、区域经济、农村经济、公共行政管理、统计和财务等方面的专家与考核工作领导小组部门有关人员共同组成。考核工作遵循的原则是：权责明确、因地制宜、客观公正、科学规范、鼓励先进、鞭策后进。考核对象是：所有有扶贫开发工作任务的省，所有有扶贫开发工作任务的市（地、州、盟），集中连片特殊困难地区、国家扶贫开发工作重点县（东部地区则为省定重点县）和享受重点县待遇的县，以及中央和国家机关相关部委。考核内容是：组织领导情况、经济社会发展情况、

---

① 王红艳：《中国扶贫模式核心特征研究》，《理论学刊》2020年第7期。
② 《中国农村扶贫开发纲要（2001—2010年）》，《人民日报》2001年9月20日第5版。
③ 《关于印发〈扶贫开发工作考核办法（试行）的通知〉》，2012年6月4日，四川扶贫与移民网，http://www.scfpym.gov.cn。

扶贫工作实施情况和扶贫工作管理情况等。①

值得注意的是，我国政府于2014年改进了贫困县考核机制和领导干部政绩考核工作，调整了指标设置和权重分配，强调从主要考核地区生产总值向主要考核扶贫开发工作成效转变。而且，对不同主体功能定位的贫困县加以区别对待，以引导贫困县党政领导班子和领导干部树立正确的政绩观，促进贫困县转变发展方式，加快减贫脱贫步伐，提高科学发展水平。②

而且，进入第四阶段之精准扶贫时期以来，尤其是自2015年《关于打赢脱贫攻坚战的决定》发布以来，扶贫开发工作考核制度更趋严格，考核频率更加密集。中央政府决定从2016年到2020年，每年对中西部22个省（自治区、直辖市）党委和政府扶贫开发工作的成效开展一次考核，考核由国务院扶贫开发领导小组组织进行，具体工作由国务院扶贫办、中央组织部牵头，会同国务院扶贫开发领导小组成员单位组织实施。考核内容主要包括减贫成效、精准识别、精准帮扶、扶贫资金等几项。考核结果由国务院扶贫开发领导小组予以通报。对完成年度计划减贫成效显著的省份，给予一定奖励。对出现问题的，由国务院扶贫开发领导小组对省级党委、政府主要负责人进行约谈，提出限期整改要求；情节严重、造成不良影响的，实行责任追究。考核结果作为对省级党委、政府主要负责人和领导班子综合考核评价的重要依据。③

四 借由四个整合回应"集中什么力量"，为扶贫开发提供资源保障

集中"什么力量"或"哪些资源"是必须解决的第四个问题。主要做法如下所示。

（一）整合行业资源，有序开展行业扶贫

坚持行业扶贫、专项扶贫和社会扶贫相结合是我国扶贫开发政策的

---

① 《关于印发〈扶贫开发工作考核办法（试行）的通知〉》，2012年6月4日，四川扶贫与移民网，http：//www.scfpym.gov.cn。

② 《中共中央组织部、国务院扶贫办印发〈关于改进贫困县党政领导班子和领导干部经济社会发展实绩考核工作的意见〉》，2014年12月18日，四川扶贫与移民网，http：//www.scfpym.gov.cn。

③ 《中共中央国务院关于打赢脱贫攻坚战的决定》，《人民日报》2015年12月8日第1版。

重要特征之一。第一个特征最具中国特色。行业扶贫指的是：各级党政部门以及企事业单位充分发挥各行业部门职责，将贫困地区作为本部门本行业发展重点，积极促进贫困地区水利、交通、电力、国土资源、教育、卫生、科技、文化、人口和计划生育等各项事业的发展[1]。我国政府发布的三个国家中长期减贫规划均明确了各行业各部门的扶贫职责，要求各行业各部门要把改善贫困地区发展环境和条件作为本行业发展规划的重要内容，在资金、项目等方面向贫困地区倾斜，并完成国家确定的本行业本部门的扶贫任务。

为有序推进行业扶贫工作，同时，为加大对革命老区、民族地区、边疆地区、贫困地区发展的扶持力度，我国政府推行定点扶贫工作。定点帮扶主体为：中央和国家机关各部门各单位、人民团体、参照公务员法管理的事业单位、国有大型骨干企业、国有控股金融机构、各民主党派中央及全国工商联、国家重点科研院校以及军队和武警部队等。定点帮扶对象为：国家扶贫开发工作重点县。定点帮扶单位采取干部挂职、基础设施建设、产业化扶贫、劳务培训和输出、文化教育扶贫、科技扶贫、引资扶贫、生态建设扶贫、医疗卫生扶贫、救灾送温暖等多种措施开展定点帮扶工作。[2]

（二）整合发达地区资源，强力推进东西部协作

自 1996 年起，我国政府安排东部经济较发达地区与西部经济欠发达地区开展"结对"扶贫，现已形成以政府援助、企业合作、社会帮扶、人才支持为主的基本工作框架，涌现出了闽宁协作、沪滇合作、两广协作等各具特色的帮扶模式。资料显示，从 2003 年到 2010 年，东部到西部挂职的干部 2592 人次，西部到东部挂职的干部 3610 人次；东部地区向西部地区提供政府援助资金 44.4 亿元人民币、协作企业 5684 个，实际投资 2497.6 亿元人民币、社会捐助 14.2 亿元人民币，培训专业技术人才 22.6

---

[1] 中华人民共和国国务院新闻办公室：《中国农村扶贫开发的新进展》，《人民日报》2011 年 11 月 17 日第 23 版。

[2] 中华人民共和国国务院新闻办公室：《中国农村扶贫开发的新进展》，《人民日报》2011 年 11 月 17 日第 23 版。

万人次、组织劳务输出 467.2 万人次。①

此外,有的地方政府也效仿东西部协作模式在区域内实行经济较发达地区与经济欠发达地区开展对口援助的工作机制。例如,浙江省自 2002 年起实施山海协作工程,要求沿海发达地区和经济发达的县(市、区)承担扶持浙西南山区和舟山海岛为主的欠发达地区的任务。

(三)整合财政与非财政资金,持续实施扶贫专项资金计划

在过去四十多年中,扶贫投入均是我国政府公共财政优先安排领域,贫困地区均是各级公共财政支持的重点区域。进入扶贫开发第四阶段以来,根据《中国农村扶贫开发纲要(2011—2020 年)》的安排,中央和省级财政更是加大了对贫困地区的一般性转移支付力度以及中央集中彩票公益金支持扶贫开发事业的力度,其中,中央财政扶贫资金的新增部分主要用于连片特困地区。②

资料显示,从 1980 到 2000 年,我国政府安排的扶贫专项资金累计达到 1680 多亿元,其中财政资金 800 多亿元(含以工代赈资金 390 多亿元),信贷扶贫资金 880 亿元。③ 而自我国启动扶贫开发至 2017 年底,中央财政专项扶贫资金年均增长 22.7%,省级财政专项扶贫资金年均增长 26.9%;贫困县统筹整合财政涉农资金用于脱贫攻坚,累计整合 5296 亿元;金融部门安排易地扶贫搬迁专项贷款 3500 亿元,扶贫小额信贷累计发放 4300 多亿元,扶贫再贷款累计发放 1600 多亿元;贫困地区建设用地增减挂钩节余指标流转,累计收益 460 多亿元。④

(四)整合国内外资源,积极开展国际合作

为充分利用国内外资金、信息、技术及管理经验,国务院扶贫办早在 1995 年就设立国务院扶贫办外资项目管理中心(其前身是于 1993 年成立的国务院扶贫开发领导小组办公室世界银行项目管理办公室),专门负责扶贫领域的国际合作事务,具体包括:组织、管理、协调外资贷款扶

---

① 中华人民共和国国务院新闻办公室:《中国农村扶贫开发的新进展》,《人民日报》2011 年 11 月 17 日第 23 版。
② 《中国农村扶贫开发纲要(2011—2020 年)》,《人民日报》2011 年 12 月 2 日第 8 版。
③ 中华人民共和国国务院新闻办公室:《中国的农村扶贫开发》,《人民日报》2001 年 10 月 16 日第 5 版。
④ 习近平:《在打好精准脱贫攻坚战座谈会上的讲话》,《求是》2020 年第 9 期。

贫项目的准备和实施；加强和扩大国际社会在扶贫领域的合作；积极发展与外国政府及非政府组织在扶贫领域的合作；争取和寻求其他国际资本、国外厂商在扶贫领域的合作；组织、准备并实施国家委托的各类扶贫项目等。①

第二节　大监督工作格局的探索和发展

信任激励与严格监督相结合，是保证治理正确方向和提高治理成效的基本原则。为确保如期完成脱贫攻坚任务，我国整合各类监督资源，尝试构建并运行一套大监督体制机制，加大扶贫领域腐败治理，为打赢打好脱贫攻坚战提供坚实的纪律保障，也为推动党和国家监督体系建设作出了有益探索。

一　大监督工作格局构建与运行：政策制度

大监督工作格局并非一蹴而就，而是经历了三个阶段的探索和磨合。

（一）常规处置

在常规处置阶段，扶贫领域的腐败问题和不正之风没有进入重要政治政策视野以及纪检监察重要工作议程，对于腐败案件和不正之风问题通常按照常规程序依法依纪进行处理。之所以呈现这一情形，是因为在以经济建设为中心、以发展为执政兴国要务以及纪检监察工作服从服务于经济建设大局的背景下，尽管我国从政策层面赋予了扶贫工作关乎经济社会发展大局、国家根本制度以及我国国际形象之"大事"的地位，但毋庸讳言，实际上扶贫开发并未摆到特别突出的位置，相应地，扶贫领域腐败治理工作也未得到纪检监察部门和社会各界的足够关注。常规处置阶段的时间跨度为：自改革开放起到党的十八大召开前夕。

（二）优先办理重点督办

党的十八大的召开，标志中国特色社会主义建设进入新时代。进入

---

① 《中国农村扶贫开发概要》，2006 年 11 月 20 日，国务院扶贫开发领导小组办公室网站，http://www.cpad.gov.cn。

新时代，党中央进一步深化了对反腐斗争形势和扶贫工作重要意义的认识，将这两项工作纳入"四个全面"战略布局，把党风廉政建设和反腐败斗争摆到前所未有的新高度。同时，把扶贫开发工作作为实现第一个百年奋斗目标的重点任务并提到更加突出的政治位置和更加重要的工作议程。在这一宏观背景下，无论是党风廉政建设和反腐斗争，还是扶贫工作都呈现新的时代特征，而扶贫领域的腐败治理问题也相应地开启了新阶段即优先办理和重点督办阶段。这一阶段的时间跨度为：党的十八大以来到党的十九大召开之时。

这一时期，对于扶贫领域的腐败问题和不正之风，不再采取常规处理方式，而是出现三种新的方式。其一，问题线索移送查处机制。信访部门等定期梳理汇总信访举报问题，并将涉及扶贫领域腐败问题的线索移送纪检监察部门，后者则对反映集中的突出问题进行督查督办。其二，年度扶贫开发工作逐级督查制度。各级纪检监察部门牵头组织有关职能部门组成督查小组，每年选择涉及扶贫开发工作的重点部门、重点地区进行联合督查。其三，专项检查。专项检查是指有关部门独立或联合对扶贫资金的使用等某项工作进行专门检查。

（三）专项治理

脱贫是全面建成小康社会的底线任务，是必须完成的硬任务。同时，我国的扶贫开发工作是党政主导的减贫行动，党政部门的作风建设和反腐斗争攸关脱贫攻坚成败。为促进各级党委、政府以及相关职能部门认真履行脱贫攻坚的重大政治责任，确保如期打赢打好脱贫攻坚战，纪检监察机关以及相关职能部门启动了扶贫领域腐败问题和不正之风专项治理工作。所谓专项治理，指的是统筹协调各级各类监督资源对扶贫领域的涉腐问题尤其是群众反映强烈的突出问题进行集中整治。专项治理行动发布于2017年底，启动于2018年，发展和深化于脱贫攻坚战的推进过程中。

实施专项治理意味着惩治扶贫领域的涉腐问题成为党风廉政建设的重中之重，成为党和国家监督工作的重中之重，之所以成为重点，是因为这项工作既关乎国家重大决策部署落实，也关乎党风建设，还关乎群众切身利益维护和实现，而这三项是纪检监察工作的主要职责和任务。从以下三个重要文件可看到专项治理的政策安排和工作部署。

一是《国务院扶贫开发领导小组关于开展扶贫领域作风问题专项治理的通知》。

2017年12月上旬，国务院扶贫开发领导小组（以下简称领导小组）发布文件，指出"要打赢脱贫攻坚战，必须打赢作风攻坚战"，而鉴于一段时期以来扶贫领域存在严重影响脱贫攻坚工作落实的系列问题，决定将2018年作为"脱贫攻坚作风建设年"，在全国范围开展扶贫领域作风问题专项治理。各地区各部门要把这项工作作为落实管党治党政治责任的具体行动，纳入重点工作范畴加以推进。

文件强调，专项治理必须遵循四个基本原则：一是统一部署与分工负责相结合，即领导小组负责制定开展专项治理的总体要求并进行统一部署，领导小组成员单位和各省（自治区、直辖市）扶贫开发领导小组则按照职责分工和结合本地区本部门实际情况各司其职；二是以上率下与加强指导相结合，即领导小组成员单位和各省（自治区、直辖市）扶贫开发领导小组首先要抓好自身作风建设，发挥好带头示范作用；三是立行立改与制度建设相结合，即一方面要迅速纠正影响脱贫攻坚政策措施落实、损害群众利益、基层干部反映强烈的问题和行为，另一方面要及时完善政策措施，不断推进制度建设；四是集中突破与持续推进相结合，即在集中力量解决突出问题的基础上持续抓好整治工作，并将作风建设贯穿脱贫攻坚整个过程。[1]

专项治理内容主要包括六个方面25个要点，即"四个意识"不强、责任落实不到位、工作措施不精准、资金管理使用不规范、工作作风不扎实、考核监督从严要求不够。[2] 文件还强调将建立和实施举报追查制度、查实曝光制度、主体责任和监督责任追究制度等多种工作制度，确

---

[1]《国务院扶贫开发领导小组关于开展扶贫领域作风问题专项治理的通知》，2017年12月8日，国务院扶贫开发领导小组办公室网站，http：//www.cpad.gov.cn/art/2017/12/8/art_50_74723.html。

[2]《国务院扶贫开发领导小组关于开展扶贫领域作风问题专项治理的通知》，2017年12月8日，国务院扶贫开发领导小组办公室网站，http：//www.cpad.gov.cn/art/2017/12/8/art_50_74723.html。

保专项治理顺利推进。①

二是《2018—2020年扶贫领域腐败和作风问题专项治理工作方案》。

2017年12月中旬，中央纪委办公厅发文宣布，中央纪委决定以"脱贫攻坚作风建设年"为契机，在2018年至2020年的三年里，按照问题导向、精准监督、抓常抓长、标本兼治的工作原则，持续开展扶贫领域腐败和作风问题专项治理工作，为我国现行标准下全部农村贫困人口到2020年如期实现脱贫提供坚强有力的纪律保障。② 文件指出，在治理内容上，既要紧盯重要领域的突出问题也要紧盯普遍存在的问题，既要瞄准扶贫领域本身存在的问题也要瞄准有关部门履责不力、监管不严等问题，既要关注职能部门不作为、慢作为、乱作为等问题也要关注纪检监察机关履行监督责任不力的问题。③

文件强调，在治理措施上，要加强巡视巡察、专项审计、财政检查和扶贫巡查，以拓宽反映问题和收集线索的渠道；要实施优先研判机制，以及时高效处置问题线索；要按照重遏制、强高压、长震慑的要求，推动公开透明，严惩违纪违法人员，持续公开通报曝光典型案例。文件提出，各级纪检监察机关必须在做好"去存量"的基础上抓好"遏增量"工作，市、县两级纪检监察机关必须重新认真盘点梳理2016年以来受理的扶贫领域腐败和作风问题，建好管理台账，并对未办结或办理不到位的重新进行处置，同时，严查快办专项治理行动启动后出现的突出问题。④

三是《中共中央国务院关于打赢脱贫攻坚战三年行动的指导意见》。

2018年8月发布的《中共中央国务院关于打赢脱贫攻坚战三年行动的指导意见》，再次指出要开展扶贫领域腐败和作风问题专项治理。文件

---

① 《国务院扶贫开发领导小组关于开展扶贫领域作风问题专项治理的通知》，2017年12月8日，国务院扶贫开发领导小组办公室网站，http://www.cpad.gov.cn/art/2017/12/8/art_50_74723.html。

② 《中央纪委：未来3年专项治理扶贫领域腐败和作风问题》，《人民日报》2017年12月16日第4版。

③ 《中央纪委：未来3年专项治理扶贫领域腐败和作风问题》，《人民日报》2017年12月16日第4版。

④ 《中央纪委：未来3年专项治理扶贫领域腐败和作风问题》，《人民日报》2017年12月16日第4版。

除重申上述治理内容、治理措施以及依纪依法坚决查处的决心外,还突出强调了一点:即各级党政干部要改进调查研究方式方法,深入基层一线了解实际情况,深入群众当中走访调查,多层次、多方位、多渠道获得信息、发现问题和解决问题。[①]

扶贫领域腐败和作风问题专项治理取得良好成效。扶贫项目资金管理风险隐患得到有效管控,政策不落地、责任不落实、扶贫标准把握不精准、"两不愁三保障"落实不到位等问题得到及时督促纠治,"面子工程""形象工程"以及数字脱贫、虚假脱贫等问题得到严肃问责,贪污侵占、吃拿卡要、优亲厚友等违纪违法行为得到从严查处,为打赢打好脱贫攻坚战发挥了不可或缺的作用。[②]

二 大监督工作格局构建与运行:实践样本

笔者在 G 省 GB 市的实地调研了解到,该市在扶贫领域腐败和作风问题专项治理中,尝试推行"六抓六推"工作模式,及时发现突出问题,全面整改相关问题,严肃查处腐败和作风问题,完善监管制度程序,形成强有力的科学监督,有力保障全市实现整体脱贫摘帽,并为推动纪检监察体制改革、探索构建"以党内监督为主导、做实专责监督、贯通各类监督"的大监督工作格局提供了有益参鉴。

(一)"六抓六推"工作法

具体做法如下。

1. 突出"抓书记,书记抓",推动政治责任压紧压实

一方面,创新实施由党政主要领导亲自担任扶贫领域腐败和作风问题专项治理工作领导小组组长的"双组长制",确保主要领导能严格履行第一责任人的责任并把主要精力放在脱贫攻坚上,进而带动四家领导班子分管领导以及其他相关领导干部严格落实"一岗双责"。其中,市委书记被要求要带头落实"五级书记抓扶贫"的职责,除了到每个县督战外,

---

[①] 《中共中央国务院关于打赢脱贫攻坚战三年行动的指导意见》,《人民日报》2018 年 8 月 20 日第 1 版。

[②] 赵乐际:《忠实履行党章和宪法赋予的职责 努力实现新时代纪检监察工作高质量发展——在中国共产党第十九届中央纪律检查委员会第三次全体会议上的工作报告》,《人民日报》2019 年 2 月 21 日第 4 版。

每年还要遍访不少于20个脱贫攻坚任务重的乡镇，走访不少于40户的贫困户。同时，基层党组织被要求要将专项治理工作纳入年度基层党建述职和绩效考评范围。

另一方面，党政主要领导坚持示范引领，亲自部署和参加脱贫攻坚专题学习，亲自审定专项治理工作方案和参加年度专项治理工作例会，亲自深入基层调研督导，适时主持召开脱贫攻坚动员会、推进会、约谈会、联席会、现场会，确保脱贫攻坚工作责任落实到位、组织领导到位、部署推进到位，使脱贫攻坚成为名副其实的"一号工程"。

资料显示，2015年11月至2020年底，该市市委先后召开18次常委会，专题学习贯彻习近平总书记关于脱贫攻坚和专项治理工作重要指示批示精神；市委书记认真履行第一责任人责任，每年参加年度专项治理工作例会，23次听取汇报，18次作出批示批语，带头深入基层调研督导，先后8次主持召开推进会、约谈会、联席会、现场会，深入推动、抓细抓实专项治理工作；市长等市四家班子领导分别深入联系点开展蹲点调研，带动县乡村三级党组织和书记主动向市委看齐，以身作则，履行第一责任人责任；市、县四家班子成员约谈各级各部门1200人次，作出批示800多件次。

2. 突出"抓系统，系统抓"，推动监督资源优化整合

"抓系统"指的是纪检监察机关聚焦职责定位，紧紧抓住项目资金集中的部门系统，推动扶贫主责部门强化项目资金监管。《GB市扶贫领域腐败和作风问题专项治理"抓系统、系统抓"二十条》显示，"抓系统"主要包括以下六条措施。

其一，督促扶贫主责部门学习理论政策，切实提高政治站位。检查扶贫主责部门是否通过召开党委（党组）会议、中心组专题学习会议、干部职工会议等形式，传达学习《习近平扶贫论述摘编》，是否自觉用《摘编》精神指导工作，提高对扶贫领域腐败和作风问题工作重要性的认识。其二，积极向本级党委（党组）提出意见建议，推动党委（党组）履行脱贫攻坚政治责任，通过党委（党组）传导压力，压实管理辖区扶贫主责部门履行监管责任。其三，统筹抓好联动协同工作。落实好与扶贫主责部门定期会商、重要情况通报等制度，坚持问题导向开好季度联席会议。强化监督检查室与派驻机构、派驻机构与县（市、区）纪委监

委、派驻机构与乡镇纪委之间的联动，对扶贫领域重要问题线索，可以组成联合专案组，共同直接查办。其四，纪委监委派驻机构发挥"探头"作用，加强与驻在部门党组的对接沟通，积极与驻在部门联合排查线索、联合监督执纪，对扶贫政策落实、项目审批实施、资金划拨使用等过程进行监督，查处违纪违法问题。其五，立足"监督的再监督"职责，按照"围绕项目转、沿着资金走"的原则，通过蹲点、抽查、大接访等方式加强监督执纪，深挖细查扶贫领域违纪违法行为。其六，落实问题线索查处反馈机制，对部门移交的问题线索及时组织力量查处，及时将查处结果反馈相关扶贫主责部门。

"系统抓"指的是扶贫主责部门积极履行监管责任，充分发挥业务优势，对主管的扶贫项目资金开展检查整治。从《GB 市扶贫领域腐败和作风问题专项治理"抓系统、系统抓"二十条》看，"系统抓"包括以下四类 14 条措施。

第一类是日常监管措施，包括：摸清 2015 年以来本部门、本系统实施的扶贫政策、项目、资金、受益对象等信息和收到涉及扶贫领域腐败和作风问题的信访件并建立专门台账；按照"发现苗头性问题必谈、重要风险岗位必谈、接触项目资金人员必谈、项目实施前必谈、项目实施中必谈、项目实施后必谈"的原则逐层开展谈话提醒活动；充分运用本部门、本系统查处的扶贫领域典型案例认真开展好警示教育活动；通过加强培训等方式提高监督检查人员发现问题线索的能力。

第二类是查找问题措施，包括：紧盯"两不愁三保障"的义务教育等突出问题，紧跟边境地区脱贫攻坚等扶持政策落实情况，聚焦资金申报、审核、拨付、使用等关键环节，找准监督检查方向；班子领导带头不定时间、不定路线深入基层开展明察暗访，按照"见政策、见项目、见资金、见人、见效果、见问题"要求开展监督检查；探索运用"大数据"分析平台、民生资金监管平台等现代科技手段有针对性地对项目开展复核检查；与纪委监委派驻机构共同对检查发现问题进行研判梳理，分类别列出问题清单。

第三类是联合行动措施，包括：整合市、县、乡三级力量，加强全系统的纵向联动；根据扶贫项目资金涉及多部门的特点，加强与其他系统之间的沟通协调，积极推动跨系统的横向联动；加强与纪委监委派驻机构联动，党委（党组）主要领导要支持派驻机构履行监督职责，通过定期会商、重要情况通报等方式联合研判重点检查方向，联合排查线索，及时落实问题线索移交事项等。

第四类是整改工作措施，包括：开展对落实中央脱贫攻坚专项巡视反馈意见和上级各类扶贫检查反馈问题整改工作"回头看"，把整改工作贯穿本系统、本部门工作的全过程，确保整改事项件件有着落、事事有成效；运用违纪违法典型案件举一反三，部门领导岗位、科室岗位、各级岗位人员逐个开展岗位风险排查，认真查找岗位履职中容易产生腐败行为的风险点；针对本部门、本系统典型案件暴露出来的重大事项决策、重大资金安排、项目实施、资金拨付等环节存在的突出问题及风险点，各级扶贫主责部门要查漏补缺、建章立制、堵塞漏洞等。

根据突出"抓系统，系统抓"的思路，该市在2020年开展了六项"跨系统"专项治理，涉及易地搬迁安置点质量、村屯道路质量、脱贫政策落实、村级集体经济资金使用管理、耕地地力保护补贴发放和扶贫领域形式主义官僚主义等六个领域。其中，该市下辖的N县根据市里"抓系统，系统抓"的精神，积极探索推行五联五治工作模式，为保障全县如期完成脱贫攻坚任务发挥了至关重要的作用。具体做法包括：一是推动边检部门联防联治，牵头联合边防单位加强边境走私案查办，维护边境贫困户参与边境互市贸易促脱贫；二是推动边境乡（镇）联防联治，牵头联合边境乡（镇）加大对边补、低保等补助资金的监督，促进边境乡（镇）贫困群众脱贫；三是推动县直部门联防联治，牵头联合扶贫责任部门，开展项目、资金、帮扶等情况追踪落实，形成上下联动落实格局；四是推动执法机关联防联治，牵头联合公检法加大对扶贫领域违法犯罪案件查办；五是推动各级代表联防联治，牵头联合党代表、人大代表、政协委员，特别是县四家班子主要领导、分管领导和乡（镇）主要领导亲自督促、亲自移送问题线索，形成合力推进防治工作。

3. 突出"抓基层，基层抓"，推动监督覆盖"最后百米"

"抓基层"强调的是落实"一线工作法"，推动问题在一线发现、整改在一线落实。具体措施如下。

一是各级党政主要领导、市县两级纪委监委成员带头到基层一线检查，通过蹲点检查、暗访等方式，带头发现问题，通过领导示范，带动工作铺开。资料显示，N县纪委监委牵头相关部门组成暗访组，实行"一周一暗访、每月两通报"机制，深入基层一线查找不落实的事和不作为的人，全力发现、解决在脱贫攻坚工作中存在的问题。

二是每年组织市人大代表、政协委员、民主党派和无党派人士开展专项治理"清风行"巡查调研活动。资料显示，2015年11月至2020年底，合计调研活动27次，参加的代表、委员292人次，覆盖12个县（市、区）119个乡镇，召开座谈会27场，走访农户1863户，提出意见、建议86条，充分发挥民主监督助力脱贫攻坚的作用。

三是开展"清风入户遍访"活动，即以全市1.18万户贫困人口为重点，组织1200多名纪检监察干部分片包干，逐户遍访，对脱贫政策落实到户情况进行全过程监督。

"基层抓"强调的是整合基层执纪监督力量、发挥人民群众监督作用，提高专项治理质量和效果。具体措施有二。

一是盘活优化纪检监察基层资源。具体做法包括：其一，落实乡纪委书记兼监察室主任的制度，增设一名监察室副主任和一名专干，配齐配强乡镇纪检监察机构力量。其二，实施乡镇纪检监察干部到县纪委监委跟班学习制度，帮助基层干部尽快提高政策水平和发现问题、处理案件的能力。其三，创新联合办案机制。N县资料显示，该县尝试推行"1+1+3+4"联合办案模式，即通过实行一个协管领导带领一个纪检监察室、联系三个乡镇和四个派驻纪检监察组的做法，分设三组，形成案件查办合力，取得良好成效。其四，创建村级专项治理工作站，即整合村务监督委员会、村纪检委员力量，按照"八有"（有办公场地、统一标识、工作阵地、工作制度、经费保障、接访举报平台、工作台账、特色亮点）的标准，在各村（社区）建立专项治理工作站，配备专职工作人员（详见前面的相关分析）。通过上述措施，全市逐渐构建起以市纪委监委督导、县纪委为主导、乡（镇）纪委为主体、村级专项治理工作站配合、群众广泛参与的工作格局，推动全面从严治党向基层延伸。

4. 突出"抓专班，专班抓"，推动专业优势转为治理效能

该市根据省纪委监委提出的构建"6+2"工作机制（"6"指的是"一年两例会"制度、一月一报告制度、问题线索排查制度、直查直办制度、通报曝光制度、联动协同制度；"2"指的是"专班专抓"和"蹲点

调研")的要求,抽调70人建立市、县两级专项办,专门负责专项治理工作的牵头抓总、综合协调、督促落实,其中市专项办保持10人以上。同时,市纪委监委拿出一个监督检查室,设立监督检查专班,专门负责处置重要问题线索;拿出一个审查调查室,设立审查调查专班,专门负责查办重要案件。三个专班"突出专的特点、实施专的打法",工作成效显著。

5. 突出"抓具体,具体抓",推动重点工作整改问题落地

"抓具体"强调的是将脱贫攻坚工作落准、落实和落细。该市在2017年至2018年期间,部署开展"1+10项督保行动",对扶贫主体责任落实情况以及惠民政策宣传、金融扶贫、产业扶贫、基础设施建设、农村危房改造、易地扶贫搬迁、教育帮扶、劳动力培训就业指导、最低生活保障、干部结对帮扶等十个方面到村到户的情况进行监督保障。2019年,市纪委监委督促市直职能部门开展紧盯一张教育惠农卡、一本病历、一间住房、一条扶贫路、一个水柜的"五个紧盯"整治行动。2020年,针对收官阶段存在的"了之"现象,开展扶贫理论"一学了之"、各类补助"一发了之"、住房"一搬了之"、饮水工程"一建了之"、产业扶贫"一种了之"、扶贫小额信贷"一股了之"、脱贫摘帽后"一摘了之"、整改工作"一改了之"共"八个了之"纠治行动。

"具体抓"强调的是各级各类部门立足市情,结合岗位职责,确定具体人员、组织和机构抓好具体政策、项目、工作的落实。例如,该市自觉紧盯中央巡视组脱贫攻坚专项巡视和"回头看"反馈问题,中央办公厅国务院办公厅通报有关地区2019年脱贫攻坚成效考核问题、《关于切实加强七省区2020年扶贫领域腐败和作风问题专项治理工作的指导意见》和中央纪委国家监委调研督导反馈问题等"四项整改",严格按照"市县落实、乡村实施"的要求,在市级层面成立整改工作领导小组,由市委书记亲自担任组长,以各县(市、区)和市直部门抽调26名干部为主要成员,将整改任务细化分解到各级各部门,逐条明确整改牵头单位、责任单位、整改措施、整改时限,进而,分组分工对巡视反馈意见的整改工作实施台账管理、销号推进,对各县(市、区)及市直单位进行指导,对整改进展缓慢的单位下发督办函,对整改工作中出现的推诿拖延、整改不力等情况,严肃处理并追究相关领导的责任,确保整改工作落到

实处。县级层面的大致做法是：县委常委会专题研究整改问题，实行每项问题均有一名县领导牵头抓的制度；县纪委监委将整改问题划分给委领导，委领导对整改责任部门进行常态化督促；适时召开整改工作推进会，听取整改进度汇报，研究解决整改难题。

6. 突出"抓持续，持续抓"，推动廉洁政治建设健康发展

"抓持续"强调的是工作不能止步于案件处置上，而要继续下工夫做好"后半篇文章"。该市的具体做法如下。

一是开展同级同类警示教育。

落实"一案一通报、一建议、一谈话、一警示、一整改、一评议"机制，在全市党员干部中开展以"以案警示·以案明纪"为主题的"六个一"的警示教育活动，即：召开一次全市党员领导干部警示教育大会，举办一次典型案例展，开展一次典型案例剖析，编印学习一本警示教育读本，开展一次党纪党规知识测试，撰写一篇心得体会文章。这种通过深挖发生在群众身边的违纪违法问题、大案要案加强警示教育的做法，对于推进"不敢腐"产生积极作用。

从全市层面看，2018年至2020年，8万多名党员干部到展厅接受警示教育，7万多名党员参加党纪法规知识测试。市纪委监委还编印了《GB市十八大以来违纪违法典型案例警示教育读本》《GB市扶贫领域腐败和作风问题典型案例警示录》；制作《GB市扶贫领域腐败和作风问题专项治理宣传漫画》15万份张贴到村屯一级。督促案发单位召开专题民主生活会，组织案发单位领导干部和人大代表、政协委员旁听典型案件庭审。

在县级层面，警示教育活动也得到常态化开展。以N县为例。2018年至2020年，该县召开全县性警示教育大会6次，督促各乡（镇）、各单位召开专题民主生活会、案例剖析会和警示教育会280余次，撰写了心得体会2000余篇；在全县开展党纪党规知识测试1次；组织全县党员干部到县廉政教育基地和县纪委监委警示教育展上警示教育课80批次；编印了6000余册《N县典型案例警示录》发全县学习。与此同时，该县运用县级廉政教育基地、党风廉政建设和反腐败工作制度栏、广场电子屏、县纪检监察网站、县电视台曝光台、党政工作微信群、村级小喇叭等七个载体，将扶贫领域案件通报到县、乡（镇）、村、屯四级，加大案件曝

光度和震慑力，提高群众知晓率和满意度。

二是开展研究探索，不断扎紧制度"笼子"。

督促各地各部门系统总结群众身边腐败问题发生的规律、特点和趋势，挖根源、找漏洞，为建立健全脱贫攻坚制度和抓好专项治理工作献计献策。2018 年至 2020 年，全市 228 个部门建章立制 326 项，为推进"不能腐"发挥了实质性作用。

三是做实容错纠错工作，激发干部担当作为。

全市上下严格落实把因缺乏经验先行先试出现的失误与明知故犯行为区分开来、把国家尚无明确规定时的探索性试验与国家明令禁止后的有规不依行为区分开来、把为推动改革的无意过失与为谋取私利的故意行为区分开来的要求，开展容错纠错，为受到诬告干部澄清正名，积极开展回访教育，推动全市广大党员干部争先创优、担当作为蔚然成风。2018 年至 2020 年，全市提拔重用脱贫攻坚一线干部占提拔总人数的 52.10%，容错纠错案例 8 件，为 24 名受到不实举报的党员干部进行澄清正名，开展回访教育 1005 人次。

D 县在激发广大党员干部敢于创新和勇于担当上作出了扎实的努力。该县于 2018 年出台《激励干部改革创新敢于担当容错纠错实施办法（试行）》，对"三个区分"进行了深化细化，强调要把好"四个看点"，即看工作出发点是因公还是因私，看工作方法和成效是无心之过还是有意为之，看法规依据是遵纪守法带来的失误还是违法乱纪带来的后果，看决策把控程序是党委（党组）或单位集体决策还是个人肆意妄为，是积极把控还是放任不管；对为官不为提出了三条解决路径：强调要对思想观念不适应者要加强教育引导，对能力不适应者要进行召回并加强学习和锻炼，对作风不适应者要加强监督执纪和问责力度并及时作出处理；对容错纠错基本条件、"法定"程序以及容错纠错结果运用作出了明确要求，强调既要确实为干事创业者划定纪律规矩红线，又要真正为干部划出干事创业安全区。

"持续抓"指的是紧盯"县里的权、乡里的情、村里这个点"持续集中发力，始终保持惩治高压态势。2015 年 11 月至 2020 年底，该市紧跟脱贫攻坚任务和专项治理重点，每年确定一个主题，及时出台精细化的配套方案，持续加大扶贫领域腐败和作风问题的治理力度，2018 年更是出台了"专项治理三年行动计划",接续发起了"排查去存""重拳遏增""巩固深化"三场"战役",为如期完成脱贫攻坚任务发挥了至关重要的保障和促进作用。

为了确保"持续抓"有内容有质量,该市推行"七项行动"机制,加大排查各类问题线索的力度,提高排查问题线索的效率。"七项行动"指的是约谈提醒、敦促主动交代、蹲点排查、"两代表一委员"巡查调研、常规巡察和专项巡察、各级领导信访接待,以及扫黑除恶专项斗争。为了充分发挥信访制度在这个方面的作用,N县等地还尝试推行了"五七五"信访工作机制,切实完善了信访举报接待中心、举报箱、网站、12388举报专线、二维码"五个平台",通过接待窗口、圩日宣传、网络、公告栏、蹲点入户、致学生家长一封信、致贫困户一封信等"七种形式告知举报指南",实现信访处置有去向、有时限、有进度、有约谈、有满意的"五有"目标。

(二)"六抓六推"工作法带来的主要启示

GB市的实践表明,构建科学监督体制机制,确保脱贫攻坚战顺利推进并取得决定性胜利,不但要毫不动摇坚持党的领导,而且要善于践行转换论、系统论、两点论等原则,坚持做到"四个相结合"。唯有如此,才能回应现实挑战,破解常见监督难题。

一是坚持主体与受体的相结合,破解"一岗双责"难以落地难题。

包括党政主要领导在内的所有公民个体,包括纪检监察机构在内的所有职能部门,既是监督主体也是监督受体,而且这两重角色会因场域的不同发生转换。推动监督体制机制改革时需强化这种观点,尤其要注意到党政主要领导的受体面向以及相关部门和普通百姓的主体面向,并督促其依法尽职履责。"抓书记,书记抓""抓系统、系统抓"以及"抓基层、基层抓"的做法,均贯彻了主体受体相结合原则,故而有效规避了各类利益群体"一岗双责"难以落地的窘迫。

二是坚持纵横整合相结合,破解监督资源闲置浪费难题。

我国监督制度资源十分丰富,各种渠道的监督在执行主体和权责划分上各有不同,实际工作中存在监督资源严重闲置浪费的问题,屡屡出现监督不到位、不彻底的情况。GB市的专项治理之所以富有成效,是因其通过"抓系统、系统抓""抓基层、基层抓",不但形成了市纪委监委督导、县纪委为主导、乡（镇）纪委为主体、村级专项治理工作站配合的纪检监察工作格局，而且还因应脱贫攻坚具体任务变化需要，及时推动跨部门、跨层级、跨系统乃至跨县级行政区划的协作，建构起一套纪检监察机关牵头抓总、多部门配合、行业部门负主责、社会力量有效参与的监督体制机制，从而激活了各类监督资源，实现了监督的全领域、全环节、全过程的覆盖。

三是坚持常规监督与重点整治相结合，破解"监督断片"难题。

常规监督与重点整治在内容上和方式上各有不同，前者关注一般问题、持续用力，后者聚焦阶段性重点工作、集中发力。两种方式并重并用才能确保监督工作健康化、长效化推进。除此之外，从 GB 市 "抓具体、具体抓" 和 "持续抓、抓持续" 的做法看，实现二者的有机结合，一则要做细做实常规监督，从中发现潜在问题，把握好问题的显化时机，并提前做好应对预案；二则不能将重点整治化约为运动，而要牢固链条化治理意识，统筹谋划监督及其相关工作。

四是坚持体制机制改革与能力提升相结合，破解监督效果不彰难题。

推动监督体制机制改革，关键在人。推动监督制度优势转化为治理效能，关键还是在人。但从实际情况看，不少派驻纪检监察组工作的主动性、积极性不够，探头作用发挥还不够明显，发现问题线索和有效监督能力还不够强；基层办案人员多为"半路出家"，在纪检监察系统任职时间短，办案能力参差不齐，排查问题线索能力还有待提高。由此可见，激活优化监督体制机制，帮助基层干部优化综合素质、增强工作本领，对于提高监督效能至关重要。

GB 市专项治理效能显著，即在于其坚持了一手抓监督体制机制改革和一手抓监督主体能力提升的原则，且在提升监督主体能力方面采取了诸多办法，包括通过抽调精锐组建三类专班弥补基层纪检监察干部经验和能力的不足，通过实施基层干部到上级纪检监察机关跟班学习制度，以及举办专项治理工作站专员培训班等，提升基层纪检监察干部的综合素质和办案能力，同时配之以一手抓严格监督和一手抓担当激励，从而较好克服了本领恐慌、化解了懈怠危机、切实提高了监督效能。

第三节　大扶贫大监督工作格局的适配与互益

大扶贫工作格局和大监督格局的协同构建与并进,是我国打赢脱贫攻坚战的客观要求。而从实践看,正是因为我国在采取超常规乃至"超常规+"模式推进减贫的过程中,加强了党内监督,协同推进了人民监督,故而脱贫攻坚工作得以健康、顺畅展开,脱贫攻坚战取得全面胜利,同样重要的是,还为构建常态长效的大监督格局,探索构建集中力量办大事体制机制的具体办法并把握其运行规律,以及提升国家治理现代化水平积累了宝贵经验。

一　构建运行大扶贫工作格局的必要性可行性

我国之所以要构建和能构建大扶贫工作格局,除了将减贫作为"置顶"(至少是重要的)政治议程,以及统筹整合各级各类资源用于减贫事业外,还因为以下两个方面的原因。[1]

一是我国贫困人口规模大、分布广、"病根深",唯有集中力量才能帮助最广大贫困人口走出困境。资料显示,1986 年,我国农村贫困人口合计 1.25 亿人(贫困标准为 213 元),1993 年 8000 万人(贫困标准为 483.7 元)[2],2000 年 9422 万人(贫困标准为 865 元),2010 年 2688 万人(贫困标准为 1274 元)[3],而截至 2017 年底,全国农村贫困人口合计仍有 3046 万人(贫困标准为 2952 元),贫困人口超过 200 万的仍有 7 个省区,贫困发生率超过 18% 的贫困县仍有 111 个、超过 20% 的贫困村仍有 1.67 万个,要想在 2020 年之前实现全部人口脱贫的目标,平均每年要解决 1000 多万人走出贫困的问题。[4]

---

[1] 本节部分内容为本人已公开发表成果,详见王红艳《中国扶贫模式核心特征研究》,《理论学刊》2020 年第 7 期。

[2] 中华人民共和国国务院新闻办公室:《中国政府白皮书》(2000—2001),外文出版社 2003 年版,第 417—441 页。

[3] 中华人民共和国国务院新闻办公室:《中国农村扶贫开发的新进展》,《人民日报》2011 年 11 月 17 日第 23 版。

[4] 习近平:《在打好精准脱贫攻坚战座谈会上的讲话》,《求是》2020 年第 9 期。

二是我国政府具有集中力量办好大事的动力和能力。中国共产党领导是中国特色社会主义最本质的特征，中国特色社会主义制度的最大优势是中国共产党领导。中国共产党一方面作为一个马克思主义政党，始终毫不动摇地坚持和践行"以人民为中心"的初心和理念；另一方面，作为一个成立百年、执政七十多年的成熟政党，具有集中力量办大事的综合能力，其不但制度健全、党纪严明，而且党员数量众多、组织网络庞大并深入农村腹地和城市基层。资料显示，截至2018年底，中国共产党党员总数达到9059.4万名，基层组织达到461.0万个。① 而为了打赢扶贫攻坚战和如期建成全面小康社会，截至2017年底，全国累计选派43.5万名干部担任农村党组织第一书记，其中2017年在岗第一书记为19.5万名。② 整个脱贫攻坚战期间，全国累计选派25.5万个驻村工作队、300多万名第一书记和驻村干部，同近200万名乡镇干部和数百万村干部一道奋战在扶贫一线，这些党员干部正是我国推进扶贫开发伟业的中坚力量。③

二 构建运行大监督工作格局的必要性可行性

关于构建运行大监督工作格局的必要性，一是扶贫开发工作层级链条较长，涉及主体多元，协调关系难度较大，过程监控较难；二是扶贫开发资金规模巨大，扶贫政策背后包含诱人利益，是需要高度注意的廉政风险点；三是脱贫攻坚任务艰巨紧迫，考核问责制度严格，难以杜绝冒进倾向和畏难情绪。

关于构建运行大监督工作格局的可行性，至少需要注意以下两点：一方面是因为我国监督资源丰富、监督方式多样，可以表述为"1+10"模式。其中的"1"指的是党内监督体系。党内监督体系包含六个组成部分："党中央统一领导，党委（党组）全面监督，纪律检查机关专责监督，党的工作部门职能监督，党的基层组织日常监督，党员民主监督"。④

---

① 中共中央组织部：《2018年中国共产党党内统计公报》，2020年5月4日，共产党员网，http://www.12371.cn。
② 习近平：《在打好精准脱贫攻坚战座谈会上的讲话》，《求是》2020年第9期。
③ 习近平：《在打好精准脱贫攻坚战座谈会上的讲话》，《求是》2020年第9期。
④ 《中国共产党党内监督条例》，《人民日报》2016年11月3日第6版。

党内监督方式丰富多样，巡视是重要方式之一。中央、省（自治区、直辖市）党委一届任期内，要对所管理的地方、部门、企事业单位党组织全面巡视，巡视重点内容包括党的组织和党的领导干部尊崇党章、党的领导、党的建设和党的路线方针政策落实、选人用人等情况；省（自治区、直辖市）应当推动党的市（地、州、盟）和县（市、区、旗）委员会建立巡察制度、开展巡察工作。[①] 其他党内监督方式还有：执行党的组织生活制度，开展民主生活会；执行党内谈话制度，开展提醒谈话、诫勉谈话；执行干部考察考核制度，开展干部德、能、勤、绩、廉表现考察；执行党的领导干部述责述廉制度，开展年度述责述廉工作；执行个人有关事项报告制度，开展及时向有关党组织报告的工作；执行党的领导干部插手干预重大事项记录制度，监督领导干部在干部选拔任用、工程建设、执纪执法、司法活动中的表现等。[②]

"1+10"模式中的"10"可以统称为人民监督，具体包括：

其一，人大监督。《中华人民共和国各级人民代表大会常务委员会监督法》显示，人大监督的监督主体为：全国人民代表大会常务委员会和县级以上地方各级人民代表大会常务委员会。监督对象为：本级的人民政府、国家监察委员会、人民法院和人民检察院（以下简称"一府一委两院"）等由人大及其常委会产生并对其负责的国家机关和国家机关的组成人员。[③]

其二，国家监察。2018年颁布的《中华人民共和国监察法》及2021年颁布的《中华人民共和国监察法实施条例》显示，国家监察的主体为：监察机关。但因监察机关与党的纪律检查机关合署办公，且在工作中努力追求依纪监督和依法监察、适用纪律和适用法律有机融合，故而国家监察的实际主体也可理解为监察机关与党的纪律检查机关。[④] 国家监察的监督对象为：所有行使公权力的公职人员，既包括参照公务员法管理的

[①] 《中国共产党党内监督条例》，《人民日报》2016年11月3日第6版。
[②] 《中国共产党党内监督条例》，《人民日报》2016年11月3日第6版。
[③] 《中华人民共和国各级人民代表大会常务委员会监督法》，2014年2月13日，中国人大网，http://www.npc.gov.cn/zgrdw/npc/dbdhhy/12_3/2014-02/13/content_1898268.htm。
[④] 《中华人民共和国监察法》，《人民日报》2018年3月27日第1版；《〈中华人民共和国监察法实施条例〉公布施行》，《人民日报》2021年9月21日第4版。

人员，也包括法律、法规授权或者受国家机关依法委托管理公共事务的组织中从事公务的人员，还包括国有企业管理人员，即在国有独资、全资公司、企业中履行组织、领导、管理、监督等职责的人员等。①

其三，行政监督。行政监督指的是国家行政机关按照法定权限、程序和方式对行政机关及其工作人员的履职情况进行进行监督，包括各级行政机关自上而下的监督、自下而上的监督、相互之间的监督三种情况。政府督查是行政监督的一种重要方式。政府督查是指县级以上政府依法对党中央、国务院重大决策部署落实情况、上级和本级政府重要工作部署落实情况、督查对象法定职责履行情况、本级政府所属部门和下级政府的行政效能进行监督检查。②

其四，审计监督。所谓审计，是指审计机关依法独立检查被审计单位的会计凭证、会计账簿、财务会计报告以及其他与财政收支、财务收支有关的资料和资产，监督财政收支、财务收支真实、合法和效益的行为。③

其五，统计监督。国家统计局、各级人民政府统计机构依法监督：统计法规和统计制度的实施情况；本地区、本部门执行政策、计划和经营管理效益的情况，尤其是统计资料的真实性、准确性、完整性和及时性。④

其六，财会监督。财会监督即财政部门根据法律授权，对财政、财务、会计管理的法律、行政法规、部门规章等执行情况进行监督。⑤ 监督主体为县级以上人民政府财政部门；监督对象为监督主体的单位和个人涉及财政、财务、会计等方面的财务事项。

---

① 《中华人民共和国监察法》，《人民日报》2018年3月27日第1版；《〈中华人民共和国监察法实施条例〉公布施行》，《人民日报》2021年9月21日第4版。

② 《中共中央国务院印发〈法治政府建设实施纲要（2021—2025年）〉》，《人民日报》2021年8月12日第2版。

③ 《中华人民共和国审计法》，《人民日报》1994年9月1日第2版；《中华人民共和国审计法实施条例》，《人民日报》2010年2月24日第16版。

④ 《中华人民共和国统计法》，《人民日报》2009年11月21日第7版；《中华人民共和国统计法实施细则》，《人民日报》2006年1月11日第16版。

⑤ 《财政部门监督办法》，2012年3月19日，中国政府网，http：//www.gov.cn/flfg/2012-03/19/content_2094400.htm。

其七，司法监督。司法监督是指各级人民法院和人民检察院依据法定职权和程序对人民授权的国家公权力进行监督。其中，司法机关（主要指人民法院）采取行政诉讼方式对行政机关依法行政情况进行监督，是司法监督的基本方式；司法机关采取检察建议、公益诉讼等方式，对行政机关、企事业单位、人民团体等行使权力的情况进行监督，是司法监督的另一重要方式。

其八，民主监督。民主监督主要是指人民政协民主监督。人民政协民主监督，是在坚持中国共产党的领导、坚持中国特色社会主义基础上，参加人民政协的各党派团体和各族各界人士在政协组织的各种活动中，依据政协章程，以提出意见、批评、建议的方式进行的协商式监督。实施民主监督的目的在于协助党和政府解决问题、改进工作、增进团结、凝心聚力。①

其九，群众监督。群众监督的监督主体为人民群众，监督对象为国家机关及其工作人员，监督目的为严密防范、及时惩治一切滥用权力的行为，以确保社会公仆执行人民的意志，维护人民的利益。监督内容包括：宪法和法律法规实施情况，党和政府的方针政策贯彻执行情况，党风和国家机关的工作作风情况，涉及本组织、本团体成员切身利益的具体政策、法令、制度和办法的执行情况等。②

其十，舆论监督。舆论监督，广义上讲是指新闻媒体、人民群众通过媒体对滥用公权、失职渎职等行为及时揭露曝光的行为。狭义上专指新闻舆论监督，即新闻媒体通过报道、评论、讨论、批评、撰写内参等方式，对各级国家机关和公职人员提出意见、建议和批评，核心方式是公开报道和新闻批评。随着互联网的快速发展，网络等新媒体在舆论监督中发挥着越来越重要的作用。

另一方面，我国高度重视党和国家监督体系建设。时至2019年，党的十九届四中全会更是提出，"必须健全党统一领导、全面覆盖、权威高效的监督体系，增强监督严肃性、协同性、有效性，形成决策科学、执

---

① 《全国政协办公厅负责人就学习贯彻中办〈关于加强和改进人民政协民主监督工作的意见〉答记者问》，《人民日报》2017年3月7日第6版。

② 李树军：《社会监督》，当代世界出版社1999年版。

行坚决、监督有力的权力运行机制,确保党和人民赋予的权力始终用来为人民谋幸福",突出强调,"以党内监督为主导,推动各类监督有机贯通、相互协调"。①中央纪律检查委员会明确强调,要"坚持以党内监督为主导,促进人大监督、民主监督、行政监督、司法监督、审计监督、财会监督、统计监督、群众监督、舆论监督等各类监督有机贯通、相互协调……形成常态长效的监督合力"。②

三 大扶贫与大监督工作格局的适配性与互益性

取得脱贫攻坚的决定性胜利,快速控制新冠肺炎病毒疫情并实现持续向好,成功举办北京冬奥会、冬残奥会等,充分彰显集中力量办大事的制度优势,更进一步证明集中力量办大事是我国必须毫不动摇加以坚持的重要制度。伴随"两个一百年"历史交汇期的到来以及"百年未有之大变局"序幕的拉开,实现中华民族伟大复兴中国梦的日程日益逼近,任务更加艰巨,不确定性和各类风险明显增多,我国政府将必须集中力量办好更多"大事"。正因如此,认真探讨新形势下集中力量办大事制度在新领域的具体实现方式,包括如何提高权力配置的科学性、资源统筹利用的有效性以及民主实践的适度性,进而最大限度放大其正功能、抑制其负功能,显得尤为重要和紧迫,是我国"第五个现代化"即国家治理体系和治理能力现代化的重点和难点。

脱贫攻坚的政策制度设计和地方实践,为贯通各类监督资源摸索出有效路径。同时,问卷调查显示,大扶贫工作格局与大监督工作格局不但适配,而且呈现互益效应。

为了解脱贫攻坚专项治理的具体效能,2021年7月至9月,笔者借助网络平台和调研基地发起了一项问卷调查。问卷调查覆盖2028名受访者,从性别看,男性受访者为1042名、女性受访者为986名;从职业看,公职人员受访者在总体中的占比为24.21%,农民受访者占41.91%(其中,村干部占16.81%),知识分子、工人(含农民工)、民营企业主、

---

① 《中共中央关于坚持和完善中国特色社会主义制度 推进国家治理体系和治理能力现代化若干重大问题的决定》,《人民日报》2019年11月6日第1版。

② 《中国共产党纪律检查委员会工作条例》,《人民日报》2022年1月5日第1版。

自由职业者等群体的受访者合计33.88%；从地区看，覆盖西部地区、中部地区、华北地区、东部地区、东北地区五个大片区，但来自西部、中部地区的受访者在总体中的占比合计75.74%。

问卷设计了"您认为，持续开展扶贫领域腐败和作风问题专项治理的积极意义主要表现在哪些方面？（多选题，限选2项）"，并提供了六个选项。其中，"对打赢打好脱贫攻坚战发挥了关键作用"以63.02%的被选率位居第一，超过四成的受访者认为"对加强干部队伍尤其是反腐干部队伍建设发挥了重要作用"，同样也有超过四成的受访者认为"对推进反腐工作体制机制改革发挥了重要作用"。为了验证上述判断，问卷还设计了一个题目，即"您如何看'大力开展扶贫领域腐败和作风问题专项治理，是脱贫攻坚战取得决定性胜利的重要保障'"。问卷分析结果显示，对于这个问题，合计有83.38%的受访者选择了"同意"和"非常同意"，另有9.91%选择了"有些同意"。

问卷还设计了一个问题，即"您认为，将多种监督方式整合起来，对扶贫工作实施重点监督和开展专项治理的做法怎样"。分析结果显示，受访者中选择"有效"的占比为46.55%，选择"非常有效"的占比为36.14%，两项合计82.69%。更值得注意的是，对于"我国已有一套行之有效的反腐工作体制机制，足以从容应对任何领域的违纪违法问题"，选择"同意"的比例为46.06%，选择"非常同意"的比例为11.88%，两项合计57.94%，另有19.48%的受访者表示"有些同意"。可见，大监督工作格局在脱贫攻坚战中的实践成效及其预期功能受到普遍认可。

下 篇

引　言

中国减贫事业取得历史性成就，离不开中国加快推动国家治理体系和治理能力现代化；中国国家治理体系和治理能力现代化步伐加快，本身就是中国减贫事业所取得的一项重要成就；精准扶贫精准脱贫方略的强力实施，对加快推动国家治理体系和治理能力现代化发挥了综合性的积极影响。这三个假设在本著上篇部分的分析中基本得到证实。本著下篇部分将在客观评价减贫治理价值的基础上，尝试探讨其在新发展阶段、新发展战略背景下迁移学习的可能性、生长性及超越性。新发展战略主要指全面推进乡村振兴、打赢打好污染防治攻坚战、积极发展全过程人民民主。

一　脱贫攻坚的治理价值及启示

脱贫攻坚的治理价值十分显著。脱贫攻坚不但推动纵向、横向府际关系协同高效，而且推动政企、政社关系朝着健康和谐的方向发展；不但推动乡村治理综合创新，而且促使大扶贫工作格局、大监督工作格局以及大扶贫＋大监督工作格局朝着系统集成方向发展。多重价值的形成和凸显有着多方面的原因，但以下两点尤其值得关注：一是脱贫攻坚中践行多措并举原则，实施专项扶贫、行业扶贫、社会扶贫，深化东西部协作机制，还积极发展消费扶贫，这些不同的扶贫方式从不同的侧面和点位对国家治理体系和治理能力产生不同程度的积极影响；二是脱贫攻坚中践行强力推进原则，资金投入规模前所未有，帮扶主体尽锐出战，政策供给及时到位，地方实践扎实有效，这些超常规的集中刺激最终导致了国家治理体系和治理能力的正向"激变"。

从具体的影响和作用情况看，专项扶贫之于纵向府际关系治理的影响是最直接的，东西部协作之于横向府际关系治理的影响是最突出的，"万企帮万村"行动之于政企关系治理的作用是最显著的，社会组织扶贫之于政社关系治理的作用是不容忽视的，而消费扶贫因为卷入主体多元、运行机制多样，对优化府际、政企、政社关系均发挥了令人瞩目的作用。更进一步看，乡村是所有扶贫方式的作用界面，是所有扶贫政策的落地平台，是绝大多数扶贫项目的实施场域，故而乡村治理在脱贫攻坚中发生了综合性变革；我国自1980年代中期以来尝试构建和运行大扶贫工作格局，而精准扶贫精准脱贫方略的实施，不但使得这套体制机制更加成熟和定型，而且催生了一套与之适配和互益的大监督工作格局。

对脱贫攻坚政策制度和实践样本的分析启示我们，其一，实施国家重大发展战略必须要有配套的治理体系和治理能力，而国家重大发展战略的实施可以推动国家治理体系和治理能力向好变迁；其二，国家治理体系和治理能力现代化是个复杂系统工程，不可能一蹴而就，但也不能轻易放过任何淬炼机会，而应践行"多点位尝试"和"系统性推进"的原则，利用好每一次机会，尤其是实施国家重大发展战略的机会，从制度和实践两个层面协力展开探索；其三，如若事先做好科学谋划和统筹安排，必定实现发展与治理并进、适配、互益的良好局面，而不是收获作为意外之喜的、具有不确定性的溢出效应。

二 迁移学习的可能及重点

迁移学习，是指一种运用已存有知识对不同但相关领域问题进行求解的机器学习方法。那么，脱贫攻坚助推国家治理现代化，这一在特殊场域中、高压情境下形成的训练样本，是否能够进行正向迁移学习？或者说，脱贫攻坚治理价值的影响域是否存在扩大的可能性？

首先，从理念层面看，脱贫攻坚的治理价值是可以实现迁移学习的。关于国家治理现代化的概念界定之所以众说纷纭，是因为国家治理现代化概念本身极其复杂，上涉及理念、精神和原则等层面的问题，中涉及制度、体制机制、政策等层面的问题，下涉及治理主体、治理工具、治理方式等层面的问题。本著认为，理念是更深层、最基础的东西，不但决定制度、体制机制的架构设计，而且影响治理主体、工具和方式的选择与组合，因此从理念视角对国家治理现代化进行界定，是最具说服力和科学性的路径。而民主、科学、法治是现代化理念的核心构件，"办好中国的事情，关键在党。中国特色社会主义最本质的特征是中国共产党领导，中国特色社会主义制度的最大优势是中国共产党领导"①，因此综合人类文明共同价值和中国国情看，国家治理现代化在最根本上指的是：在国家治理过程中，坚持中国共产党的集中统一领导，践行民主、科学、法治、高效理念，优化治理体系和提升治理能力，推动传统农业社会向现代工业社会转型，不断满足人民日益增长的美好生活需要。而上篇研究显示，在脱贫攻坚的制度设计和实践样本中，一则充满科学理念，系统化、精准化元素随处可见，二则充满法治理念，治理的法律化和制度化程度显著提升，三则不乏民主理念和高效理念，把投入产出比尤其是政治和社会效益的产出情况摆在突出位置。从这个视角看，脱贫攻坚过程也是一个践行科学、法治以及民主、高效理念并使其逐渐入脑入心的过程。而已然入脑入心的理念料将沉淀下来并继续影响后续行动。

践行民主、科学、法治和高效理念，理想状态是在工作链条的每个环节中都贯彻这四种理念，其中决策环节因位于工作链条前段而需要着重注意。研究发现，脱贫攻坚期间，全国革命老区脱贫攻坚政策制度的出台过程，不但涉及多个相关职能部门深入基层的联合调研，而且涉及社会组织的持续协同发力，还有多轮高层会议的研讨论证，更有中央主要领导的亲自关怀指导，是多方力量深思熟虑的集体结晶，是科学决策、民主决策的范例。这种决策模式在后续相关工作中值得借鉴和学习。革命老区脱贫攻坚政策制度的出台过程大致如下。

2012年4月10—16日，由国家发展和改革委员会等42个国家部委、149人组成的联合调研组，深入江西赣州18个县（市、区）和吉安、抚州以及闽西、粤北部分原中央苏区县开展调研，共谋革命老区发展振兴大计。② 2015年11月27日，"全国革命老区开发建设座谈会"在北京召

---

① 习近平：《在庆祝中国共产党成立95周年大会上的讲话》，《人民日报》2016年7月1日第1版。
② 《希望，在红土地上升腾——国家部委联合调研组深入赣南等原中央苏区调研侧记》，《人民日报》2012年4月21日第7版。

开,强调要把加快革命老区脱贫攻坚摆在扶贫工作全局的重要位置,加大政策扶持力度,加快开发建设步伐,推动革命老区经济社会发展,让革命老区人民过上更加幸福美好的生活。① 两天之后,国家发展和改革委员会在《人民日报》发表署名文章,表示要从构建政策体系入手,支持和帮助全国革命老区脱贫攻坚并实现振兴发展。② 2016年2月,中共中央办公厅、国务院办公厅发布《关于加大脱贫攻坚力度支持革命老区开发建设的指导意见》③(详见本著第二章第二节的相关分析)。同期,中国老区建设促进会先后深入20多个省份的100多个老区县(市、区)开展调研,撰写调研报告13份,收集脱贫攻坚典型案例53个,形成关于脱贫攻坚的意见建议120多条。④ 更值得注意的是,习近平总书记先后深入江西、安徽、宁夏、青海等革命老区和贫困地区视察调研并召开专题座谈会,对如何做好革命老区和贫困地区的脱贫攻坚工作作出重要指示。⑤

其次,从具体工作方式和措施层面看,减贫的诸多治理价值不乏新的作用空间。

多方情况显示,一些脱贫攻坚所采用的治理手段方式在新的国家级重大发展战略中得到"复制式运用"或"修订式运用"。在推进西部大开发形成新格局的工作中,不但强调要推动省以下财政事权和支出责任划分,要深入开展对口帮扶、定点帮扶及鼓励企业结对帮扶,要继续做好选派优秀干部到西部地区挂职任职工作,而且强调要明确国务院西部地区开发领导小组及其办公室、各成员单位、有关部门、西部地区各级党委和政府等各级各类主体的权责,并将适时检查评估政策实施情况。⑥

---

① 《加大脱贫攻坚力度 推动老区振兴发展》,《人民日报》2015年11月29日第2版。
② 国家发展和改革委员会:《着力打造支持政策体系 全力推动全国革命老区脱贫攻坚振兴发展》,《人民日报》2015年11月29日第8版。
③ 《中办国办印发〈关于加大脱贫攻坚力度支持革命老区开发建设的指导意见〉》,《人民日报》2016年2月2日第12版。
④ 《民政部社会组织管理局关于中国老区建设促进会参与脱贫攻坚有关工作情况的通报》,2018年10月16日,中国社会组织网,http://www.chinanpo.gov.cn/2351/114770/index.html。
⑤ 习近平:《在深度贫困地区脱贫攻坚座谈会上的讲话》,《人民日报》2017年9月1日第2版。
⑥ 《中共中央国务院关于新时代推进西部大开发形成新格局的指导意见》,《人民日报》2020年5月18日第1版。

而在巩固拓展脱贫攻坚成果同乡村振兴有效衔接工作中，至少有以下五点在脱贫攻坚中积累的经验得到突出强调：其一，继续实施重点帮扶制度，在西部地区脱贫县中确定了一批乡村振兴重点帮扶县，并从财政、金融、土地、人才、基础设施建设、公共服务等方面给予集中支持；其二，继续坚持并完善东西部协作机制，实行原则上一个东部地区省份帮扶一个西部地区省份的长期固定结对帮扶关系，并对东西部协作和定点帮扶成效进行定期考核评价；其三，继续并不断加大发挥市场和社会作用的力度，接续开展"万企帮万村"行动，切实完善社会力量参与帮扶机制；其四，继续实行中央统筹、省负总责、市县乡抓落实的工作机制，构建责任清晰、各负其责、执行有力的乡村振兴领导体制，充分发挥中央和地方各级党委农村工作领导小组的作用；其五，持续加强脱贫村党组织建设，健全常态化驻村工作机制，对巩固拓展脱贫攻坚成果和乡村振兴任务重的村继续选派驻村第一书记和工作队。[①]

三 新背景及超越策略

伴随如期实现脱贫攻坚任务和全面建成小康社会，中国将逐渐实现从脱贫攻坚到常规减贫的转型，后者指的是将贫困作为一般性公共问题纳入政策议程，通过法制化规则程序制定减贫政策和实施减贫工作，与此同时，中国开启了"第二个百年目标"的奋斗新征程。建设社会主义现代化强国，是个更加系统的复杂工程，面临人与自我、人与他者及社会、人与自然界之间关系的完善或改造，涉及物质文明与精神文明、制度文明的适配和协调。对于如何才能如期实现这一宏伟目标，中国既有近期安排也有远景设计。从现阶段看，以下三个重大发展战略尤其值得关注：一是全面推进乡村振兴；二是打赢打好污染防治攻坚战和加强生态文明建设；三是积极发展全过程人民民主。

新的重大发展战略的实施，呼唤配套的治理体系和治理能力，同时，前者也为进一步优化后者提供了新的机遇。鉴此，需要主动、及早谋划，在充分运用脱贫攻坚治理成就的同时，根据新发展战略需要完善治理体

[①] 《中共中央国务院关于实现巩固拓展脱贫攻坚成果同乡村振兴有效衔接的意见》，《人民日报》2021年3月23日第1版。

系和治理能力，结合国情特点和实际需要科学借鉴西方发达国家的相关治理经验，从而实现对脱贫攻坚治理价值的超越并不断拓展其生长空间。

具体而言，在全面推进乡村振兴战略的过程中，必须深刻理解战略内涵和特征，准确把握乡村社区的重要战略价值，强化协同推进发展与治理的意识，在继续实施驻村工作制度的同时加大实施新乡贤制度的力度，最大限度实现行政资源和社会资源的整合运用，为推动乡村治理现代化作出扎实贡献。在推进污染防治攻坚战和加强生态文明建设过程中，必须汲取欧洲发达国家正反两方面经验，提高对生态环境保护议题政治性的认识，推动乡村生态振兴与基层治理现代化的嵌入式发展，不遗时机地在水治理过程中强化和践行民主、科学、法治理念，为推动国家治理现代化积累经验。在发展全过程人民民主的过程中，首先要做到的是坚持中国共产党的全面领导，其次要充分尊重人民群众的治理主体（而不仅仅是治理受体）地位，并科学发挥他们的民主参与积极性，最后，还要切实推动协商民主广泛多层制度化发展，因为这一民主类型对于推动国家治理现代化具有独特作用。这些策略主张的落实，必将进一步切实提高国家治理体系和治理能力现代化水平。

第四章

乡村振兴与乡村治理现代化

"实施乡村振兴战略,是党的十九大作出的重大决策部署,是决胜全面建成小康社会、全面建设社会主义现代化国家的重大历史任务,是新时代'三农'工作的总抓手"。[①] 2018年2月以来,全国各地根据《中共中央国务院关于实施乡村振兴战略的意见》的精神和部署,陆续启动实施乡村振兴战略。2020年10月,党的十九届五中全会再次强调要"优先发展农业农村,全面推进乡村振兴",并提出"十四五"时期将"实施乡村建设行动"。[②] 乡村振兴战略再度升温,成为社会各界关注的热点议题。

未来五年乃至更长一段时间,我国料将掀起全面推进乡村振兴战略的高潮。为进一步提高乡村振兴战略实施效果,实现更高质量、更有效率、更可持续的乡村发展,有必要进一步深入探讨该战略的理念基石及其主要特征。因为在什么意义上理解乡村振兴战略,很大程度上决定了如何对待乡村振兴战略。科学阐明乡村振兴战略的深层理念支撑,仍是当前重要任务。而且,这也是提炼和总结中国特色社会主义乡村振兴道路的基础工作。那么,乡村振兴战略怎样看待乡村,怎样界定城乡关系,将做什么,将怎么做?它对这四个问题的回答与以往的"三农"顶层设计有何不同?进而,它对乡村治理现代化带来哪些机遇和挑战?这是本章尝试回答的问题。

[①]《中共中央国务院关于实施乡村振兴战略的意见》,《人民日报》2018年2月5日第4版。

[②]《中共中央关于制定国民经济和社会发展第十四个五年规划和二〇三五年远景目标的建议》,《人民日报》2020年11月4日第1版。

第一节　理解乡村振兴战略

初步进行政策文本分析发现，相较以往相关政策安排而言，乡村振兴战略在理念上实现了诸多历史性突破，主要表现为：在对乡村角色的定位上基本超越了工具主义、在对城乡关系的认识上基本超越了城市中心主义、在发展目标的设置上基本超越了经济主义、在实施方式的选择上基本超越了物质主义。正因如此，实施乡村振兴战略的提出，被认为"在我国'三农'发展进程中具有划时代的里程碑意义"。[①] 也正因如此，这一战略为乡村治理现代化提供了新的机遇和挑战。

一　乡村振兴战略主要特征

研究发现，乡村振兴战略呈现"四重超越"特征。具体情况如下。

（一）超越工具主义

乡村振兴战略在理念上的第一个历史性突破是：其在对乡村角色的定位上基本超越了工具主义，主要表现在三个方面：

一是明确承认乡村作为人类社会本体之组成部分的地位，指出"乡村是具有自然、社会、经济特征的地域综合体，兼具生产、生活、生态、文化等多重功能，与城镇互促互进、共生共存，共同构成人类活动的主要空间"[②]，而非可有可无的附庸或饰件。

二是明确承认乡村作为国家本体之组成部分的地位，深刻意识到"乡村兴则国家兴，乡村衰则国家衰"。[③] 指出"全面建成小康社会和全面建设社会主义现代化强国，最艰巨最繁重的任务在农村，最广泛最深

[①] 《中共中央国务院印发〈乡村振兴战略规划（2018—2022年）〉》，《人民日报》2018年9月27日第1版。另，本节内容为本人已公开发表成果，详见王红艳《乡村振兴战略的"四重超越"特征——兼论中国特色社会主义乡村振兴道路》，《新视野》2021年第1期。

[②] 《中共中央国务院印发〈乡村振兴战略规划（2018—2022年）〉》，《人民日报》2018年9月27日第1版。

[③] 《中共中央国务院印发〈乡村振兴战略规划（2018—2022年）〉》，《人民日报》2018年9月27日第1版。

厚的基础在农村，最大的潜力和后劲也在农村"。①

三是明确指出乡村振兴亦是民生福祉本体的组成部分。认为"农业强不强、农村美不美、农民富不富，关乎亿万农民的获得感、幸福感、安全感"。②《中共中央关于制定国民经济和社会发展第十四个五年规划和二〇三五年远景目标的建议》更是将"脱贫攻坚成果巩固拓展，乡村振兴战略全面推进"列为"十四五"时期我国经济社会发展的主要目标即"民生福祉达到新水平"，其与"实现更加充分更高质量就业，居民收入增长和经济增长基本同步"等共同构成民生福祉的主要指标。③

这一认识的形成并非一蹴而就。在此之前，乡村在中国特色社会主义现代化进程中大致先后扮演了三种工具性角色。详情如下。

其一，"实现原始积累的工具"。从新中国成立初期到20世纪80年代中期，乡村和农业主要被用作完成工业化原始积累的工具。这是因为，"留给新生人民政权的，只是一个国民经济破产、城市工业破败的'烂摊子'"，"在当时帝国主义的经济封锁之下，经过社会主义改造以后，我国确立了工业化发展道路，依靠自力更生重建国民经济体系"，而"在这种特定的历史条件下，发展工业只能从农村汲取资源"。④

其二，"化解风险的工具"。从20世纪80年代后期到90年代末期，乡村和农业一度被看作化解国内外风险的工具。1998年发布的《中共中央关于农业和农村工作若干重大问题的决定》指出，加大乡村和农业工作力度，有利于"提高农民购买力，扩大内需和确保国民经济增长保持良好势头"以及"在国际合作与竞争中增强回旋余地"。⑤回顾历史，该文件的出台背景是：亚洲金融危机爆发，导致我国出口增长明显放慢；

---

① 《中共中央国务院印发〈乡村振兴战略规划（2018—2022年）〉》，《人民日报》2018年9月27日第1版。
② 《中共中央国务院印发〈乡村振兴战略规划（2018—2022年）〉》，《人民日报》2018年9月27日第1版。
③ 《中共中央关于制定国民经济和社会发展第十四个五年规划和二〇三五年远景目标的建议》，《人民日报》2020年11月4日第1版。
④ 吴理财：《近一百年来现代化进程中的中国乡村——兼论乡村振兴战略中的"乡村"》，《社会科学文摘》2019年第1期。
⑤ 《中共中央关于农业和农村工作若干重大问题的决定》，《人民日报》1998年10月19日第1版。

国企改革进入纵深发展阶段,产生数以千万计的下岗工人;1998年局部地区发生特大洪涝灾害,造成历史上罕见的严重损失。①

其三,"反哺对象"兼"拱卫城市的工具"。21世纪初期,乡村拥有"双重身份"。

一方面,乡村和农业成为"反哺对象"。党的十六大(2002年11月)首次提出"统筹城乡经济社会发展"的理念。党的十六届五中全会(2005年10月)提出"要从社会主义现代化建设全局出发,统筹城乡区域发展"的目标,强调要"坚持把解决好'三农'问题作为全党工作的重中之重,实行工业反哺农业、城市支持农村,推进社会主义新农村建设",并将"多予少取放活"作为统筹城乡发展的工作原则。② 党的十七大(2007年10月)则提出了要"建立以工促农、以城带乡长效机制,形成城乡经济社会发展一体化新格局"。③ 在此期间,我国取消了农业税,农民负担切实减少,乡村迎来难能可贵的发展机遇。

另一方面,现实中还存在一些将乡村和农业当作汲取资源之工具的情况。例如,国家征用农民集体所有土地然后利用垄断一级土地市场的优势产生土地价格"剪刀差",再例如,农民工的实际收入与城市工人实际收入之间的"剪刀差"。④ 事实上,这些新式、隐性、或多或少的"剪刀差"一直以来都在为我国城市化的提速和工业化的加深默默地提供着土地支撑和资金保障。

(二) 超越城市中心主义

有观点认为,"近百年来的现代化基调是工业化,工业剥夺农业,城市剥夺乡村,不仅成为一种常态,而且固化为一种社会体制"。⑤ 这种观

---

① 吴理财:《近一百年来现代化进程中的中国乡村——兼论乡村振兴战略中的"乡村"》,《社会科学文摘》2019年第1期。
② 《中共中央关于制定国民经济和社会发展第十一个五年规划的建议》,《人民日报》2005年10月19日第1版。
③ 胡锦涛:《高举中国特色社会主义伟大旗帜 为夺取全面建设小康社会新胜利而奋斗——在中国共产党第十七次全国代表大会上的报告》,《人民日报》2007年10月25日第1版。
④ 吴理财:《近一百年来现代化进程中的中国乡村——兼论乡村振兴战略中的"乡村"》,《社会科学文摘》2019年第1期。
⑤ 吴理财:《近一百年来现代化进程中的中国乡村——兼论乡村振兴战略中的"乡村"》,《社会科学文摘》2019年第1期。

点不乏偏颇。但在很长一段时间里，城镇化和工业化在我国经济社会发展总体战略中的确占据至高地位，乡村和农业则基本扮演服从与服务城市和工业的角色，城市中心主义倾向十分突出。

从新中国成立初期到改革开放初期，城市中心主义倾向逐步成型。在20世纪80年代后期至90年代中期，工业化、城镇化战略更是凯歌高进，乡村和农业则似沦为"闲棋冷子"。尽管1986年的"中央一号文件"指出，"我国是十亿人口、八亿农民的大国，绝不能由于农业情况有了好转就放松农业，也不能因为农业基础建设周期长、见效慢而忽视对农业的投资，更不能因为农业占国民经济产值的比重逐步下降而否定农业的基础地位"。[1] 但在随后长达17年的时间里，未见类似的"中央一号文件"。究其原因，主要包括如下方面。

其一，在"以经济建设为中心"的语境中，农业贡献明显乏力。1987年10月召开的中国共产党第十三次全国代表大会明确指出，"在社会主义初级阶段，我们党的建设有中国特色的社会主义的基本路线是：领导和团结全国各族人民，以经济建设为中心，坚持四项基本原则，坚持改革开放，自力更生，艰苦创业，为把我国建设成为富强、民主、文明的社会主义现代化国家而奋斗"。[2] 但此时的农业在国民经济中的比重逐年递减，不再拥有举足轻重的地位。数据显示，1987年，我国全年工业总产值是农业总产值的3.1倍[3]；1995年，根据新的统计口径，第一产业增加值占国内生产总值的比例为19.7%，第二、三产业分别占49.0%、31.3%[4]；2003年，第一产业增加值占国内生产总值的比例下降至14.8%，第二、第三产业则分别上升为52.9%、32.3%。[5]

---

[1] 施维、张凤云：《20个"中央一号文件"概要（1982—2018）》，《农民日报》2018年12月10日。

[2] 中共中央文献研究室编：《十三大以来重要文献选编》（上），人民出版社1991年版，第15页。

[3] 国家统计局：《中华人民共和国关于1987年国民经济和社会发展的统计公报》，http://www.stats.gov.cn/tjsj/tjgb/ndtjgb/qgndtjgb/200203/t20020331_30000.html。

[4] 国家统计局：《中华人民共和国关于1995年国民经济和社会发展的统计公报》，http://www.stats.gov.cn/tjsj/tjgb/ndtjgb/qgndtjgb/200203/t20020331_30009.html。

[5] 国家统计局：《中华人民共和国2003年国民经济和社会发展统计公报》，http://www.stats.gov.cn/tjsj/tjgb/ndtjgb/qgndtjgb/200402/t20040226_30017.html。

其二，在城镇化战略快速推进的背景下，乡村必定走向终结几成共识。1996 年，国家统计局在当年的《国民经济和社会发展公报》中首次明确公布城乡人口结构情况：年末全国总人口为 122389 万人，其中城镇人口占 29.4%、乡村人口占 70.6%[①]；2001 年，年末全国总人口为 127627 万人，其中城镇人口占比升至 37.7%、乡村人口降至 62.3%[②]；2003 年，年末全国总人口为 129227 万人，其中城镇人口占比达到 40.53%、乡村人口仅占 59.47%。[③] 可见，1996 年至 2003 年，我国年均城镇化率高达 1.59%，反过来说，乡村人口年均流失率高达 1.59%，与之一同发生的则是大批乡村的凋敝和消逝。

进入 21 世纪，伴随统筹城乡经济社会发展理念的提出，乡村和农业再度受到重视。一个积极信号是：2004 年，我国以"中央一号文件"的形式发布《关于促进农民增加收入若干政策的意见》，旨在通过有力举措尽快扭转城乡居民收入差距不断扩大的趋势。[④] 自此，以"中央一号文件"的形式部署"三农"工作的传统得以恢复和沿袭。不过，值得注意的是，乡村和农业在这一时期还是被认为是工业化和城镇化框架中的问题，城市中心主义色彩尚未完全褪去。

乡村振兴战略则不同，其在对城乡关系的认识上基本超越了城市中心主义，这也是该战略的第二个历史性突破。主要表现在两个方面：

一方面，乡村、农业与城市、工业的地位趋于平等，前者服从和服务于后者的主张逐步式微。《中共中央国务院关于实施乡村振兴战略的意见》指出，要"推动城乡要素自由流动、平等交换"，构建"工农互促、城乡互补、全面融合、共同繁荣"之"新型工农城乡关系"。[⑤]

[①] 国家统计局：《中华人民共和国关于 1996 年国民经济和社会发展的统计公报》，http://www.stats.gov.cn/tjsj/tjgb/ndtjgb/qgndtjgb/200203/t20020331_30010.html。

[②] 国家统计局：《中华人民共和国 2001 年国民经济和社会发展统计公报》，http://www.stats.gov.cn/tjsj/tjgb/ndtjgb/qgndtjgb/200203/t20020331_30015.html。

[③] 国家统计局：《中华人民共和国 2003 年国民经济和社会发展统计公报》，http://www.stats.gov.cn/tjsj/tjgb/ndtjgb/qgndtjgb/200402/t20040226_30017.html。

[④] 施维、张凤云：《20 个"中央一号文件"概要（1982—2018）》，《农民日报》2018 年 12 月 10 日。

[⑤] 《中共中央国务院关于实施乡村振兴战略的意见》，《人民日报》2018 年 2 月 5 日第 4 版。

另一方面，乡村、农业工作与城市、工业工作的权重趋于平等，前者分量严重轻于后者的局面有望扭转。《中共中央国务院关于实施乡村振兴战略的意见》指出，要"坚持工业农业一起抓、城市农村一起抓"，"把农业农村优先发展原则体现到各个方面"。①

（三）超越经济主义

乡村振兴战略的第三个历史性突破是：其在发展目标设置上基本超越了经济主义，将"坚持乡村全面振兴"作为基本工作原则，并为乡村振兴设定了全面的预期目标，宣示要努力谱写新时代乡村全面振兴新篇章。主要表现在四个方面：

一是"把维护农民群众根本利益、促进农民共同富裕作为出发点和落脚点"②。强调要"坚持以人民为中心"，不但要始终做到发展依靠人民，还要始终做到发展为了人民、发展成果由人民共享，始终坚持共同富裕方向，切实促进社会公平和增进民生福祉，不断实现人民对美好生活的向往③。

二是设定"全系统"目标。强调要统筹谋划乡村经济、政治、社会、文化、生态文明和党的建设，密切关注六大子系统之间的关联性和协同性，并加以整体规划和部署。

三是设定"全要素"目标。强调要按照"产业兴旺、生态宜居、乡风文明、治理有效、生活富裕"的总要求推进乡村振兴，并阐明了各要素的定位和功能，指出"产业兴旺是重点""生态宜居是关键""乡风文明是保障""治理有效是基础""生活富裕是根本"。④

四是设定"全维度"目标。强调要推动"农业全面升级""农村全

---

① 《中共中央国务院关于实施乡村振兴战略的意见》，《人民日报》2018 年 2 月 5 日第 4 版。

② 《中共中央国务院印发〈乡村振兴战略规划（2018—2022 年）〉》，《人民日报》2018 年 9 月 27 日第 1 版。

③ 《中共中央关于制定国民经济和社会发展第十四个五年规划和二〇三五年远景目标的建议》，《人民日报》2020 年 11 月 4 日第 1 版。

④ 《中共中央国务院关于实施乡村振兴战略的意见》，《人民日报》2018 年 2 月 5 日第 4 版。

面进步"和"农民全面发展"①,要"让农业成为有奔头的产业,让农民成为有吸引力的职业,让农村成为安居乐业的美丽家园"②,指出了"三农"工作到2035年必须达到的具体目标,还提出"到2050年,农业强、农村美、农民富的目标全面实现"③。

党的十九届五中全会提出"十四五"时期要实施"乡村建设行动",重点启动综合服务能力提升、村镇规划建设、乡村基础设施改善、生态环境整治和农民素质优化"五大重点行动"。从中可以看到,"坚持乡村全面振兴"原则得到持续践行。

毋庸讳言,在乡村工作目标上实现对经济主义的超越也非一蹴而就。回顾历史,此前的涉农政策安排均有比较鲜明的经济主义倾向。

改革开放初期,乡村经济发展进入我国重要政治议程。1982年至1986年,中共中央国务院以"一号文件"的形式相继发布《全国农村工作会议纪要》《当前农村经济政策的若干问题》《关于1984年农村工作的通知》《关于进一步活跃农村经济的十项政策》和《关于1986年农村工作的部署》,涉及实施包产到户制度、放活农村工商业、疏理流通渠道、取消农副产品统购统销制度和增加农业投入五个问题,无一不在经济范畴。④

20世纪80年代中期至90年代中期,乡村经济发展淡出我国政治议程。如前所述,这是因为,在"以经济建设为中心"话语获得压倒性优势的背景下,由于农业对国民经济的贡献以及乡村人口在全国人口中的占比逐年减少,农业和乡村在我国经济社会发展战略中不再保有原有地位。不过,这并未影响经济至上原则在乡村的践行。而且,由于经济主义在乡村大行其道,乡村社会整合显著降低,乡村生态遭到严重破坏,乡村文化一度扭曲,乡村最终成为经济至上和发展主义的"牺牲品",

---

① 《中共中央国务院关于实施乡村振兴战略的意见》,《人民日报》2018年2月5日第4版。
② 《中共中央国务院印发〈乡村振兴战略规划(2018—2022年)〉》,《人民日报》2018年9月27日第1版。
③ 《中共中央国务院关于实施乡村振兴战略的意见》,《人民日报》2018年2月5日第4版。
④ 施维、张凤云:《20个"中央一号文件"概要(1982—2018)》,《农民日报》2018年12月10日。

"三农"问题最终走向"问题化"。

进入21世纪以来,我国逐步实施统筹城乡发展战略,提出要"按照'生产发展、生活宽裕、乡风文明、村容整洁、管理民主'的要求,协调推进农村经济建设、政治建设、文化建设、社会建设和党的建设",但依旧坚持认为"必须坚持以发展农村经济为中心",反复强调"只有发展好农村经济,建设好农民的家园,让农民过上宽裕的生活,才能保障全体人民共享经济社会发展成果,才能不断扩大内需和促进国民经济持续发展"。[①] 经济主义(包括工具主义)的色彩显然尚未完全褪去。

(四)超越物质主义

在统筹城乡发展战略的总体安排中,推动社会主义新农村建设主要强调的是贯彻"多予少取放活"方针。其中,"多予"即"按照存量适度调整、增量重点倾斜的原则,不断增加对农业和农村的投入","少取"则具体指"2006年在全国范围取消农业税"。[②] 物质主义倾向相当明显。

而在乡村振兴战略的设计中,一方面,认为实施战略"必须解决钱从哪里来的问题",为此需要"健全投入保障制度,创新投融资机制,加快形成财政优先保障、金融重点倾斜、社会积极参与的多元投入格局,确保投入力度不断增强、总量持续增加"[③];另一方面,突出强调要多管齐下,充分发挥非物质、非金钱手段和方式的作用,表现出超越物质主义的努力,而这一点正是该战略的第四个历史性突破,具体表现为:

其一,主张"坚持党管农村工作"。强调要毫不动摇坚持党对农村工作的领导,不断健全党管农村工作的领导体制机制和党内法规,切实发挥党在农村工作中总揽全局、协调各方的作用,为乡村振兴提供坚强有力的政治保障。[④]

其二,主张"坚持农民主体地位"。强调要尊重农民在乡村振兴中的

[①] 《中共中央国务院关于推进社会主义新农村建设的若干意见》,《人民日报》2006年2月22日第1版。

[②] 《中共中央国务院关于推进社会主义新农村建设的若干意见》,《人民日报》2006年2月22日第1版。

[③] 《中共中央国务院关于实施乡村振兴战略的意见》,《人民日报》2018年2月5日第4版。

[④] 《中共中央国务院关于实施乡村振兴战略的意见》,《人民日报》2018年2月5日第4版。

主体地位，用足用好广大农民的积极性、主动性和创造性，为乡村振兴提供量足质优的人才支撑。①

其三，主张依法推动乡村振兴。一方面，强调"各级党委和政府要善于运用法治思维和法治方式推进乡村振兴工作，不断完善乡村振兴法律法规和标准体系，充分发挥立法在乡村振兴中的保障和推动作用"②，尤其是要"强化法律在维护农民权益、规范市场运行、农业支持保护、生态环境治理、化解农村社会矛盾等方面的权威地位"。③ 另一方面，强调要"深入开展'法律进乡村'宣传教育活动，提高农民法治素养，引导广大群众尊法学法守法用法"，"推动各类组织和个人依法依规实施和参与乡村振兴"。④

其四，主张发挥道德激励约束机制的作用。强调要"深入挖掘乡村熟人社会蕴含的道德规范，建立道德激励约束机制，引导农民自我管理、自我教育、自我服务、自我提高"。⑤

二 乡村振兴战略推进方略

伴随富有"四重超越"特征之乡村振兴战略的顺利推进和实施，我国乡村必定迎来新的发展机遇，农业料将成为有奔头的产业，农民料将成为有吸引力的职业，农村料将成为安居乐业的美丽家园，全面推进乡村全面振兴的目标料将实现，乡村治理现代化料将迎来新的机遇。但在此还需注意以下三个问题。

（一）否定以往"三农"顶层设计并非本文旨趣

帮助相关利益主体如何更好地理解乡村振兴战略，切实提高战略的

---

① 《中共中央国务院关于推进社会主义新农村建设的若干意见》，《人民日报》2006年2月22日第1版。

② 《中共中央国务院关于实施乡村振兴战略的意见》，《人民日报》2018年2月5日第4版。

③ 《中共中央国务院关于实施乡村振兴战略的意见》，《人民日报》2018年2月5日第4版。

④ 《中共中央国务院印发〈乡村振兴战略规划（2018—2022年）〉》，《人民日报》2018年9月27日第1版。

⑤ 《中共中央国务院印发〈乡村振兴战略规划（2018—2022年）〉》，《人民日报》2018年9月27日第1版。

实施效果，才是本文的目的。而且，客观评价以往"三农"政策安排，至少要考虑四个方面的因素：

一是认识的局限性。回顾人类社会现代化发展历程，从其发端到21世纪中后期，工业化和城市化主张始终是西方现代化和新现代化理论中的"主旋律"，乡村和农业议题不但处于边缘地位，而且始终被视作从属于工业化和城市化的问题，乡村和农业则长期以来被当作汲取资源的场所和有待清除的对象，只是到了20世纪晚期和21世纪初期，面对现代化实践造成的所料未及的系列问题与危害，人类才开始反思现代化理论及其相关政策的限度，后现代化理论才应运而生。

二是专项政策的从属性。把以往"三农"政策放到当时国家经济社会发展大政方针中去考量，是准确理解把握其的有效路径。

三是现实条件的许可性。先进理念的践行必须要有合宜的经济、政治、社会和文化条件为基础。当前，之所以可以实施乡村振兴战略，是因为具有"根本政治保障""坚强制度保障""雄厚物质基础""深厚文化土壤"和"扎实工作基础"五个"较好条件"[1]，而在此之前显然存在条件不充分和不成熟的情况。

四是历史的合理性。从总体看，从根本上讲，我国以往"三农"政策是合理有效的，农业、农民、农村为中国特色社会主义现代化建设作出了不可磨灭的贡献，否则我国也难以创造出经济快速发展和社会长期稳定"两大奇迹"。不过，历史的合理性取代不了时代发展的新要求。如果继续沿用老观念和老做法，那么中国特色社会主义现代化建设新征程中势必增加新障碍。

（二）"超越"并非简单全盘否定

在对乡村角色的定位上超越工具主义，在对城乡关系的认识上超越城市中心主义，不是要将城乡割裂开来，更不是要将城乡对立起来，而是要彻底改变将乡村视作弃用两便之工具的想法和做法，强化乡村本体理念，深刻懂得推进乡村振兴是加强人类社会本体建设的应有之举。同时，坚持城乡平等原则，树立城乡工作实为"一体两面"且享有同等权

---

[1] 《中共中央国务院印发〈乡村振兴战略规划（2018—2022年）〉》，《人民日报》2018年9月27日第1版。

重的意识，腾出应有精力和资源抓好乡村工作，进而积极探索实现城乡融合发展的有效途径，全力推动农业现代化与新型工业化、信息化及城镇化同步发展，努力构建"工农互促、城乡互补、全面融合、共同繁荣"的新型工农城乡关系。①

在乡村发展目标的设置上超越经济主义，既不等于在工作中不要设定经济目标，也不等于不要重视经济增长，更不等于不要抓经济工作，而是要进一步强化和践行系统观念和统筹理念，深刻反思过去经济主义践行造成的严重后果，彻底改变只重视经济效益而轻视政治、社会、文化和生态效益的想法，切实矫正只重视经济工作而忽视其他工作的做法，科学制定经济社会发展综合目标，统筹推进政治、经济、社会、文化、生态文明和党的建设，实现六大系统协同发展和乡村全面振兴。

在乡村振兴战略实施方式的选择上超越物质主义，并非在战略实施中无需资金投入，而是要着力解决好两个常见的突出问题：其一，"不能只盯着钱"。乡村全面振兴是一项综合性、复杂性极强的工程，绝非砸钱就能解决的问题，唯有多管齐下，物质非物质手段并用，才能确保实现预期目标。其二，"怎样把钱用得更好"。全体相关利益主体的参与，多元手段的运用，不但能够节约经济成本，而且可实现"在用中激活""在用中提升"和"在用中振兴"的目标。例如：通过发挥党组织在战略实施中的领导作用，可逐步摸索出一条新时期党对农村工作实现科学有效领导的路子；通过发挥农民在战略实施中的主体作用，可逐步收获乡村人才的振兴；通过发挥法律手段和道德约束机制的作用，可逐步收获乡村法治化水平的提升和乡风文明建设的推进。

（三）中国特色社会主义乡村振兴道路呼之欲出

乡村振兴战略，是以习近平同志为核心的党中央着眼党和国家事业全局，深刻把握人类社会现代化建设规律，准确研判经济社会发展趋势和和城乡关系演变态势，在认真总结农业农村发展历史性成就和历史性经验教训的基础上，顺应亿万农民对美好生活的向往，对"三农"工作

---

① 《中共中央国务院关于实施乡村振兴战略的意见》，《人民日报》2018年2月5日第4版。

所作出的新的重大决策部署。① 该战略的提出和实施，不但彰显了中国共产党理论创新的自觉性、战略选择的前瞻性，而且还彰显其治国理政的成熟性。有此"三性"，中国特色社会主义乡村振兴道路的探索充满阳光。

中国特色社会主义乡村振兴道路特在哪儿？答案尚在实践之中，但以下三点是明确的。

其一，乡村振兴不容轻慢。

当前，西方主要发达国家的城市化率均在 80% 左右。作为超大型内陆国家的我国，城市化率达到多少最为合适？我国是否也应设定一个高指标，并朝着既定方向努力？既然要实现高比例的城市化，还需推进乡村振兴吗？不得而知。但是，任由乡村走向凋敝破败绝非明智之举。无论我国城市化率设定为多少和达到多少，都不应留下一个凋敝破败的乡村，而应保有一个欣欣向荣的乡村，这既是中国特色社会主义乡村的应有样子，也是基于以下两个方面的理性选择。

从国外看，当前美国、法国等主要西方发达国家民粹主义思潮泛滥、社会抗争运动风起云涌，无一不与城乡差距难以弥合有关。乡村凋敝破败是导致社会撕裂、国家认同解构的重要原因之一。惨痛教训和前车之鉴不容忽视。

从国内看，一方面，乡村振兴事关中华民族伟大复兴之大局。正如前面提及的，"全面建成小康社会和全面建设社会主义现代化强国，最艰巨最繁重的任务在农村，最广泛最深厚的基础在农村，最大的潜力和后劲也在农村"。② 另一方面，乡村振兴事关"百年未有之大变局"。百年变局中，不稳定和不确定性显著增加，我国在乡村所实施的土地制度（即农村土地集体所有制），以及乡村所拥有的人口承载能力和有待挖掘的就业空间，使得乡村具有城市不可替代的价值，为我国留下了独特和难得的战略回旋空间。

---

① 《中共中央国务院印发〈乡村振兴战略规划（2018—2022 年）〉》，《人民日报》2018 年 9 月 27 日第 1 版。

② 《中共中央国务院印发〈乡村振兴战略规划（2018—2022 年）〉》，《人民日报》2018 年 9 月 27 日第 1 版。

其二，共同富裕方向不容更改。

共同富裕是社会主义的重要本质，是社会主义与资本主义的不同特点，是社会主义制度不能动摇的基本原则。实施乡村振兴战略，始终应将"让亿万农民走上共同富裕的道路"作为主要目的，并朝着这个方向不断努力。为此，一方面，要巩固扶贫攻坚成果，做好新时期农村扶贫工作与乡村振兴战略的对接，防止农民群体内部两极分化现象加剧；另一方面，要关注城乡结合部农民群体，加快城乡融合发展步伐，切实实现公共服务均等化，防止这个群体因失地或（和）无业返贫。

共同富裕不能落下城乡结合部的农民群体，国家治理现代化不能落下城乡结合部的治理现代化。这个区域，兼具城市和乡村两个场域的特点，问题更复杂多样，治理难度更大。伴随未来乡村建设"五大行动"，尤其是"强化县城综合服务能力，把乡镇建成服务农民的区域中心"的启动实施[①]，城乡结合部料将激增，这个特殊而敏感区域的治理理应成为国家治理体系和治理能力现代化研究的重要课题。

其三，中国共产党的领导不容动摇。

中国共产党领导是中国特色社会主义最本质的特征，是中国特色社会主义制度的最大优势。办好中国的事情，关键在党。"党政军民学、东西南北中，党是领导一切的"。[②]"坚持党的全面领导"，是"十四五"时期经济社会发展必须遵循的原则。[③]"坚持党管农村工作"，是实施乡村振兴战略必须遵循的基本原则。[④] 在实施乡村振兴战略中，始终毫不动摇地坚持党的领导，既是一种政治自觉，也是一种理性选择，没有坚强有力的党的领导，战略实施难以顺利推进；没有政府的适时适当介入和制度化安排，乡村全面振兴难以实现，政治、组织、制度保障是推动战略实施的关键之关键。

---

① 《中共中央关于制定国民经济和社会发展第十四个五年规划和二〇三五年远景目标的建议》，《人民日报》2020年11月4日第1版。

② 《中共中央关于坚持和完善中国特色社会主义制度 推进国家治理体系和治理能力现代化若干重大问题的决定》，《人民日报》2019年11月6日第1版。

③ 《中共中央关于制定国民经济和社会发展第十四个五年规划和二〇三五年远景目标的建议》，《人民日报》2020年11月4日第1版。

④ 《中共中央国务院关于实施乡村振兴战略的意见》，《人民日报》2018年2月5日第4版。

第二节 协同推进社区治理和乡村发展

实现乡村全面振兴，任务艰巨复杂。习近平总书记指出："全面实施乡村振兴战略的深度、广度、难度都不亚于脱贫攻坚，要完善政策体系、工作体系、制度体系，以更有力的举措、汇聚更强大的力量，加快农业农村现代化步伐，促进农业高质高效、乡村宜居宜业、农民富裕富足。"[①] 乡村振兴平台、机制和方式丰富多样，但是乡村社区始终不能也无法缺场。相反，必须更加重视乡村社区，将乡村社区作为推进乡村振兴的平台、机制和方式，并通过实施乡村振兴战略促进乡村社区发展、提高乡村社区治理现代化水平。事实上，我国实施任何重大发展战略时都应重视乡村社区和城市社区。英国社区治理源远流长，而且形成了一个相对成熟和稳定的机制，对英国社区发展和治理历史及实践的研究显示，其相关经验不但对我国提高社区治理现代化水平大有裨益，而且对我国在实施乡村振兴战略以及其他重大发展战略中如何用好社区这一战略平台、独特机制、有效方式具有一定启示。[②]

一 英国社区发展治理历史脉络

通过实施社区发展计划来加强社区治理是英国社区治理的总体特点。从20世纪初期算起，英国的社区治理历史大致可以划分为两个阶段。第一阶段指的是社区发展计划在英属殖民地和海外领地的实施阶段，第二阶段指的是社区发展计划在英国本土的实施阶段，两个阶段的分界线出现在20世纪60年代中期。

就第一阶段即本土之外的实践而言，从实施时间来看，英国在其殖民地和海外领地推动社区发展运动的最早历史可以追溯到20世纪40年代前后。其中，社区发展计划在英属非洲殖民地的实施始于1939年。从实

[①] 习近平：《在全国脱贫攻坚总结表彰大会上的讲话》，《人民日报》2021年2月26日第2版。

[②] 本节主要内容为本人已公开发表成果，详见王红艳《社区治理的英国经验及其启示》，《福建论坛》（人文社会科学版）2014年第11期。

施范围来看，社区发展计划几乎在所有的英属殖民地和海外领地铺开，参与社区遍布非洲、亚洲、大洋洲以及拉丁美洲，其中，仅非洲地区的参与国家和地区就多达140多个。从实施重点来看，起初社区发展运动主要在广大农村地区实施，但是到了20世纪50年代末期和20世纪60年代初期，城镇社区的发展计划也得以启动。①

从实施路径来看，早期的社区运动通常从教育入手，致力于传达思想、培养居民自我意识以及树立尊重权威和理解他人的意识等教育工作。②中期以及后期的社区发展路径转向推动经济增长。因为大众教育的先行者在实践中普遍逐渐意识到，大众教育的确是推动社区发展的有效措施，但是社区发展的重要第一步必须是发展经济。发展经济可以带来繁荣，其他工作可以随后跟进。③从实施成效来看，社区发展运动所实施的地区一般都发生了巨大社会变迁，尤其是经济得到快速增长。同时，随着社区发展计划的实施，社区发展理念逐步深入人心，社区发展甚至逐渐内化和"升华"为殖民地政府的重要工作目标。

当英国在其殖民地和海外领地推动社区发展运动时，英国本土也开展了一些社区发展活动，不过，此时的社区活动仅仅具有"社会学旨趣"而没有"政治学旨趣"。换句话说，社区活动仅仅具有强烈的社交性、娱乐性特点，尚未成为福利政府提供社会服务和市民大众捍卫家园的替代性方案。但是，时至20世纪60年代中期，一连串似乎不同但又密切相关的社会趋势几乎同时到达了一个发生质变的关键节点，作为重要潜在政治力量的社区组织逐渐成为人们关注的焦点。这些情况不但反映了代议制民主以及福利政府的失败，也唤起了政府和政党对社区组织以及社区的重视。④自此，具有"政治学旨趣"的社区发展计划在英国本土得以施行。

---

① Brain, James Lewton, *Public Relation Techniques*, 15: 4/5 (1964: Sep./Dec.) p. 120.
② Webber F. D., "Assistant Secretary, Colonial Office, Community Development: Some Reminders", *Community Development Bulletin*, 3: 3 (1952: June) p. 41.
③ "An African Ruler Undertakes Community Development", *Mass Education Bulletin*, 1: 4 (1950: Sep.) pp. 62 – 65.
④ Hugh Butcher et al. (1993) (eds.) *Community and Public Policy*, London: Pluto Press in association with Community Development Foundation, pp. 29 – 45.

英国政府在其本土所推行的社区发展运动在一定意义上是对其在其殖民地和海外领地做法的复制。但是，因为不同时期具有不同的突出社会问题，不同时期社区发展的支持（auspices）来源不同，不同时期政策的主要内容不同，不同时期所生产出来的新知识以及所涌现的新理念不同，所以，作为对这些因素的总体回应，社区发展在不同时期表现出不同的特点。[1] 概言之，20 世纪 60 年代是社区发展"凯歌高唱"的年代，多数项目得以顺利实施并获得令人满意的收效。1968 年至 20 世纪 70 年代中后期甚至被誉为英国社区发展的"黄金时期"。20 世纪 70 年代是社区发展"不断出击"（increased militancy）的年代，草根层面的活动非常频繁，政府积极回应各类社区和个人问题，社区发展领域不断扩展。20 世纪 80 年代是社区发展的"自我防卫"时期，尽管社区发展话语混乱，社区发展已经不堪充当社会工作的可靠抓手（toehold），但是，诸如"社区关怀"（community care）、"到地方去"（Going local）、"社区商业"（local business）之类的不少具有自我防卫性质的社区活动还是得以开发和实施。[2] 20 世纪 90 年代早期，英国社区发展处于稳步推进阶段，英国政府重点推出了"城市挑战计划"（City Challenge Programme）等。时至 1997 年，"新工党"在大选中获胜，托尼·布莱尔首届政府成立。与"老工党"所主张的以国家为中心的福利社会主义和撒切尔领导的保守党所主张的激进自由市场个人主义不同，布莱尔领导时期的"新工党"奉行的是介于两者之间的"第三条道路"。在这一背景之下，社区发展迎来新的发展机遇。进入二十一世纪，社区发展迎来了"再次扩展"。社区的职业化程度越来越高。社区参与几乎在所有复兴、包容和健康改善项目中都扮演重要角色，社区发展组织拥有大量机会影响政府相关决策。同时，政府、志愿者组织、社区之间，以及各类行动者之间的合作伙伴关系建设受到高度重视，"全英赋能合作"（National Empowerment Partnership）项目在全国各地得到开展。另外，环境问题、农村社区发展问题以

---

[1] Paul Henderson, "Community Development: A Historical Overview", in *Making Spaces for Community Development*, Michael Pitchford with Paul Henderson. The Policy Press 2008: pp. 7 – 16.

[2] Paul Henderson, "Community Development: A Historical Overview", in *Making Spaces for Community Development*, Michael Pitchford with Paul Henderson. The Policy Press 2008: pp. 7 – 16.

及社区发展评估问题等成为社区发展重要议题。①

二 英国社区发展和治理经验

无论在宏观层面还是微观层面,无论在技术上还是战略上,英国在社区治理领域留下不少值得思考和研究的经验。就战略层面而言,以下几点经验尤其值得关注:

其一,把社区作为具有战略价值的治理平台。

从20世纪40年代中期到60年代中期,英国为什么需要在其殖民地和海外领地实施社区发展计划?"摆在桌面上"的说法是:推动社区发展的目的是为了帮助广大殖民地民众"战胜落后"(导致落后的两个核心原因是贫困以及知识缺乏)。② 而事实上,社区发展是当时英国殖民政策不可或缺的组成部分,英国政府为此专门设置殖民办(colonial office)负责管理和协调相关工作与事务。英国政府的主要目的一是获取物质资源。例如,在第二次世界大战期间,英美之间达成特别协议,美方同意借给英方一定数量的战争贷款并且同意英方用物质资源抵偿这笔贷款。二是引介和推行西方价值与机制。③ 社区工作者在实践中通常被要求利用社区发展计划培养社区与外部世界、社区居民与殖民官员、殖民地与宗主国之间的"共同感"(common feeling)。④ 可见,这一时期的英国政府,的确把社区作为具有战略意义的治理平台,将社区发展纳入了当时殖民政策框架。

从20世纪60年代中后期以来的本土实践来看,面对不同时期的不同困难,英国政府把社区作为重要的工作抓手以及解决问题的机制。尤其是在"新工党"的意识形态框架中,社区既是"问题"也是"答案",是推行各项社会政策的有效工具,社区参与则被赋予重要意义,受到地

---

① Paul Henderson, "Community Development: A Historical Overview", in *Making Spaces for Community Development*, Michael Pitchford with Paul Henderson. The Policy Press 2008: pp. 7 – 16.

② Chadwick, E. R., "The Anatomy of Mass Education", *Mass Education Bulletin*, 1: 2 (1950: Mar) pp. 30 – 36.

③ "An African Ruler Undertakes Community Development", *Mass Education Bulletin*, 1: 4 (1950: Sep.) pp. 62 – 65.

④ Bettun, T. R., "Senior Lecture in Colonial Department University of London Institute of Education, Community as Common Feeling", *Community Development Bulletin*, 3: 2 (1952: Mar.) p. 21.

方政府和中央政府前所未有的高度重视。"社区首创"（community-based initiatives）成为很多政策性项目所采用的核心方式；自下而上模式在"城市复兴"（urban regeneration）项目中受到大力支持和鼓励；即便在"政府主导"（government initiatives）项目中，地方政府也将社区放置核心地位并充分发挥其工具性作用。①

其二，把培养社区工作人才作为社区治理首要目标。

英国在本土之外实施社区发展计划时期，由于社区发展本身在当时尚处于初步探索阶段，没有现成的经验和模式以供实践参考，社区工作职业化程度不高，社区工作者的个人素质和性格偏好对社区发展影响很大，英国政府设置的殖民办以及英属殖民地和海外领地有关职能部门非常重视社区工作人才的培养，通常把培训推动社区发展的各级领导人作为社区发展的首要目标。

为此，各级有关部门和组织制定并实施了分层分类抓好社区工作人才培训的计划。以培训对象为划分依据，主要包括政府官员培训和社区工作者培训两大块，培训地点多设在剑桥大学等世界知名高校。以主办单位层级为分类依据，可以划分为三个层次：第一个层次是在英国举办各种课程班和召开专题会，为来自英国本土以及殖民地和海外领地的社区工作骨干提供教育服务；第二个层次是各殖民地国家组建专门的培训机构，通过开展系统教育为社区发展培训专门人才；第三个层次是各实验地区根据社区发展工作实际需要适时举办各类培训班。

而且，各级有关部门和组织坚持以培养"全科式"社区工作人才为导向。当时一般认为，社区发展工作者必须必备以下几种能力素质：一是了解当地居民的能力，二是组织开办课程培训的能力，三是把握政策的能力，四是像商人一样推销社区发展计划、吸引广大居民参与社区发展运动的能力等。② 针对这些需求，各种培训和培养机构在教学内容上进行了积极回应继而进行了精心设计，突出了政策理论、基本技能和实用

---

① Isabelle Fremeaux, "New Labour's appropriation of the concept of community: a critique", in *Community Development Journal* Vol. 40 No. 3 July 2005, pp. 265 – 2742, Dickson, A. G., "Mass Education in the Gold Coast and Togoland", in *Mass Education Bulletin*, 1: 2 (1950: Mar) pp. 22 – 26.

② Flynn, "O. H. A., Hints for C. D. O. s", *Community Development Bulletin*, 15: 4/5 (1964: Sep. /Dec.) p. 160.

技术的有效结合。另外,由于专业机构的匮乏,当时各级有关部门和组织还非常注意整合各类既有资源以加快社区工作人才的培训,同时,定期不定期招募和培训志愿者以及时补充社区工作人才。

其三,统筹抓好社区发展和社区治理。

当英国在其海外领地和殖民地推行社区发展计划时,将社区发展定义为:人们通过自身的努力同地方政府一道改善社区的经济、社会、文化条件,从而使得社区生活融入国家发展并为民族进步贡献力量的进程。其中,社区居民的主动参与,以及政府提供技术或者其他方面的服务以培养和刺激社区居民的主动行为和首创精神,是推动社区发展的两个必要条件。[1]这一概念有效揭示了将社区发展和社区治理有机统一的主张。

在本土实践阶段的不少时期,英国政府尝试将社区发展和社区治理有机统一的主张同样付诸了实施。除了前面所列,还有资料显示,自1997年5月以来,工党政府坦白承认过去的工作计划较多地重视社区物理环境的恢复,而对地方居民本身没有足够的重视,并郑重承诺要建设一种新的邻里关系。在这一背景下,"邻里关系重建"(neighbourhood renewal)以及"社区新经营方案"(new deal for communities)正式推出。而这两个项目的推出,一是实现了从对物质的重视到对人的重视的转变;二是再次将"参与"推到"旗舰性特征"(flagship initiative)的位置,积极倡导当地居民参与到影响他们日常生活的服务和决策当中去。[2]还有资料表明,在北爱尔兰地区,社区发展的目的干脆就定位为"通过社区关系来管理冲突"。北爱尔兰政府分配社区发展资金的方案充分反映了这一

---

[1] Buitrn, Anibal, "Community Development in Theory and Practice", in *Community Development Bulletin*, 12:2(1961:Mar.)p.61,以及 Leaper Robert A. B.,"Training-An Evaluation",*Community Development Bulletin*,12:2(1961:Mar.)p.38,需要指出的是,大约在1951年之前,社区发展还是大众教育(Mass Education)的同义语,与社会福利(social welfare)、农村发展(rural development)、基础教育(fundamental education)、成人教育(adult education)等词语"纠缠不清",而且,大众教育的说法往往更为广泛。在1951年前后,社区发展取代了大众教育,逐渐成为英联邦以及美国的流行词汇。详细分析请参见 Editorial,*Community Development Bulletin*,2:3(1951:June)p.41。

[2] Adam Dinham, "Empowered or over-powered? The real experiences of local participation in the UK's New Deal for Communities", in *Community Development Journal* Vol. 40 No. 3 July 2005, pp. 301 – 312.

思想。该地区的资金分配规定显示：某个社区的群体可以得到资助的条件是——它所使用的资金和所开展的工作必须涵盖其他社区。而这种鼓励跨越政治区分（across the political divide）的做法，被认为具有微妙的政治性，对于形塑北部地区的社区发展以及区域治理具有关键作用。[1]

其四，高度重视社区理论的研究与运用。

英国两个阶段尤其是本土的实践充分显示：该国各级有关部门和各类组织非常重视社区发展和治理理论的研究、推介以及运用，而且理论与政策之间的关联程度之高值得肯定。具体说来，一方面，社区理论研究和产出既是对不同时期不同问题的回应，也是对不同时期不同知识和理念的运用；另一方面，社区理念以及相关理论在不同时期对社区发展实践产生着重大的影响。例如，在20世纪60年代，著名的研究报告西伯曼报告（Seebohm Report）建议将社区工作纳入社会工作框架，强调要在社会工作语境下制定社区工作操作方案，而随后不久社区工作即成为社会工作的一部分。再例如，在20世纪70年代，社区发展原则和方法被运用到儿童关怀志愿服务组织以及成人教育服务当中，包括苏格兰地区的斯特拉斯克莱德地方委员会（Strathclyde Regional Council）在内的地方当局认定社区发展是"反剥夺"的核心方法，在女权理论的影响下社区健康工程得以启动。[2]

时至20世纪90年代末期，托尼·布莱尔及其智囊使得社区成为"新工党"新的意识形态的基础性概念，与参与、社会资本、责任几个核心概念一同构成"新工党"意识形态的支柱性基石。而"新工党"意识形态的理论来源可以追溯到三位知名学者身上。一是吉登斯（Giddens），即"第三条道路"政治工程的理论化的完成者。他指出，社区是新政治的基础而不仅仅是抽象的口号，社区不仅是重拾失去的社会团结的形式，还是促进邻里、城镇以及更大范围地区的社会性和物质性重建的实用方式；二是普特南（Putnam），他坚持认为社会网络的非常价值，断言规

---

[1] Eilish Rooney, "Community development in times of trouble: reflections on the community women's sector in the north of Ireland", in *Community Development Journal* Vol. 37 No. 1, January 2002, pp. 33 – 46.

[2] 尽管这种模式备受争议，但是理论对于实践的重大影响可见一斑。

则、互惠以及互信都来自社会网络,他的社会资本理论被整合进"新工党"意识形态后主要用以指导关涉"社会排斥"项目的设计和实施;三是伊特兹尼(Amitai Etzioni),他的责任理论强调将社区与责任概念连接起来,指出个体之于社区,在一端拥有权利,在另一端则承担责任。在这种理论观照下,社区不但是一种特别的社会互动模式,而且这种互动还有助于社会控制。至此,(进入意识形态框架的)社区理念及其相关理论更加深刻地影响英国经济、政治、社会和文化的发展。[①]

三 英国样本的主要启示

暂且搁置关于殖民主义问题以及意识形态差异的讨论,在梳理英国社区发展和治理脉络以及分析英国社区发展和治理经验的基础上,结合我国社区治理现状与创新目标,我们(至少)可以形成以下几个判断。

第一,准确认识社区功能是创新社区治理的必要前提。

在英国的实践中,社区既是工具性机制又是战略性平台,社区在推动本土、殖民地以及海外领地经济社会发展过程中发挥了不可或缺的作用。近年来,我国政府越来越意识到城乡社区之于国家社会的重要作用,越来越重视城乡社区治理工作。2014年3月5日,习近平在参加十二届全国人大一次会议上海代表团审议时再次强调了"基础不牢,地动山摇"的观点,并且明确指出"社会治理的重心必须落到城乡社区"。[②] 但是,从实践层面来看,无论是把社区当作工具性机制还是战略性平台,我们都还有很多地方需要改进。而导致这一状况的重要原因之一就是我们没有能够充分理解社区的概念以及准确把握社区的功能。

在我国当前实践中,关于社区及其功能的说法主要有三种:

一是"末端神经"说,即把社区比作国家的末端神经;二是"腿脚"说,即把社区比作国家的腿脚。这两种说法似乎不失生动形象之处。但是,这两种说法均贬低了社区的地位和功能,认为社区在国家治理框架中因为位置距离核心较远而无足轻重,或者,因为敏感度较低而无关大

[①] Isabelle Fremeaux, "New Labour's appropriation of the concept of community: a critique", in *Community Development Journal* Vol. 40 No. 3 July 2005, pp. 265 – 274.

[②] 《习近平总书记参加上海代表团审议侧记》,《解放日报》2014年3月6日第1版。

碍。简言之，这两种说法可能暗含一种有意无意的倾向：社区兴衰与国家存亡关系不大。另外，这两种说法混淆了两个概念，将基础性与基层性等同起来，或者说，过于关注社区在架构维度的基层性特点而忽视了其在功能维度的基础性作用。在这两种以及类似观点的影响下，城乡社区实际上在很多时候充当了"回收垃圾"的场所，或者掩盖问题的"地毯"。必须指出的是，这种不在解决矛盾上下工夫的做法是经不起时间考验的，于国家社会治理相当不利。

第三种观点是认为社区之于国家，犹如细胞之于人体，数量多、体积小、不显眼，但是若是细胞（无论是红细胞还是白细胞或者其他种类的细胞）出现异常，轻则影响身体正常运转，重则带来生命之忧。相比而言，"细胞"说比较准确地表达了社区的基础性地位和作用。当然，这种说法可能没有表达出社区在线性维度上的基层性意味，但是，本书认为意识到社区的基础性作用远比意识到社区的基层性更重要。

事实上，姑且不对社区概念的六种维度展开讨论[1]，一方面，从最基本意义上讲，社区是满足个体基础性精神需求（诸如认同需求、伙伴关系需求之类的需求）的工具，而且在这一点上具有"天然"优势，是政府乃至社会组织都无法替代的；[2] 另一方面，看似无关痛痒的琐碎小事在社区层面如果没有得到妥善解决，就可能直接导致普通百姓对社会的不满意、对政府的不信任；一定数量个体的不满意、不信任叠加和集聚起来，就可能变成群体愤怒；而一定数量的群体愤怒势必降低社会整合程度，一个整合程度极弱的社会势必影响国家和政府推动事关全局的共识性"大事"的进程。从这个意义上讲，社区实际上是"为做'大事'打基础"的重要场域。

因此，我们务必淡化"末端神经"和"腿脚"的思维，进而强化"细胞"思维，树立社区既是工具性机制又是战略性平台的观念，把培养好、保护好社区的基础性作用置于重要战略地位，把发挥好、运用好社区的基础性作用作为重要策略。这是加强社区治理乃至国家、社会治理

---

[1] 详细讨论请参见王红艳《理解社区：从还原入手》，《学海》2012年第3期。
[2] 详细讨论请参见王红艳《社会治理重在家园建设》，《人民日报》2014年4月9日第5版。

创新的必修课程。

第二，抓好社区工作人才培养是创新社区治理的必需支撑。

实事求是地讲，在社区工作人才培养这一问题上，我国至少存在两个值得关注和解决的问题。

一是现有社区工作人才素质参差不齐，以组织协调能力为统领、以实用专业知识为基础的"全科式"社区工作人才极其缺乏，难以满足现实需要。这是一个有目共睹的事实，无需展开具体阐述。但是，需要指出的是，我国政府已经注意到这一问题，制定了专门的发展规划，提出了要"建立一支以社区党组织和社区自治组织成员为骨干，以社区专职工作人员为重点，以政府派驻人员、其他社区服务从业人员和社区志愿者为补充的社区服务人才队伍"，"不断提高社区服务人员的专业化、职业化水平，力争到十二五期末，新增社区服务从业人员200万人，每个社区至少拥有一名大学生或一名社会工作专业人员"，同时，指出了要"建立和健全社区服务人才培养制度"以及"建立健全社区工作人才激励制度"。①

但是，截至2014年底，从全国层面来看，我们并没有出台一个系统的、刚性的、层次分明的专项制度以及操作方案，换言之，我们对社区工作人才培育工作的重视大体仍然停留在文件层面，或者停留在以会议落实会议的层面。这是我们面临的第二个问题性现状。令人欣慰的是，有些地方政府在这项工作上做出了积极探索。2013年11月，"成都村政学院"在成都市都江堰市委党校正式成立和挂牌。调研了解到，该学院是全国首个以村政为主要培训内容的专业培训机构，成都市举办这个学院的主要目的包括两重：一是提升村（社区）干部能力素质，二是探索村政发展规律。

事业兴衰关键在人。没有量足质优的社区工作人才，社区治理创新从何谈起？当前，我们在区分社区工作人才与社会工作者之间异同基础上，认真研究和设定社区工作人才的基本素质能力要求和标准，同时，理清社区工作人才的两个维度（社区工作人才不但指在社区工作的专职

---

① 《国务院办公厅关于印发〈社区服务体系建设规划（2011—2015年）〉》，2011年12月20日，中国政府网，http：//www.gov.cn/gongbao/content/2012/content_2034730.htm。

人员，还可以指从事社区工作指导工作的党政人才），从而初步确定培养对象和培训范围。其次，认真研究包括"成都村政学院"在内的地方实践，不断探索培养社区工作人才的具体途径、方式和方法。唯有如此，社区治理创新才有可能和保障。

第三，将发展与治理有机统一起来是创新社区治理的有效路径。

从我国情况来看，中央政府的相关文件表现出了将社区发展和社区治理有机统一的精神。例如，《全国城市社区建设示范活动指导纲要》指出，要"全面增强和提高社区居民委员会和居民群众的自治意识和能力，发动和依靠群众，努力建设一批管理有序、服务完善、环境优美、治安良好、生活便利、人际关系和谐的新型现代化社区"。[①]

但是，实事求是地讲，各地的现实表现差异较大。笔者在北部地区HT村调研时发现，由于该村只是重视建筑设施的建设而没有关注村庄内部的治理，只有项目的推进而没有群众参与的跟进，结果是：不但致使新农村建设项目效果大打折扣，而且还导致村庄一度严重失序。笔者在西部地区ML乡调研时发现，为了建好一座涉及七个村庄村民的大桥，ML乡政府开创性地使用了"八步工作法"，结果是：不但修好了桥，而且还留下了一套有效的基层治理机制；不但顺利完成了社区发展项目、改善了民生福祉，还加强了村庄治理以及提升了社区和谐程度。笔者在东部地区LQ区调研发现，该区尝试将建设"文化礼堂"与提升群众（以民主方式）自治能力两个过程统一起来，努力追求经济、社会和政治效益的三丰收。

ML、LQ的探索值得思考和研究。这些探索以个案形式呼应了英国社区治理经验，给出了一个需要再次强调的重要启示：社区新建设项目的启动即意味着社区治理新契机的来临，建设项目推进过程完全可以转化为建立健全社区治理机制的过程。在大力推进新型城镇化建设和积极倡导新农村建设的双重背景下，我们更应该牢牢树立这一意识、严格坚持这一逻辑，否则将会白白浪费加强和创新社区治理的大好时机。

第四，加强社区及其相关理论研究是创新社区治理的基础保障。

---

① 《全国城市社区建设示范活动指导纲要》，http：//yunnan.mca.gov.cn/article/zcfg/gfxwj/201003/20100300061554.shtml。

无论是解决认识问题、人才问题还是治理策略问题,理论研究及时跟上是不可或缺的环节。本文前面的分析也显示,英国社区发展与治理体系不断走向成熟,与该国重视社区理论研究并能较为及时地将研究成果运用到政策制定过程中不无关系。

坦诚地讲,在社区理论研究这项工作上我们尚有一些不足,这主要表现为:不少研究人员想象力匮乏,早些时候总是在社区行政化之类的问题上纠缠,现阶段总是在"网格化"之类问题上徘徊;(而)一些亟待解决的现实问题没有得到应有关注,例如,党政领导与群众自治对接何以可能,城市社区治理与农村社区治理的路径有何异同,中西部地区社区所面临的"管理没抓手,服务没资金"的困局如何破解,"小区化"与"社区化"有何不同等;再者,支持社区理论研究的伞状组织非常有限,政府职能部门在这项工作上尚处于启动阶段,新近成立的"中国社区发展协会"的功能定位以及作用发挥有待时间的检验;而作为上述各种因素相互作用的结果,多数城乡社区治理停留在经验性摸索阶段——"走到哪步算哪步",少数城乡社区则在某些所谓科学理论的指导下展开试验——要么无所适从,要么无果而终,更有甚者成为了某些别有用心人士的某种"实验田"。

同样毋庸讳言,在提高社区理论研究与社区治理政策之间的关联程度这项工作上,我们可能也还处于初级探索阶段。我们必须尽快扭转这一局面。认识决定高度,思路决定出路。加强理论研究是创新社区治理的重要基础,要想在社区治理上闯出一片新天地,坚持抓好基础理论研究,及时总结各地鲜活经验,不断在理论和实践的对接与撞击当中寻找"灵感",是我们唯一可以依靠和信任的路径。而在这一过程中,政府职能部门更是应该伸出主动关联之手,力争及时将"灵感"转化为有效制度。

第三节　探索推行新乡贤制度

乡村人才振兴是乡村振兴的重要内容和手段。乡村治理现代化的关键是要解决好乡村人力资源不足和优化问题。研究发现,除驻村工作制度外,实行新乡贤制度也是破解乡村人才不足难题,进而推进乡村人才振兴、加快乡村治理现代化步伐的有效举措。[①]

一 新乡贤制度形成机制

所谓乡贤，即生于其乡，而众人共称其贤者。在"皇权不下县"的传统社会中，乡贤群体或以学问文章、或以清明善政、或以道德品行等赢得乡邑百姓的高度认同和效仿，他们在保持一定独立性的基础上，扮演了加强民众和政府之间的沟通、协助政府实施基层治理的角色，形成了众所周知的植根乡野、兴盛基层的"乡绅之治"。[②] 这种治理方式，在传统社会时期，在平衡国家权力、促进基层自治、节约行政成本、创造社会财富、构筑乡绅文化和凝聚乡村力量等方面发挥了重要作用。[③]

近年来，尤其是 2015 年中央"一号文件"即《关于加大改革创新力度加快农业现代化建设的若干意见》以及《中华人民共和国国民经济和社会发展第十三个五年规划纲要》（以下简称《十三五规划纲要》）发布以来，全国各地涌现了不少关于新乡贤的实践，新乡贤探索方兴未艾。2017 年 3 月中旬，笔者作为"基层治理与民主建设"课题组成员前往东部地区 LZ 镇就新乡贤制度在当地的实践情况进行了专题调研，现将该地经验和有关思考整理如下。

为何要践行新乡贤制度？

一种流行的解释是：伴随以工业化、城市化为核心内容的现代化的推进，大量农村人口涌向城市，乡村社会精英持续流失，农村基层出现了空壳化、文化荒漠化等一系列问题，逐步失去了足以实施自治和促进发展的内在力量，以至于一切外部援助都无法转化为其自身内在的勃勃生机。正因为如此，社会主义新农村建设和美丽乡村建设等多项政策的深入推进、中央和地方政府涉农、惠农、强农专项资金投入的不断增加，以及乡村制度建设的日渐完善，并未真正将村民动员起来，使村庄发生向好的质变，相反，村庄仍处于"一盘散沙"状态，有的甚至出现恶化

[①] 本节主要内容为本人已公开发表成果，详见王红艳《新乡贤制度与农村基层治理》，《江苏师范大学学报》（哲学社会科学版）2014 年第 4 期。

[②] 念孙：《乡贤文化为什么与我们渐行渐远》，《群言》2016 年第 4 期。

[③] 秦德君等：《中国古代"乡绅之治"：治理逻辑与现代意蕴——中国基层社会治理的非行政化启示》，《党政研究》2016 年第 3 期。

迹象。而新乡贤制度，作为加强乡村文化建设和推动乡土社会重建的固本培元之计，是破解这一难题的有效之策。[1]

这种解释具有一定的合理性和普遍性。具体到 LZ 镇的情况又是怎样？2015 年之前，LZ 镇各村即成立了以"大佬知"（方言，指村里组织和操办红白喜事等大事的人）为主体成员的"老年协会"。"老年协会"为村域经济社会发展发挥了不小作用。2015 年 6 月，该镇在"老年协会"成员基础上，推选一批新乡贤，成立新乡贤会，制定了一套工作制度，尝试在全镇范围内推行新乡贤制度。

之所以这么做，用 LZ 镇时任镇党委书记王××的话来说：是因为"有些事镇干部、村干部干不了"。具体而言，移风易俗之类的工作（包括丧事葬礼上披麻戴孝等），因其根深蒂固和牵涉甚广，镇干部、村干部（尤其是后者）难以做好；家长里短、邻里纠纷等矛盾的调处，因其微妙性和复杂性，镇干部、村干部（尤其是前者）难以做好；因熟人社会流动较差以及由此导致的矛盾消解缓慢，身处相同社会网络的镇干部、村干部，如果工作涉及"仇家"是难以做好的，甚至是不便出面的。

除了上述种种"干不了"，从数量和结构上看，"村两委"也是难以完成整个村庄的治理任务的。目前，LZ 镇一个行政村的"两委"班子成员合计六七人；从人手上看，光是完成上级下达的"数不胜数"的行政任务已是"力不从心"，此其一。其二，这些行政村基本是由原来的几个（一般是三个）行政村合并而成的，也就是说，原来的行政村每村只有一两人能进入班子，绝大多数自然村基本不可能有代表进入行政村"两委"班子，村民小组长又是"势单力孤、基本无所作为"，而自然村是村民生产生活的主要场域，治理真空于是"不可避免"地出现了。其三，"村两委"班子成员毋庸讳言地是各个"大姓"家族的利益代表，在一些问题上很多时候实际上是难以达成共识的，因而影响了村庄经济社会的整体推进和发展。

由于上述原因，加之 LZ 外出打工村民占不小比例，村级运转经费和

---

[1] 胡彬彬：《培育当代乡贤重建乡土社会》，《社会治理》2016 年第 2 期；季中扬等：《当代乡村建设中乡贤文化自觉与践行路径》，《江苏社会科学》2016 年第 4 期；袁方成等：《从"乡闲"到"乡贤"乡村人才资源开发的地方实践与借鉴价值》，《国家治理》2016 年第 6 期。

会议场地有限，村民大会甚或村民代表大会难以召开，而村民又需组织起来实施和加强自我管理、自我教育、自我服务，于是作为新型村民自治组织的新乡贤会在梁寨便应运而生。

推行新乡贤制度何以可能？

一是乡村精英的"现身"。如同全国其他地区一样，LZ近年来出现了一些退休回乡贤达即回归型乡贤，他们中既有基层官员，也有知识分子，还有国企工人。与此同时，LZ近年来还涌现了一批扎根本乡本土为乡人所推崇和敬重的自源型乡贤，包括农村优秀基层干部、道德模范、身边好人等先进典型。新乡贤推选结果显示，LZ新乡贤中"吃计划的"（指的是退休回家的）占比为10%，曾经担任过"村两委"干部的占比超过50%，没有担任过任何职务的村民占比将近40%。此外，他们中从年龄来看，年龄在60岁左右的居多，年龄最大的超过80岁；从政治面貌来看，中共党员超过50%；从文化程度来看，初中以下学历人数占比20%，初中学历占比30%，高中及以上学历的合计占比30%。这些乡村精英的出现和发展，是推行新乡贤制度的人力资源保障。

为什么这些精英在此时"现身"LZ？就回归型乡贤而言，主要是因为"落叶归根""故土难舍"情结推动着退休贤达回归故里；其次是因为近年来城市环境破坏严重、各种污染不断加重，推动着退休贤达另寻他处颐养天年；再次是因为随着经济社会的发展，城乡综合差距缩小，逆城市化初见端倪，加之新农村建设、"美丽乡村建设"等项目建设效果逐步显现，吸引着退休贤达回归故里。调研发现，LZ目前正在依托景区打造乡土文化，依托历史人物挖掘历史文化，融合现代文明，建立健全公共文化体系，努力打造具有地方特色的"千年古镇文化"。就自源型乡贤而言，主要是因为LZ近年来非常重视本土精英的挖掘和培育工作。该镇认真组织开展了"双善双争"，即"善待百姓，争做优秀党员；善待他人，争做LZ好人"活动，不但拓展和深化了"两学一做"活动，而且加大了对治理主体的培育力度。其中每年一次的"LZ好人""LZ好婆婆""LZ好儿媳"评选活动已经连续举行了4年，合计出现240名LZ道德模范。这些道德模范评选活动毫无疑问充当了自源型乡贤产生和成长的机制。

二是熟人社会特征的保有。尽管历经千年巨变，我国传统社会的架构并没完全坍塌,尽管历经近 40 年的改革开放,以城市化、工业化为核心内容的现代化进程不断加快,但是包括 LZ 在内的很多农村地区仍然保有一定的熟人社会特征,仍然习惯于基于血缘和(或)地缘关系通过"内部化机制"形成"自己人认同",人情、面子、信任与习俗规则仍然是圈子内部沟通、交往和行动的依据,也正因为如此,以乡贤为中心的心理认同仍然存在于广大农村地区。① 熟人社会特征的保有,是推行新乡贤制度的社会基础。

三是国家政策的推动。2014 年 9 月 12—13 日,"培育和践行社会主义核心价值观工作经验交流会"在京召开,中共中央政治局委员、中宣部部长刘奇葆在会上肯定了乡贤文化,认为"乡贤文化蕴含着见贤思齐、崇德向善的力量"。② 2015 年 2 月 1 日,中央"一号文件"在部署如何加强农村思想道德建设时强调:"创新乡贤文化,弘扬善行义举,以乡情乡愁为纽带吸引和凝聚各方人士支持家乡建设,传承乡村文明"。③ 2015 年中央一号文件发布 4 个月之后,LZ 正式启动了新乡贤制度的探索。2015 年 3 月 17 日,《十三五规划纲要》正式发布。该纲要在"加快建设美丽宜居乡村"一节中提出:"加强农村文化建设,深入开展'星级文明户'、'五好文明家庭'等创建活动,培育文明乡风、优良家风、新乡贤文化"。④ 至此,包括 LZ 在内的不少地方政府更是加大了探索新乡贤制度的力度。中央政策和有关精神,是推行新乡贤制度的政治保障。

二 新乡贤制度实践样本

LZ 推选、管理和运用新乡贤的主要做法包括:

首先,严格推选标准和程序。一方面,严格推选标准。全镇范围内所执行的新乡贤标准主要包括:坚持党的领导,自愿奉献乡里并得到家

---

① 张颐武:《乡贤是我们走向世界的守望者》,《解放日报》2015 年 7 月 3 日。
② 刘奇葆:《创新发展乡贤文化》,2014 年 9 月 16 日,新华网,http://www.xinhuanet.com/politics/2014-09/16/c_1112504567.htm。
③ 《中共中央国务院印发〈关于加大改革创新力度加快农业现代化建设的若干意见〉》,《人民日报》2015 年 2 月 2 日第 13 版。
④ 《中华人民共和国国民经济和社会发展第十三个五年规划纲要》,《人民日报》2016 年 3 月 18 日第 18 版。

人支持，品行好威信高、办事公道、文化程度相对较高；另一方面，严格推选程序。推选程序主要包括：本人向所在行政村党组织提交"参选"新乡贤的申请，党组织向镇乡贤工作指导委员会推荐新乡贤候选人，镇乡贤工作指导委员会到新乡贤候选人所在村征集村民对新乡贤候选人的意见，镇乡贤工作指导委员会将对新乡贤候选人考察情况汇总报送镇党委，镇党委确认新乡贤名单，"当选"新乡贤与镇乡贤工作指导委员会签署承诺书。根据上述标准和程序，2016年6月，LZ镇从357名"大佬知"中推选、确认了102名新乡贤。2017年初，该镇又推选一批新乡贤，新乡贤总数增至143名，其中出现了部分女性新乡贤。

其次，规范群体管理工作。一是统一工作服装。新乡贤在工作时间必须统一着唐装。二是统一群体标记。有关部门设计和制定了全镇通用的新乡贤Logo。三是统一工作编号。对全镇范围内新乡贤进行编号，每位新乡贤终身享有一个编号，他人不得重复使用。四是统一将新乡贤名字镌刻于石碑之上。全镇范围内的新乡贤的名字及其主要事迹都将勒于石土、以传后世。这些做法为营造新乡贤群体的群体认同感、荣誉感和使命感发挥了有效作用。

再次，加强工作制度建设。一是建立工作架构。镇里设新乡贤工作指导委员会，负责指导和管理全镇范围内的新乡贤工作。每个行政村设新乡贤工作室，负责全村范围内的有关工作。一般每个行政村配有七、八名新乡贤，最大的行政村配有11名新乡贤。二是建立值班制度。各村新乡贤工作室每天安排一名新乡贤值班。三是建立片区例会制度。镇党委书记每个季度分片区召集召开新乡贤工作会议，引导新乡贤分享工作经验，诊断工作中遇到的复杂个案和难题。四是建立工作经费保障制度。镇里每年在财政预算里安排2万元支持镇乡贤工作指导委员会开展工作。此外，镇党委还会在适当的时候号召社会力量向镇乡贤工作指导委员会捐赠工作经费。

最后，统筹运用五种资源。镇里按照"五位一体"，即五种治理主体有机统一的理念，将新乡贤、全镇的干部（共计48人）、全镇的党员（共计1678名，其中农村党员1301名，农村党组织20个）、行政村的干部（共计100多，每村5—7人）、"LZ好人"（截至目前共计240人）五种人才资源整合起来加以使用。其中，为了加强镇机关干部与新乡贤以及其他人才队伍和普通群众的联系与合作，充分发挥镇机关干部的应有作用，LZ将全镇机关干部分配到20个行政村并要求他们定点"包挂"一定户数村民（全镇共计15730户村民），同时，推出"一卡""一记""一车""一网"等工作制度。镇机关干部定点"包挂"农户规定与这四项工作制度共同构成了"走村串户工作法"。

"一卡"指的是"便民服务明白卡"。该卡正面印着镇政府公开服务热线电话、廉政举报电话以及镇领导班子成员分工情况和联系方式，背面印着"深入群众解民忧，管好小事帮大忙"的字样，设有"LZ镇便民服务车入村服务时间表""镇部门办事指南"两个栏目。卡片由镇里统一印制后发放到全镇每个群众手里，群众遇到任何问题和困难都可以随时拨打电话咨询和求助。

"一记"指的是"民情日记"。每名镇机关干部走村串户时必须随身携带民情日记本，及时记录、整理群众的意见和建议，并定期将它们报告给镇党委和镇政府，为镇党委、政府进行科学民主决策提供参考信息和依据。

"一车"指的是"流动便民服务车"。该镇每月1—20日都派出"流动便民服务车"到全镇各村巡回办公，随车服务队员要求及时受理服务事项，限时办结服务内容，按时反馈办理结果，第一时间解决群众最关心、最直接、最现实的问题，包括社会保障、社会救助、矛盾调解、政策宣讲、缴费充值等问题。

"一网"指的是"电子信息服务网"。该镇建立了民情信息动态管理服务系统，开发了法律政策、民情简报、活动新闻、办理反馈以及全镇农户基本信息等模块。每名镇机关干部都拥有一个独立的网络账号，他们负责在走村串户的基础上建立所联系农户基本情况的电子档案，上传民情日记、工作心得和调研报告等。

由于推选、管理工作到位，当前LZ新乡贤正活跃在全镇农村各个角落，为镇域经济社会发展和基层治理发挥着重要作用。他们中有的成为"普法达人"，充当了农村普法的骨干力量；有的成为远近有名的"和事佬"，有效化解了不少家庭矛盾和邻里纠纷；有的带领村民将村边土地所种杂木拔掉后种上了苔蒜，增加了村民收入；有的组织村民对村里的废坑、废塘进行整治，拓展了700多亩建设用地。更值得注意的是，全镇范围内出现了"文明新风扑面而来,社会风气逐步向好"的良好局面。村民普遍踊跃捐资,热情参与捐植认养"百姓林"、捐立中国"二十四孝"雕塑、捐资修建公厕、捐助美丽乡村建设等家园共建活动,甚至连原本臭名远扬的"街溜子"(方言,指街上的"混混")也捐资在镇上修建了一所公厕,成就了一段"浪子回头金不换"的佳话。五年来,全镇各项群众自愿捐款达3300多万元,且未出现一例进京非正常上访、闹访和缠访事件。

三 制度实践价值评估分析

由于农村基层治理事务微妙复杂、治理任务艰巨、治理主体不但人手不够而且"先天不足",以及乡村精英的"现身"、熟人社会特征的保有和国家政策的鼓励,LZ推行了新乡贤制度。制度实施以来,LZ现阶段经济社会发展和基层治理获益良多。当然,LZ不是"第一个吃螃蟹的人"。广东省云浮市乡贤理事会[1]、广东省清远市九龙镇乡贤理事会[2]、海口市龙华区新坡镇乡贤协商会[3]、浙江省嵊州市竹溪乡乡贤参事会[4]等都是近年来涌现的类似探索。此外,贵州省思南县[5]、铜仁市[6]、印江自治县[7]还启动了关于"村两委+乡贤会"乡村治理模式的探索。不过,从文献研究和多点实地调研情况来看,LZ的实践也有其独特价值。这些独特价值不仅是该镇的成功秘诀,也为其他地区开展相关探索提供了借鉴和启示。

---

[1] 徐晓全:《新型社会组织参与乡村治理的机制与实践》,《中国特色社会主义研究》2014年第4期。

[2] 孙敏:《乡贤理事会的组织特征及其治理机制——基于清远市农村乡贤理事会的考察》,《湖南农业大学学报》(社会科学版)2016年第6期。

[3] 林芊等:《聚力创建乡贤协商会打造乡村治理新模式——以海口市龙华区新坡镇探索乡贤协商工作为例》,《今日海南》2016年第12期。

[4] 康静思等:《乡贤参事会及其在乡村协商民主中的价值分析——以浙江省嵊州市竹溪乡乡贤参事会为例》,《广西社会主义学院学报》2016年第5期。

[5] 王青等:《贵州思南县:"乡贤会"唱响乡村治理"协奏曲"》,《党建》2016年第12期。

[6] 何建成等:《创新驱动激发基层发展新活力——铜仁市探索推行"村两委+乡贤会"乡村治理模式》,《当代贵州》2016年第47期。

[7] 李汉华等:《群贤共治疏通农村发展"组织末梢"》,《理论与当代》2016年第2期。

LZ实践给出的启示，既有涉及新乡贤制度本身建设的，也有涉及新乡贤制度与农村基层治理的，主要包括以下四点。

（一）坚持党的领导是推进新乡贤制度建设的根本政治保证

中国共产党是中国特色社会主义事业的领导核心。中国共产党的领导是中国特色社会主义最本质的特征和最大的政治优势，而坚持党的领导，不但要体现在坚持党中央的集中统一领导上，还要体现在党总揽全局、协调各方的领导核心地位上，并落实到经济、政治、文化、社会、生态文明建设和国防军队、祖国统一、外交、党的建设等各个方面。换言之，坚持党的领导，既是我们的政治立场和政治原则，也是我们开展各项工作的基本准则和具体要求。

新乡贤制度建设这项工作当然也不例外。从推选程序、工作制度设置和实施等情况来看，LZ在新乡贤制度建设中贯彻坚持党的领导原则。LZ镇党委的做法展现了较强的政治自觉，值得肯定和推介。不过，在未来新乡贤工作实践过程中，LZ镇党委，当然也包括其他地区的党组织，还需继续努力，积极探索实现党的领导的有效方式，以及加强党的政治、思想和组织领导的具体路径和办法，同时处理好党组织与作为新型村民自治组织的新乡贤之间的关系，既要践行"组织覆盖、工作覆盖"的原则，又要力避（相互）包办、取代等错误偏向。

事实上，坚持党的领导也是新乡贤制度的"新"的表现之一，而且可能是最根本的"新意"。传统乡贤制度是在"皇权不下县"之传统社会背景下产生的一种社会自治制度，具有较强的救济性、独立性和主体的单一性等特点。新乡贤制度则是在农村基层治理现代化背景下产生的一种社会治理模式，尽管也具有一定的补位性特点，但是，对"一核多元"模式的坚持，对党社融合、政社互动的憧憬，对党的领导、政府管理和基层群众自治有机对接的追求，是它与前者的本质区别。

（二）规范选拔和管理是推进新乡贤制度建设的关键

新乡贤群体和新乡贤文化的出现，是一种民间"自发行为"，而且，大约在2014年之前，新乡贤只是"星星之火"，散布在少数乡村的角落，并没有形成规模。自2014年以来，由于国家政策的鼓励以及其他正向激励因素的作用，新乡贤个体数量不断增加，新乡贤群体组织逐渐增多。但是，截至当前，新乡贤还存在界定标准不统一、认定主体不明确、组织化程度不高、管理过程不规范等问题。这些问题的存在，不但影响了新乡贤群体的整体形象，而且影响了新乡贤群体更好地发挥作用。

管理出效益，规范提品质。LZ新乡贤制度的实施之所以取得良好成效，正是因为该镇在提高新乡贤选拔和管理规范化程度方面做出了切实努力。如前所述，该镇不但统一了新乡贤推选标准、推选程序、认定部门，还统一了新乡贤工作服装、群体标记、工作编号、工作架构，严格执行了将新乡贤名字镌刻于石碑之上的制度、值班制度以及片区例会制度。这些具体做法对于规范新乡贤选拔和管理工作具有较高参考价值。

不过，就全国范围而言，新乡贤是否必须统一推选标准和程序，是否必须统一认定主体和工作制度，是一个有待继续思考和研究的问题。从各地了解到的情况看，当前的局面是"百花齐放，百家争鸣"。但是，坚持党的领导，不断提高管理的规范化程度和科学化水平，是任何地区、单位和组织推进新乡贤制度建设必须遵从的原则和要求。

（三）提高农村基层治理成效必须善用社会—行政资源

社会—行政资源指的是兼具社会性和行政性特征的资源。从理论上讲，在农村基层治理中，一方面，因"官本位"文化的根深蒂固，仅仅依赖社会资源治理效果会打折扣；另一方面，因熟人社会的特征，仅仅依赖行政资源治理效果也会打折扣，而唯有善于开发和利用社会—行政资源，才能大幅快速提升治理的整体成效。

新乡贤是一个同时拥有社会资源和行政资源的群体，或者说，新乡贤本身就是一种社会—行政资源。一方面，新乡贤尤其是回归型乡贤和自源型乡贤中曾担任过村干部的乡贤，与上级党政部门有着密切的联系，拥有不同程度的行政资源；另一方面，绝大多数新乡贤都是本土人士，与生活在村庄的人们有着密切的联系，拥有不同程度的社会资源。那么，根据上面的逻辑进行推演，在农村基层治理中善用新乡贤势必事半功倍。从LZ调研了解到的情况来看，该镇近年来经济社会保持向好发展与选好用好新乡贤的确有着不可割裂的关系。

那么，新乡贤是怎样收获事半功倍效果的呢？这是因为，它所拥有的行政资源，有助于加强村庄与外部的沟通和交流，有利于各类资源进行纵向整合，为落实"上—下"和"内—外"联动创造了条件；而它所拥有的社会资源，有助于激活村庄内生力量，有利于各类资源进行横向整合，为落实村民自治奠定了基础。而一旦两种路径相加使用，一旦各类资源进行纵横整合，实际上是从根本上改进了权力配置方式和运作机制。这种改进，通过提高治理体系的科学化水平，实现了增强治理体系综合能力以及提升整体治理成效的目标。善用社会—行政资源，善用新乡贤，对于加强农村基层治理的确意义非凡。

（四）优化农村基层治理结构必须践行"一体化推进、互嵌式发展"理念

LZ样本的另一价值可能在于它初步找到了如何优化农村基层治理结构的路子。多地实践表明，新乡贤在当前我国农村基层治理中确实扮演着重要角色，发挥着重要作用。有观点甚至认为，乡贤正是中华民族最基层的治理末梢，是社会不断变化中那根不变的"定海神针"，具有"黏合剂""转换器""安全阀"等多重功能。[①] LZ本身也初步尝到了推行新乡贤制度的甜头。但是，LZ一是没有无限夸大新乡贤的作用，二是（因此）没有相信"一招治天下"的故事，三是（因此）没有止步于新乡贤的探索，满足于"一枝独秀"的风景，而是对农村基层治理结构实施了一次较为全面的"手术"。

如前所述，LZ的具体做法是：将新乡贤、全镇的机关干部、全镇的党员、所有行政村的干部、全镇的"LZ好人"五种人力资源整合起来加以使用，并在全镇机关干部中实施了以"一卡""一记""一车""一网"为主要内容和核心制度的"走村串户工作法"，在全镇党员和普通群众中开展了"双善双争"活动。这套做法，整合力度之大，牵涉领域之广，不但令人耳目一新，而且从总体上表达了"一体化推进、互嵌式发展"的主张和努力。这套做法，为提效LZ农村基层治理切实发挥了重要作用。

这五类治理主体，是否在坚持党的领导前提下形成了有机对接、分工协作、各展所长、相互促进的格局，换言之，是否既"统起来"了也"串起来"了，新乡贤工作室与村庄内部其他治理机构，包括村党支部、村民委员会、村务监督委员会、村集体经济组织和其他村民自治组织，是否形成了规范、畅通和高效的合作机制，还有待进一步考察。不过，

[①] 张颐武：《乡贤是我们走向世界的守望者》，《解放日报》2015年7月3日第4版。

LZ 实践再次表明,"互嵌式发展、体系化推进"是我们优化农村基层治理结构必须践行的理念,任何只谋一时、一事、一域而不谋全局的做法都是不可取、行不通的。

当然,LZ 样本也有它的局限性。

例如,以党政力量强力推进新乡贤制度建设,使新乡贤个体数量在短期内实现激增(可能有违"成熟一个发展一个,成熟一批发展一批"精神),为每个村庄"配备"一定数量的新乡贤(可能有违新乡贤发展不平衡、分布不均匀的事实),一方面,显现了 LZ 镇党委的工作魄力,另一方面,则在一定程度上可能存在未完全按照事物发展规律办事的倾向。

再例如,与 S 省 XT "平安协会"、Q 省 XM 村 "德瓦尕宝"(藏语,意为"村里有威望的老人")队伍等地方专心调处邻里矛盾和维护社会稳定不同①,LZ 不但"要求"新乡贤工作室履行推进依法治村、调解邻里纠纷、促进经济发展、倡导文明新风等职能,而且还赋予其维护意识形态安全、改善党群关系、优化党的形象的期望。从理论上讲,这种"全能"设计理念无可厚非,但是,要想实现这一目标并不容易,不但增加了对新乡贤工作评比和管理等相关工作,而且能否真正做到"全能",值得商榷。

新乡贤到底应该怎样定位?政府要求这一群体在"培育和践行社会主义核心价值观""加强农村思想道德建设"和"加强农村文化建设"等方面发挥独特作用,学者希望这一群体在重建乡土社会、促进村民自治、打通传统与现代等方面发挥独特作用。各种定位,见仁见智。不过,无论哪种角色期待都对新乡贤群体提出了挑战。这一群体目前的能力素质显然是难以胜任时代赋予他们的责任和使命的,尽管他们位列精英群体,而这一群体的能力素质深刻影响农村基层治理整体成效,(甚至)直接决定新乡贤制度的可持续发展。因而,加强新乡贤群体的教育培训工作,必须尽快提上议事日程。

LZ 可能尚未真正意识到这一问题的重要性和紧迫性。他们在推进和"全能"定位新乡贤的情况下,并未就加强新乡贤群体的教育培训工作作

---

① 笔者于 2013 年、2015 年前往 S 省 XT 市就"平安协会"进行了专题调研,于 2016 年前往 Q 省 XM 村对"德瓦尕宝"队伍进行了专题调研。

出相应的专门的规划部署，只采取一些"以会代训"的做法。这是 LZ 样本的另一局限。当然，这一局限并非 LZ 所独有，在全国其他地区也有表现。因此，LZ 经验为探索新乡贤制度建设路径，以及寻找农村基层治理体系优化和绩效提升方案作出了新贡献，其存在的不足也需要注意和研究。

第 五 章

生态环境保护与国家治理现代化

"纵观世界发展史，保护生态环境就是保护生产力，改善生态环境就是发展生产力。良好生态环境是最公平的公共产品，是最普惠的民生福祉。对人的生存来说，金山银山固然重要，但绿水青山是人民幸福生活的重要内容，是金钱不能代替的。你挣到了钱，但空气、饮用水都不合格，哪有什么幸福可言。"① 生态环境保护是个系统工程，其成败归根结底取决于经济结构和经济发展方式，其效率则与治理水平密切相关。在生态环境保护中践行"一体化推进，互嵌式发展"理念，既有利于提高生态治理现代化水平，也有利于加快推进国家治理体系和治理能力现代化。

第一节 理解生态环境保护的政治性

生态环境保护具有多重意义，但针对当下有不少人认为生态环境保护是个低政治度的科学技术议题的情况，尤其需要注意这一议题和工作的政治性。研究发现，近年来，不少欧洲国家的民粹主义运动与环境及气候政治发生关联，形成了一种被称作环境民粹主义的新兴社会思潮。这二者的关联并非巧合，其所凝聚的社会和政治力量不容小觑，对欧洲相关国家、欧洲乃至世界产生不容忽视的政治影响。② 以此为鉴，我国需

---

① 中共中央文献研究室编：《习近平关于社会主义生态文明建设论述摘编》，中央文献出版社2017年版，第4页。

② 本节主要内容详见王红艳《环境民粹主义在欧洲盛行的原因及其政治影响》，《当代世界》2021年第9期。

进一步提高对生态环境保护议题政治性的认识,并把生态环境保护工作摆到治国理政更加突出的位置。

一 欧洲环境民粹主义形成机制

民粹主义与环境议题之所以可相向而行并在欧洲成势,从本质上看,是因为二者内在需求高度匹配:一方面,环境问题是一个属于科学范畴的议题,需要未经政治裁剪的话语而具草根性;另一方面,民粹主义内涵丰富、边界灵活,具有与环境等诸多议题发生关联的潜能。从现实看,是因为近年来二者的外部生存发展环境生变,最值得关注的有以下几点。

一是民粹主义快速走强且其"负面形象"渐被淡化。2016年堪称民粹主义"黄金年",6月23日,英国举行脱欧公投,11月9日,被称作"操纵民意之天才"的特朗普当选美国第45任总统。自2017年起,不但反精英、反建制、反传统的声音在欧洲持续高涨,民粹主义运动在欧洲各国的街头此起彼伏,涌现了一批以意大利联盟党领导人萨尔维尼、法国国民联盟领导人勒庞为代表的实力人物,而且不少民粹主义政党在各级大选中强势崛起,并加剧了欧洲政治生态的极化倾向。这些重大事件的发生,既是民粹主义在全球再度兴盛的映照,也助推了民粹主义的快速走强。在此背景下,欧洲学界出现了一些有利于民粹主义发展壮大的论调,包括"需要论""机会论""可借鉴论""策略论"等,这为主流政治接近接纳民粹主义提供了必要的舆论基础。

二是全球气候变化明显加剧与民粹主义快速走强"同框出现"。世界气象组织(WMO)发布的数据显示,由于人类活动导致全球主要温室气体浓度持续攀升,全球变暖近年明显提速。与此同时,暴雨洪涝、高温热浪、寒流暴雪和热带气旋等各类极端天气现象显著增多。气候变化加剧,不但在一定程度上改变了人类的生产生活方式,而且造成严重的人口伤亡和巨大社会经济损失,这一方面使得广大民众因直接利益受损而感到切肤之痛;另一方面使得广大民众和其他社会各界人士开始反思既有环境政策,激活了社会对环境议题的关切。这些情况与民粹主义再度兴盛事件"同框出现",使得民粹主义与环境议题之间的契合关系最终落地。

三是政党政治助推民粹主义和环境议题快速"联姻"。环境议题在欧洲并不新鲜，但在很长一段时间里被英国"脱欧"、法国大选等更宏大和更关键的议题所掩盖。但时至2017年前后，面对经济依旧低迷不振、社会撕裂显著加剧以及新兴国家崛起带来的挑战日益严峻态势，欧洲大小政党苦思良策。以德国选择党、法国国民联盟、英国独立党等为代表的右翼政党根据民粹主义走强趋势，迎合民众不断增强的环境关切，采取了系列举措，包括最小化其右翼意识形态并自赋民粹特色，指责环境主义者的政策有违普通民众的意愿和常识，批评环境专家早已身处"有偏见的利益议程"之中而导致气候变化与科技两套话语之间张力十足，以及加大对本国绿党的反对力度等，最终助推了环境民粹主义面世，提高了自身声威和民意支持率。面对右翼政党的"咄咄逼人"，欧洲各国绿党积极行动起来捍卫自己的"专属议题"和势力范围。面对右翼政党的"攻城略地"以及"绿色旋风"的强力来袭，其他政党深感"分票威胁"，不得不加入争夺环境议题主导权的行列，以免失去道德高点和战略高地。众人拾薪火焰高，各种政党的相继加入，使得环境议题与民粹主义的"联姻"进入加速通道。

二　环境民粹主义正在形塑欧洲政治

欧洲环境民粹主义的走强，暴露的是欧洲各国环境政策的局限性和民粹政治的突出性。而且，这一思潮因为兼具环境议题的公共性与民粹主义的草根性，一经形成即赢得市场、引为"时尚"，成为影响欧洲政治的一股重要力量。

（一）刷新欧洲内政外交议程

环境议题赫然进入作为欧盟"引擎"的德国的重要政策议程。2019年9月，德国联邦政府出台"气候保护计划2030"。2021年6月，德国经济复苏计划获得欧盟委员会正式批准，拟将总额（256亿欧元）的40%用于气候保护措施。同时，环境议题也成为德国外交工作的不可或缺议程，默克尔总理与欧洲各国及其他国家首脑会晤时，就二氧化碳定价、温室气体减排、气候与能源合作等交换意见已成重点"保留节目"。

环境议题"荣登"欧盟委员会重要政策榜单。欧盟委员会主席冯德莱恩在竞选时就将生态环境议题作为施政纲领重点议程中的重要部分，并且一上任就带领欧盟委员会发布了旨在保护欧洲生态环境和确保欧洲可持续发展的"欧洲绿色协议"。2020年12月,欧盟冬季视频峰会通过了关于提高实现"碳中和"中期目标的提议,宣布到2030年欧盟的温室气体排放将至少降低55%。

(二) 刷新欧洲街头运动机制

一是不同利益群体"结盟"可能化。民粹主义本身是一个指涉灵活和包容性较大的概念,近年来民粹思潮的吸引力大幅上升,加之所有社会阶层都是全球气候变化加剧的亲历者、承受者甚至是受害者,因而环境民粹主义足以充当动员、凝聚和号令多元化利益群体的旗帜。例如,法国"黄马甲运动"最初只是右翼群体为反对提高柴油税而发起的"专项性"游行集会,后来由于环境主义者加入而发展成为反对马克龙政府环境政策的"主题性"社会运动,再后来吸引了更多不同阶层群体的加盟,从街头运动演绎成更大规模的"综合性"运动。

二是组织者低龄化。从瑞典女中学生通贝格(Greta Thunberg)发起的"星期五为未来"(Friday for Future)全球气候罢课运动以及其他相关运动看,1995年之后出生的Z世代在其中扮演着"领衔主演"的角色。其中,通贝格不但被冠以"气候活动家"称号,且频繁得到默克尔总理等欧洲多国元首的接见,两度被提名为诺贝尔和平奖候选人。

三是抗议活动频密化甚至日常化。"反抗灭绝"(Extinction Rebellion)组织定期在英国伦敦和德国柏林等地组织"公民不服从"街头抗议运动。"星期五为未来"除在重要时间节点组织大型游行外,在新冠肺炎疫情全球暴发之前每周五均有活动安排,不少中小学生为参加活动而定期"翘课"。

四是联动国际化。在由"星期五为未来"倡议发起的2019年9月20日至27日的"全球气候大游行"中,不但德国各州均有游行安排,全球150多个国家、1000多个城市也组织了规模不等的抗议游行活动,西方发达国家无一缺席,大有"首尾相顾、遥相呼应"之势。

(三) 刷新欧洲环境政策走向

当前,欧洲环境政策日趋极化,保守和排外倾向更加显著。这是因为,伴随环境民粹主义的盛行,保护生态环境在欧洲已经成为新的"政治正确",气候正义已经成为最大的社会正义,各国政党和政府必须因应这一变化着手修正自己的气候和能源立场及政策,而由于右翼民粹主义政党在环境议题上的"捷足先登"和"先行定调",加之持有极端意识形态的组织的不断施压,各国政党和政府的政策调整不得不指向激进和内顾。

以德国为例,多位德国社民党政要曾公开表示,为更好地保护气候,联邦政府不应再继续坚守财政"零赤字"原则,政府在能源转型和气候保护上的迟滞不前必将拖累国民经济的发展。而众所周知,财政"零赤字"原则长期以来被视作德国能在数次危机中立于不败之地和迅速走出泥潭的重要法宝。德国选择党等右翼民粹政党不但鼓噪出台基于传统产业的经济政策,而且强调应在优先保障核心民族能源供给的前提下加强气候治理,只有让德国"核心民族"直接并普遍受益的环境政策才是合法的环境政策。

(四)刷新欧洲乃至全球生态环境治理未来图景

鉴于环境民粹主义的兴起和泛滥,欧洲国家各政党均不得不作出积极回应,但它们的深层理念和根本主张迥然不同。有的政党(以左翼政党为主)将绿色作为价值来追求,属于"价值驱动"模式;有的政党(以右翼政党为主)则将环保议题作为工具来使用,属于"工具驱动"模式。还需注意的是,即使同一类型政党之间也存在微妙差异。以右翼政党为例,法国国民联盟认为气候变化是威胁,主张推行"零碳经济";德国选择党、英国独立党则认为气候变化不是问题,故而反对现行所有环境政策。各政党之间很难达成真正共识,但为了自身利益又不得不"媾和"。故而,欧洲生态环境治理的未来图景可能更加扑朔迷离。

全球生态环境治理的未来图景也将充满不确定性。这是因为,尽管多数国家意识到环境保护的重要性及合作共治的必要性,但发达国家与发展中国家的利益关系本就错综复杂,环境和气变方面的观点本就庞杂多元,而且,因应环境民粹主义的兴起,发达国家极有可能利用环境议题实施新的贸易保护措施,甚至可能通过改写国际贸易规则来巩固自身的优势而迟滞发展中国家的发展。

三 环境民粹主义影响未来欧洲政治图谱

自新冠肺炎疫情全球"大流行"以来,欧洲几度成为震中并沦为"重灾区",政治、经济、社会受到严重冲击。在此背景下,欧洲环境民粹主义有所收敛,势头不如疫情前强劲。从议题热度看,环境议题一度被疫情和疫情防控议题取代，不再是社会舆论和政治议程的置顶议题；从街头运动看，"星期五为未来"等大型游行活动因社交距离规定和隔离政策的实施而"偃旗息鼓"；从政党竞争结果看，善用环境民粹主义力量的政党的支持率没再继续攀升，政党间对支持率的争夺呈现"拉锯战"趋势。以德国为例，绿党、选择党、自由民主党等政党的支持率先是因为焦点转移而有所回落，后又因为"防疫疲劳"等因素而反弹并企稳，承担执政重任的联盟党、社民党等主流政党的支持率先因"聚光灯效应"而有所上升，后则因抗疫效果起伏不定而忽升忽降。

但这并不意味着环境民粹主义就会自此在欧洲式微或销声匿迹，相反，其在后疫情时代极有可能再次强势崛起。这是因为，一方面，环境议题和民粹议题之间互为需求的内在逻辑并不会因为疫情而改变；另一方面，二者走向并保持紧密联盟的外部条件并未因为疫情而消逝：第一，从疫中暴发的具有反智民粹主义色彩的德国、英国、法国"反新冠管制"游行看，民粹力量仍然十分强大；第二，疫情以及疫情导致的次生灾害不但暴露而且加剧了社会的不平等，民粹主义滋生土壤增多增厚；第三，疫情暴发及其造成的严重后果使得广大民众再次深刻反省人类对待自然界的态度以及现行气候、能源政策的限度；第四，全球气候变暖趋势仍将持续，人类将不可避免地继续遭遇气候变暖带来的灾难，广大民众对环境议题的关切只会增强而不会停止。

鉴于此，欧洲各国政党和政府在后疫情时代势必为抢夺气候正义大旗和争取环境民粹主义力量而展开更为激烈的角逐。在激烈的政治竞争中，环境民粹主义将继续其从社会思潮转化为政治思潮进而影响政府决策的逻辑，欧洲内政外交将相应出现新变数，而这既是环境民粹主义发展的原因，也是其发展的结果。大致发展格局如下：

从内政看，一方面，绿党、右翼和左翼民粹政党极有可能做大做强，甚至重塑欧洲政治权力结构。资料显示，德国绿党在2021年获得的大额捐资大幅增加，其中拿到了建党以来最高数额的私人捐资，当前正在全力以赴冲击总理之位。德国选择党在德国东部地区拥有深厚的社会基础并有继续扩展之势，绿党与社民党均曾公开表示希望能与其结盟执政。另一方面，环境议题势必重返重要政治议程。实际上，英国早在2020年5月就提出了要把减少温室气体排放和适应气候变化与英国复苏计划相融合的构想，德国已于 2021 年 5 月通过了《气候保护法》，首次以法律形式确定了德国的中长期温室气体减排目标。

从外交看，环境议题势必成为影响欧洲对外政策的重要因素。就对华而言，欧洲将通过环境议题保持与中国沟通合作，同时利用"环境问题"与中国展开博弈。一方面，德国总理默克尔在七国集团（G7）领导人视频峰会、慕尼黑安全会议线上特别会议等多场新闻发布会上表示，中国是共同解决全球性问题的伙伴，欧洲在生物多样性、气候变化等问题上需要中国的参与；另一方面，德国联邦政府于 2021 年 3 月通过《企业谨慎义务法》草案，规定在本土内外的德国企业均要履行一定的环境保护义务。就对美而言，欧洲将加大利用环境议题的力度，重启"跨大西洋气候之桥"等项目，积极推动各层面的交流，加快欧美关系修复进度。还需注意的是，由于美国民粹主义力量在疫情期间"汲取充足养分"，加之环境议题在拜登执政后重返美国重要政治议程，环境民粹主义在后疫情时代的美国拥有巨大发展空间。故而，欧美环境民粹主义恐将"同台演出"，合力冲击欧美乃至世界的政治经济格局。

第二节　协同推进乡村生态振兴与基层治理现代化

既然生态环境保护议题可以形成如此强大的政治冲击力，我们就应当给予足够重视，更要抓住合适机会、找准发力点位，持续有效推进这项工作，让人民群众享受到优质生态环境，并最大限度地避免负向政治影响。研究发现，乡村生态文明建设近年来获得较之以往更高的位置，且乡村生态振兴与基层治理现代化之间存在多种"天然的契合"，在实践中可借鉴中外经验将两项工作统筹起来加以考量，积极构建"一体化推进、互嵌式发展"格局，进而实现双促共赢的目标。[①]

一　乡村生态建设的升维

党的十八大以来，我国高度重视乡村生态建设。《中共中央国务院关

---

① 本节为本人公开发表成果，详见王红艳《基层治理现代化与乡村生态振兴互嵌式发展探析》，《行政与法》2021 年第 5 期。

于实施乡村振兴战略的意见》（以下简称"战略意见"）①、《乡村振兴战略规划（2018—2022年）》（以下简称"战略首部规划"）②、《农村人居环境整治三年行动方案》（以下简称"行动方案"）在2018年的相继出台，以及《乡村振兴促进法（草案）》于2020年的面世，更是将乡村生态建设推上新的重要议事日程。战略意见不但提出要协调推进乡村经济、政治、文化、社会、生态文明和党的建设，而且强调要按照"产业兴旺、生态宜居、乡风文明、治理有效、生活富裕"的要求全面推进乡村振兴。

相比2006年发布的《中共中央国务院关于推进社会主义新农村建设的若干意见》（以下简称"新农意见"）③而言，战略意见关于乡村生态建设的表述呈现三个新动向：一是排名升位。生态建设要求在新农意见中排名第四，在战略意见中则升至第二，而且后者将生态建设视作实施乡村振兴战略的关键所在。乡村生态环境整治还是"十四五"时期将要实施的重点乡村建设行动之一。④ 二是要求提级。新农意见将目标设定为"村容整洁"，战略意见则设定为"生态宜居"，首部规划还对"生态宜居"进行了界定，指出必须包括生活环境整洁优美、生态系统稳定健康、人与自然和谐共生三层含义。三是目标更加清晰。战略首部规划提出到2022年必须做到农村人居环境显著改善，到2035年必须达致农村生态环境根本好转，到2050年则必须全面实现美丽农村建设的目标。

国家治理现代化尤其是基层治理现代化的提出，一方面对乡村生态建设和乡村振兴目标、实现路径、体制机制和工具方式等提出了新要求；另一方面则为乡村生态建设和乡村生态振兴创造了前所未有的新机遇。尤其需要注意的是，生态环境是一种特殊的公共产品，生态建设是一个复杂的利益场域，推进生态文明建设不但需要而且合适坚持和践行民主化、科学化和法治化原则。鉴此，如果将这两项工作统筹起来，构建一

---

① 《中共中央国务院关于实施乡村振兴战略的意见》，《人民日报》2018年2月5日第4版。如无特别说明，该战略意见引用均引自于此。
② 《中共中央国务院印发〈乡村振兴战略规划（2018—2022年）〉》，《人民日报》2018年9月27日第1版。如无特别说明，该战略规划引用均引自于此。
③ 《中共中央国务院关于推进社会主义新农村建设的若干意见》，《人民日报》2006年2月22日第1版。
④ 《中共中央关于制定国民经济和社会发展第十四个五年规划和二〇三五年远景目标的建议》，《人民日报》2020年11月4日第1版。

个"一体化推进、互嵌式发展"的格局,必定能够收获乡村生态振兴与基层治理现代化双促共赢的目标。那么,在推进二者"互嵌式"发展的实践中具体该如何操作,需注意哪些问题?

二 基层治理民主化与乡村生态振兴

基层治理现代化首先是一个坚持和践行民主理念的过程。关于民主的定义,古往今来版本众多。有人甚至感叹,"在公共事务的世界里,民主大概是最为混乱、最让人困惑的词汇"。[①] 但一般认为,西文里的民主一词由希腊文 demos（意指人民或公民）和 cracy（意指某种公共权威或统治）组成,意为统治归于人民或人民主权[②];同时,多数学者认为,这种发源于古希腊的政治体制至少包含三个核心元素:公民的权利保障、政权结构中的分权制衡以及多数决定的权力组成与运行原则,其中,权利保障是基础性元素,分权制衡是保障性元素,此二者构成"大厦的地基",多数决定以及选举、协商、监督等则是形式性元素,其存续性和有效性由"大厦的地基"决定。[③] 按照这些标准,判断基层治理民主化的依据是基层治理过程中人民主权是否得到保障和实现,具体而言,相关利益主体的基本权利是否得到保障、决策机构中是否存在分权制衡设置以及表决环节中是否施行多数决定原则或者采取了其他民主形式。

笔者在多年基层调研中发现,乡村生态建设不但适合引入和开展民主实践,而且需要坚持和践行民主理念。这是因为,生态环境作为一种特殊的公共产品,具有吸引各级各类相关利益主体参与的先天优势。同时,生态建设作为一个复杂的利益场域,亟需了解清楚不同相关利益主体的诉求并加以统筹和平衡,多元主体的有序有效参与因此而显得必不可少、尤其重要。由此可见,推进乡村生态振兴与加快基层治理民主化步伐之间存在一种"天然的契合",具备实现"互嵌式"发展的基础。

根据以往经验教训,解决好相关利益主体的参与权问题,最大限度

[①] [英]安德鲁·海伍德:《政治学》（第二版）,张立鹏译,中国人民大学出版社2006年版,第84页。

[②] 王绍光:《民主四讲》,生活·读书·新知三联书店2012年版,第1—2页。

[③] 房宁:《民主的中国经验》,中国社会科学出版社2013年版,第296—297页。

地调动广大农民群众的积极性、主动性和创造性，是统筹推进这两项工作最合宜的切入点。正因如此，战略意见把"坚持农民主体地位"作为推进乡村振兴和乡村生态振兴的基本工作原则。而基层调研发现，解决"群众参与积极性从哪里来"之难题需要构建一个环环相扣、缺一不可的逻辑和实践链条：第一，通过引导群众参与同自身利益密切相关的项目和事务，激发群众参与的积极性；第二，通过创建嵌入基层治理结构的稳定化长效化平台，培育群众参与的积极性；第三，通过制定和实施刚性制度，保护群众参与的积极性；第四，通过抓好党的领导、政府管理服务与群众参与之间的有机对接，规范群众参与的积极性；第五，通过加大落实参与群众的意见和建议的力度，巩固群众参与的积极性。

此外，从西方发达国家的乡村生态建设实践看，就巩固广大农民群众的积极性、主动性和创造性而言，还需解决好这个庞大群体持续深度参与问题。为此需要逐步实现从活动式（运动式）参与模式向合同式参与模式、个体参与模式向联合参与模式以及从有热情参与到有能力参与、从强调平等参与权利向强调权责对等统一的转变。而且，唯有如此才能切实保护好生态环境和有效推进基层治理现代化。研究发现，英国的"乡村管家"（Countryside Stewardship）计划较好贯彻了上述原则，对我国地方政府和相关组织如何研拟推进乡村振兴和基层治理现代化"互嵌式"发展的具体实施方案颇具参鉴价值。[①]

该计划由英国政府于2014年发起，目的在于将农场主、林场主和土地经营者组织起来，合力改善当地自然环境，提高乡村景观规模化程度

[①] 作为第一次工业革命发源地的英国，之所以能够保有举世闻名的乡村风光，除该国拥有得天独厚的自然条件外，还因为其在乡村生态保护、治理和开发利用方面做了大量的积极探索，积累了不少宝贵经验，这正是本书选择以英国项目作为分析样本的原因。当前，英国环境、食品和乡村事务部（Department for Environment Food & Rural Affairs）和住房、社区和地方政府部（Department for House Community & Local Government）分别承担部分涉及农业和乡村方面的职能。"自然的英格兰"系前者下属的非政府公共机构，创建于2006年，主要职能为：保护和改善英格兰的自然环境（包括改善和保护其土地、动物、植物、淡水和海洋环境），引导和帮助人们享受、理解和进入自然环境。该机构现有员工2000多人，年度工作经费预算将近2亿英镑，资助方向主要包括健康的自然环境、安全的自然环境、享受自然环境以及可持续利用自然环境，四个项目均是该机构现阶段正在资助实施的项目。四个项目分析中援引的资料均来自"自然的英格兰"的官方网站，https://www.gov.uk/government/organisations/natural-england。

和乡村治理的专业化水平。计划包含一个"乡村管家"专项基金，用于支持个人或组织担任协调人（Facilitator）。来自农场、林场的个体或组织以及具有土地管理经验和技能的社会服务机构均可申请担任协调人。协调人的主要职责包括：为培育项目成员间的合作关系创造条件，为项目成员提供技术服务，代表项目成员处理地方政府的关系，向"自然的英格兰"报告项目进展情况等。申请"乡村管家"基金的基本条件为：土地合计面积必须达到 2000 公顷以上，项目必须涵盖四位以上的相邻农场主或林场主。需要注意的是，公共机构类土地经营者不能单独申请资助，但可与符合条件的农场主或林场主共同提出申请。申请工作由协调人牵头办理，具体申报程序为：首先，"自然的英格兰"对申报者的资质进行首轮审核，看是否达标；其次，"自然的英格兰"与环境、林业部门组成评审小组，对申报者的既有经验、将专业知识转化为技能的能力、协作计划的新颖程度等因素进行评估打分；最后，得分高者获得资助，资助期限为三年。专项基金资助标准为：项目成员为四户的，每年合计 1.2 万英镑；项目成员为十户以上的，每年合计 1.5 万英镑；项目成员 80 户以上的，每年合计 5 万英镑。资助资金由协调人代表项目成员接收，仅限用于四个方面：一是直接项目资金，即将知识转化为技能的费用，包括教育培训费用；二是运行成本，即维持成员间正常协作关系的费用；三是协调人的工资，协调人按照协议约定比例提取；四是保险金和补偿金。一旦签订协同，协调人就必须带领项目成员充分履行共同照料乡村环境的职责，全力保持乡村特色，具体任务包括：保护或重建野生动物的栖居地，进行林地再造，建立防洪堤坝以及防止水体污染等。

三　基层治理科学化与乡村生态振兴

基层治理现代化其次是一个坚持和践行科学理念的过程。坚持和践行科学理念，大致涉及两个层面问题，即科学技术的应用和科学思维的贯彻。关于科学技术的应用，当前尤其要重视的是以互联网、大数据、人工智能等为代表的信息化新技术的应用，要充分发挥其保障各级各类相关利益主体权利和提高治理效能的作用。近两年大量研究表明，用足用好上述信息化新技术，不但有助于推动国家治理现代化①，而且已然成为国家治理体系和治理能力现代化的重要内容。② 关于科学思维，对马克思主义者而言，就是要在实际工作中自觉坚持和运用辩证唯物主义和历史唯物主义的世界观和方法论，处理好形式与内容、现象和本质、原因与结果、内因和外因、偶然与必然、可能与现实、个性与共性、个体与整体、局部与全局、近期与远期、投入与产出等多对关系。

山水林田湖草在根本上是一个"生命共同体"，加强对乡村生态的整体保护，加快对乡村生态服务功能及其价值的全面提升，无不需要应用科学技术，无不需要贯彻科学思维。从这点看，加快基层治理现代化步伐与推进乡村生态振兴之间还存在第二个"天然的契合"。推进二者实现"互嵌式"发展拥有第二个基础。需要指出的是，在具体实践工作中务必注意以下两个方面的问题。

一方面，要重点处理好善用科学技术与规避科学主义的关系。前者强调的是要因事制宜充分发挥科学技术助推上述两项工作的效用，后者主张的是将科学绝对化，相信科学万能。而大量事实表明，科学并不能解决所有问题，相反可能导致短期内难以察觉的负面效应。例如，20世纪60年代起，美国在第三世界国家高调发起绿色革命，大力推广农作物择优育种等高科技农业，大幅增加了粮食产量，却也使农村经济、政治、社会和生态可持续发展面临系列新的挑战和危机，主要包括：农作物品种数量显著减少而导致农作物抗灾能力减弱，农作物对水分、化肥和农药的需求急剧增加而导致资源加速耗竭和环境加速恶化，农村经济关系生变而引发地方乃至全国政治不稳等，概言之，科学胜利了，资本胜利了，生态环境却被牺牲掉了。③ 鉴此，在乡村生态保护、修复和开发过程中应用科学技术时，需将应用可能导致的各种负面效应和次生灾害充分考虑进去，并认真研拟应对方案。

---

① 罗梁波：《"互联网+"时代国家治理现代化的基本场景：使命、格局和框架》，《学术研究》2020年第9期。

② 彭波：《论数字领导力：数字科技时代的国家治理》，《人民论坛·学术前沿》2020年第15期。

③ 马格林：《农民、种子商和科学家：农业体系与知识体系》，载许宝强、汪晖选编《发展的幻象》，中央编译出版社2001年版，第245—339页。

另一方面，从科学思维视角且结合当前基层实践情况看，在乡村生态建设中需重点处理好"五对关系"：

一是目的和手段的关系。要准确理解"绿水青山就是金山银山"的内涵，切实珍视青山绿水，平等对待乡村自然生态，在制定推动乡村自然资本转化为经济资本的工作方案时，首先要考虑的是如何避免破坏生态环境，而不是如何快速实现经济利益的最大化，因为这不仅关系到资源转化的可持续问题，而且关系到人类生存与活动空间的可持续问题。

二是经济手段与其他手段的关系。要超越物质主义，善于多管齐下，用足用好非物质、非经济手段和方式，自觉践行"坚持党管农村工作"的原则，为乡村生态振兴提供坚强有力的政治保障。同时，认真践行"坚持农民主体地位"的原则，为乡村振兴提供量足质优的人才支撑，并在此基础上，因地、因事、因时制宜地运用行政、法律、道德和文化手段。

三是生态建设内部的关系。研拟乡村生态振兴方案时，需统筹部署和协调推进保护类、修复类、涵养类和开发类等不同类型的生态项目，不能只重视转化潜质较高的自然资源而轻视或忽视经济效益较差的生态项目。

四是投入与产出的关系。要认真计算经济投入产出比，即便在资金投入有保障或者充裕的情况下，也要积极探索"花小钱办大事"的路径和办法，坚决杜绝浪费资金和贪污腐化行为。同时，统筹考虑生态效益与其他多重效益，争取通过推进乡村生态振兴撬动其他领域的工作，这也是符合战略意见精神的。战略意见强调要统筹谋划乡村经济、政治、社会、文化、生态文明和党的建设，密切关注六大子系统之间的关联性和协同性，并加以整体规划和部署。

五是乡村生态建设与城市生态建设的关系。在研拟乡村生态振兴方案时，一方面，要杜绝乡村复制城市的倾向而强化乡村意识，复制模式势必导致乡村特色的解构和乡愁的消逝而引发"东施效颦"效应。从当前看，在生活垃圾收运处置等乡村生态整治工作中需充分注意到乡村生态的突出问题和独有特点，积极探索符合乡村实际的治理方式手段，在乡村生态修复和建设中则需遵照首部战略规划的要求，保护好乡村的原有自然风光、建筑风貌和村落格局，同时把民族民间文化元素融入其中，

"重塑诗意闲适的人文环境和田绿草青的居住环境,重现原生田园风光和原本乡情乡愁"①。另一方面,要防止将城乡割裂开来或对立起来而强化城乡融合意识。主张全面推进乡村振兴,既不等于否定城市价值,也不等于要弃用城市元素,而要积极探索城乡融合发展、相互成就的有效路径,以乡村生态振兴为抓手推动城乡互动,以城乡互动为管道提升乡村生态振兴速度和品质,避免出现"孤岛效应"或形成新的"二元结构"。

研究发现,英国"全国步道网络"(National Trails Network)计划较好贯彻了城乡融合发展以及通过乡村生态建设撬动地方经济、政治、社会和文化等多重效益的原则,乡村步道实际上担承着推进乡村生态振兴和基层治理现代化"互嵌式"发展乃至提升国家国际影响力的重任,这对我国推进相关工作颇有裨益,值得关注和研究。

英国步道指的是贯穿于英格兰、威尔士和苏格兰美丽郊区的远距离步行道、自行车道和马道。早在二十世纪初期,英国就开始流行乡村步行活动。第二次世界大战结束后,英国启动实施"三大工程"即英国特色重建工程、国家公园工程和乡村步道建设工程,第一条英国步道在此背景下于1965年诞生。截至当前,全英已建成总距离长达9000多公里的步道,形成了一个由15条步道构成的庞大的"全国步道网络"。英国政府实施该计划的目的有五:吸引城市居民融入自然开展户外活动并增进其健康;保障城市居民享受乡村生活的基本福利;激发当地民众热爱乡村之情;带动地方经济发展和培育乡村经济新的增长点;提振国家形象,让英国步道成为"皇冠上的钻石"而为世界民众所艳羡。该计划的实施取得巨大成功,上述目标逐一落实。现阶段,越来越多的城市居民借助步道走出去享受乡村生活,越来越多的乡村和地方政府从中受益,越来越多的"步道走廊"沿线的景点、自然生态和历史特征得到了更好的保护和修复,涌现越来越多的享誉国内外的美丽乡村,形成了一个城乡元素双向交流、融合发展的多赢局面。同时,越来越多的企业、社会组织、社区和城乡居民参与到管理步道和保护沿途景观的工作中来,与相关政府机构形成了一个庞大的"地方步道伙伴联盟",政府、社会、企业等利

---

① 《中共中央国务院印发〈乡村振兴战略规划(2018—2022年)〉》,《人民日报》2018年9月27日第1版。

益主体跨界合作的机制与局面为之一新。

四 基层治理法治化与乡村生态振兴

基层治理现代化还是一个坚持和践行法治理念的过程。实际上，现代法治是现代国家治理的基本方式，二者之间存在密切的逻辑联结，唯有前者为后者注入秩序、公正、人权、效率、和谐等基本价值，才能实现国家治理的现代化以及法治本身的现代化。[①] 基层治理是国家治理的重要界面和部分，基层治理法治化自然也是基层治理现代化的内在要求。正因如此，推进国家治理法治化以及基层治理法治化，已然成为我国社会各界的共识和关切。而结合国家治理现代化的要求看，推进基层治理法治化，除了要将法治理念、精神、原则以及建基于其上的方法贯穿到各项具体工作中去外，还要重点做好两项工作，即治理体系的法制化和治理能力的法治化。

近年来，我国在基层治理法治化方面迈出了扎实步伐。就治理体系的法制化而言，最引人注目的举措是，为了为加快推进乡村振兴提供法治保障，中央有关部门研拟了《中华人民共和国乡村振兴促进法（草案）》，并于 2020 年 6 月将草案提请十三届全国人大常委会第十九次会议审议，于 2020 年 12 月将草案二审稿提请十三届全国人大常委会第二十四次会议审议。该草案分为十一章、合计七十六条，涉及乡村生态建设和人才支持等多个方面。[②] 从治理能力的法治化看，中央亦作出了周密部署。战略意见强调各级党委和政府在实施战略过程中要切实增强法治思维，坚持依法行政原则，充分发挥法律手段在乡村各项工作中的作用，战略首部规划则强调要不断创新宣传教育方式，切实提高农民法治素养，引导广大群众依法依规参与的乡村振兴战略的实施。

乡村生态建设自然应该遵循战略意见、首部战略规划的有关法律规定以及即将颁布和生效的《中华人民共和国乡村振兴促进法》。而且，如前所述，生态环境是一种特殊的公共产品，生态建设是一个复杂的利益

---

① 张文显：《法治与国家治理现代化》，《中国法学》2014 年第 4 期。
② 于文静：《乡村振兴这件大事，国家要立法来促进》，2020 年 6 月 18 日，新华网，http://www.xinhuanet.com/2020-06/18/c_1126130949.htm。

场域，乡村自然资源不但包括集体所有制和国家所有制两种类型，而且涉及所有权、使用权、经营权、处置权、收益权等多种权益的分离和统一，尤其需要借助法律手段来厘清和宣示各种相关利益主体的权责边界，以更好地保护公共利益和平衡个体利益；而且，法律手段在生态治理中的运用，势必助推法治理念在其他领域的践行，进而推动基层治理法治化的扩面。由此看来，推进乡村生态振兴与加快基层治理法治化步伐之间也存在一种"天然的契合"，同样具备实现"互嵌式"发展的基础。

近年调研发现，基层党政干部依法行政意识显著增强，基层群众依法办事意识逐步提升，但在实践中还存在法条"疏而有漏"、可操作性有待提高以及执法不严、人情面子始终难以绕开等问题，研究发现，英国"乡村篱笆计划"（Countryside Hedgerows）堪称用足用好法治手段做好自然环境和乡村特色保护工作的范本，对我国在实践中如何依法推进乡村生态振兴和加快基层治理法治化进而实现"互嵌式"发展，具体而言，如何利用精细条款规定并辅之以严厉惩处，增进民众的乡村生态保护意识、提高乡村生态保护成效、明晰和优化政社关系，提供了有益启迪。

该计划由英国政府于1997年发起，旨在防止随意移除灌木篱笆和破坏自然生态及乡村传统景观的行为。具体内容包括：其一，凡是符合以下任何一个条件的灌木篱笆均须得到保护：连续长度20米以上的灌木篱笆，需要注意的是，如果篱笆连续长度不到20米但其两头很快将与相邻篱笆连成一线也在不应移除之列；灌木篱笆所在地点涉及农田、林地、皇家用地、自然保护区和科学研究区；灌木篱笆具有一定"分量"，包括篱笆"有年头"（存活时间30年以上），有历史纪念意义，其中有需要保护的物种等。其二，申请移除灌木篱笆必须履行严格程序，操作流程主要包括：需要移除篱笆的业主向地方政府的计划部门或国家公园管理部门等相关机构提出申请，并向相关机构提交自己的身份证明、篱笆存活时间低于30年的证明，以及一定绘制比例的篱笆地图，同时，陈述需要移除篱笆的原因。受理部门接到申请后会商教区委员会，在42天内回复申请人。若申请人在42天之内未收到回复，其可自行移除篱笆。若申请人在接到可移除通知后的两年内没有移除篱笆，该移除通知作废，此后若想移除篱笆，则需重新提出申请。但是，若篱笆挡住了农田和林地的唯一出口、紧急出口，影响了电缆设备的安置，或者因为防治病虫灾害等原因，则无需申请即可实施移除。其三，移除灌木篱笆过程中需注意以下问题：保护好篱笆中的鸟巢，保护好篱笆中包含的纳入保护品种的树木并登记好品种数目，查验自己是否有砍伐证等。其四，违反规定自行移除灌木篱笆者将受到惩处，非法移除者将受到最高5000英镑的罚款处罚，情节特别严重者（比如说侵害了皇家球场）则将面临"上不封顶"的处罚。民众若发现自己身边有人违反了灌木篱笆移除有关规定，可向地方警察局或乡村自治机构或"自然的英格兰"举报并提供相关证据。

习近平在2020年中央农村工作会议上强调，在新的发展阶段做好"三农"工作具有新的重要性和紧迫性，"从中华民族伟大复兴战略全局看，民族要复兴，乡村必振兴。从世界百年未有之大变局看，稳住农业基本盘、守好'三农'基础是应变局、开新局的'压舱石'"，为此，要"坚持把解决好'三农'问题作为全党工作重中之重，并举全党全社会之力推动乡村振兴，促进农业高质高效、乡村宜居宜业、农民富裕富足"。[①]从各方信息看，"十四五"时期料将掀起乡村建设和乡村生态建设新高潮。

为了实现乡村生态振兴和推进乡村全面振兴，综合基层调研了解到的情况看，在即将到来的如火如荼的实践中，一方面要克服"一刀切"倾向，充分考虑乡村生态环境和乡村生态建设的特殊性，科学研拟针对性较强的实施方案，力争规避生态振兴事倍功半情况的出现；另一方面要克服"碎片化"倾向，统筹考虑乡村生态建设与乡村范畴的其他工作，科学研拟系统性较强的实施方案，力争规避生态振兴"一枝独秀"现象的出现。

初步研究发现，要达成这些目标，亟需构建一个加快乡村生态振兴与基层治理现代化"一体化推进，互嵌式发展"的格局。这既是对战略意见关于协调推进乡村经济、政治、社会、文化、生态文明和党的建设之精神的遵循，也是对加快国家治理现代化和基层治理现代化之要求的落实，还是由乡村生态建设与基层治理民主化、科学化和法治化之间存在的"天然的契合"所决定的。二者之间的逻辑契合主要表现为：乡村

[①] 《习近平在中央农村工作会议上强调 坚持把解决好"三农"问题作为全党工作重中之重 促进农业高质高效乡村宜居宜业农民富裕富足》，《人民日报》2020年12月30日第1版。

生态建设不但需要贯彻民主、科学和法治理念，而且适合践行民主、科学和法治理念，而这也意味乡村生态建设可以承担更多推进基层治理现代化的重任。故而，在实践中除要自觉践行"坚持党管农村工作"原则外，还需牢固树立和强化"互嵌"意识：将基层治理现代化的核心要素即民主、科学、法治原则贯彻到乡村生态建设的全过程，以乡村生态建设为切口推进基层治理民主化、科学化和法治化，唯有如此，才能更有效地推进乡村生态振兴和实现"创新乡村治理方式，提高乡村善治水平"[①] 的目标，才能收获乡村生态振兴和基层治理现代化的双促共赢。乡村风光誉满全球的英国的相关实践支持了这一判断，并为如何研拟推进二者实现"互嵌式"发展的具体方案提供了宝贵经验，我国在实践中可结合地方实际情况予以参鉴。

第三节　协同推进水治理与国家治理现代化

实现从传统治水到水治理现代化的转型，是我国新发展阶段的重要任务。从世界趋势看，水治理现代化因管用奏效而在全球范围内蔚然成风。同时，水治理现代化不仅是国家治理现代化的题中应有之义，且既有实践表明其还是加快推动国家治理现代化的引擎。研究发现，欧洲在治理莱茵河、多瑙河、奥得河三条跨界河流过程中，创造了一套"有机共治"模式，诠释了水治理现代化的要义以及如何实现科学、依法和民主治水的路径，为我国推进水治理现代化乃至国家治理现代化提供了有益启迪。[②]

一　理解水治理与国家治理现代化

水是基础性自然资源和战略性经济资源。维护健康水生态，保障国家水安全，以水资源可持续利用支撑经济社会可持续发展，是关系国计

[①] 《习近平在中央农村工作会议上强调　坚持把解决好"三农"问题作为全党工作重中之重　促进农业高质高效乡村宜居宜业农民富裕富足》，《人民日报》2020 年 12 月 30 日第 1 版。

[②] 本节为本人已公开发表成果，详见王红艳《欧洲跨界河流共治实践及对推进水治理现代化的启示》，《国外社会科学》2022 年第 1 期。

民生的大事①。坚持不懈抓好水治理对任何国家均十分必要、意义重大。我国幅员辽阔，地形地貌复杂，大多处于季风气候地带，故而大部分江河径流时空分布严重不均，河湖水系自然演变较为剧烈，加之人口基数大、开发强度高，水治理任务自古以来就十分艰巨，中华民族的历史几乎是一部治水史。②

中国共产党一贯重视水治理工作。早在新民主主义革命时期，中国共产党就在江西瑞金、陕西延安等地有组织有计划地发展水利事业，为根据地建设以及红色政权的稳固提供必要支撑。新中国成立以来，我国治水历史大致可以划分为三个阶段③：一是社会主义革命和建设时期，在全国范围内开展大规模的防洪灌溉基础设施兴修工作，以应对频繁发生的水旱灾害和日益增大的粮食生产压力，为国民经济的恢复发展创造良好条件；二是改革开放和社会主义现代化建设新时期，积极推动水利工作改革，为工业化、城市化的大力推进以及计划经济体制向市场经济体制的逐步转型奠定坚实基础；三是中国特色社会主义新时代，水治理和生态文明建设被纳入"五位一体"总体布局加以谋划、部署和推进，获得更显著的战略地位和更充沛的综合支持。

进入新发展阶段以来，我国水治理面临诸多新的挑战和机遇。新挑战主要有：其一，水资源短缺、水生态损害和水环境污染等水安全新老问题相互交织，严重影响到经济社会可持续发展；其二，新发展格局的加快构建对粮食、经济、生态安全提出了越来越高的要求，相应地对生活、生态、产业用水需求以及用水量、用水效率、用水标准也提出了越来越高的要求；④ 其三，中华民族伟大复兴的战略全局与世界百年未有之大变局"两个大局"叠加激荡，使得治理好相关国际河流并借此处理好我国同周边国家的关系变得更加重要和迫切。就新机遇而言，一则"创

---

① 娄勤俭：《开创治水兴水新局面——深入学习贯彻习近平同志关于系统治水的重要论述》，《人民日报》2016 年 6 月 20 日第 7 版。

② 李宗礼、陈伟等：《基于"双治"理念的中国现代治水战略思考》，《中国水利》第 9 期。

③ 陈茂山：《中国共产党领导下水利事业辉煌成就与基本经验》，《水利发展研究》2021 年第 7 期。

④ 李昂：《对新发展阶段水利工作推进"系统治理"的认识与思考》，《水利发展研究》2021 年第 5 期。

新、协调、绿色、开放、共享"新发展理念的提出，为创新水治理工作思路和体制机制指明了方向；二则在环境保护成为"世界政治主轴"的背景下，水治理在包括我国在内的世界主要国家均获得了更加显著的战略地位，进入更加重要的政治议程。

在新发展阶段应如何推进水治理工作？有的认为应坚持人民性，即必须始终把是否符合人民群众需求作为决策的根本依据、把人民群众满意与否作为衡量工作的重要标准；① 有的认为需强化系统性，即需进一步厘清水利等政府职能部门的权责，加强部门之间的沟通协作，不断完善水治理的体制机制；② 有的认为要提高有效性，可通过践行"治已病"与"治未病"相结合的"双治"理念来确保水治理的成效；③ 有的则认为务必继续坚持中国共产党在百年治水实践中所积累的"八条经验"，即坚持以人民为中心、坚持服务国家经济社会发展大局、坚持保障国家安全、坚持遵循自然规律、坚持问题导向、坚持底线思维、坚持改革创新和坚持科技驱动。④

这些观点见仁见智，不乏可圈可点之处。本书则认为，在根本意义上讲，新阶段完成水治理新任务和达成水治理新目标，需在坚持中国共产党的领导下，坚定不移以人民为中心，同时，不断强化现代化思维，积极探索水治理现代化的要义和实现路径。这是因为：一则从顶层设计看，习近平总书记提出了新时代"十六字治水方针"即"节水优先、空间均衡、系统治理、两手发力"⑤，其间不乏现代化要求；二则从国家宏观发展战略看，我国作出了推进国家治理体系和治理能力现代化的重大决定和统一部署，而水治理现代化不仅是国家治理现代化的题中应有之

---

① 郑朝纲：《激荡七十年奋进新征程——中国共产党领导下的淮河治理》，《江淮文史》2021年第5期。

② 李昂：《对新发展阶段水利工作推进"系统治理"的认识与思考》，《水利发展研究》2021年第5期。

③ 李宗礼、陈伟等：《基于"双治"理念的中国现代治水战略思考》，《中国水利》2020年第9期。

④ 陈茂山：《中国共产党领导下水利事业辉煌成就与基本经验》，《水利发展研究》2021年第7期。

⑤ 中共中央文献研究室编：《习近平关于社会主义生态文明建设论述摘编》，中央文献出版社2017年版，第53—54页。

义，且既有实践表明其还是加快推动国家治理现代化的引擎；三则从世界趋势看，水治理现代化因管用奏效而在全球范围内蔚然成风。然而，从既有文献资料看，关于水治理现代化的研究十分稀少，且多为"戴帽式"或"蜻蜓点水式"研究，例如有文章着力阐释江西水利现代化工作思路，指出现代化必须在体现新发展理念、系统观念、生态文明思想和人民性四个方面着力，并与"平安中国""幸福中国""健康中国"和"乡村振兴"等重大发展战略深度融合，[①] 但关于什么是水治理现代化语焉不详，显然未对水治理现代化作深入系统的学理性探讨。

同时，本书尝试以跨界河流的治理为切入点来探讨水治理现代化的要义和实现路径，理由有二：一方面，我国跨界河流众多，长江、黄河、黑龙江、松花江、珠江、雅鲁藏布江、澜沧江、怒江、汉江、辽河等均是流程长达数千公里的跨界河流（包括跨越国界和境内跨越行政边界两种情形），而且，跨界河流涉及区域广泛，牵涉利益主体多元，治理过程颇为复杂，治理结果影响深远，其治理是新发展阶段水治理工作的重中之重、难中之难，亟需破解之法，因而从某种意义上讲，把跨界河流治理好了就等于把水治理好了；另一方面，跨界河流系一种复杂的公共产品，跨界河流治理是生态文明建设中的重要版块，而研究表明，包括水治理在内的生态文明建设与治理现代化在内在逻辑上"天然契合"。

然而，既有研究成果多为个案描述和工作总结，缺乏深入、系统的理论阐释，难以满足指导实践创新的需要，亟需补齐研究短板。例如：有文章介绍，京津冀成立了"京津冀及周边地区水污染防治协作小组"，签署了合作框架协议，按照"四统一"即统一规划、统一标准、统一监测、统一执法的原则和方式推进水污染防治；水利部太湖流域管理局、江苏省河长办、浙江省河长办、上海市河长办实施了太湖淀山湖湖长协作会议制度，出台了《太湖淀山湖湖长协作机制规则》，上海市人民政府、江苏省人民政府、浙江省人民政府还联合发布了《关于支持长三角生态绿色一体化发展示范区高质量发展的若干政策措施》；粤港澳制定了《粤港澳大湾区发展规划纲要》，设立了环保合作小组和专责（项）小组，建立健全了联席会议制度以及环保信用评价、信息强制性披露、严惩重

[①] 罗传彬：《关于推进江西水利现代化的思考》，《江西水利科技》2021 年第 6 期。

罚等制度，加大了以横向合作方式推进水治理工作的力度。[1] 还有文章介绍，上海市金山区、浙江省嘉兴市、浙江省平湖市三地人大常委会构建了区域生态环境联合监督机制，并在交界区开展了河道整治等联合执法检查活动。[2]

再者，本书选择以欧洲跨界河流治理实践为研究对象。这一方面是因为欧洲境内跨界河流众多，莱茵河、多瑙河、奥得河等国际河流尤其广为人知；另一方面是因为研究发现，这三条跨界河流在工业化过程中均受到严重污染，20世纪90年代之前，所涉国家等相关利益主体启动了一些治理项目，但因各自利益诉求、认识程度、战略目标、投入力量、方式方法和治理步调不尽相同而见效甚微，20世纪90年代以来，所涉国家等相关利益主体创新了治理理念、改变了治理办法，切实扭转了治理效果不彰的局面，并形成了一套具有现代化色彩的治理模式，为治理跨界河流积累了丰富经验。

二 欧洲跨界河流治理现代化实践

当前，莱茵河、多瑙河及奥得河不但已重返自然之美，水体水质和流域生态得到明显改善，基本完成国际公约所确定的目标以及欧盟下达的有关要求，而且河流沿岸综合开发利用态势良好，沿岸逐步建成了一个囊括工业、农业、航运、休闲、自然保护、水电饮用、水体治理及土地治理的庞大产业网络。这三条跨界河流的治理之所以取得如此显著成效，主要是因为所涉国家等相关利益主体构建并坚持不懈地运行着一套有效的共治体系。[3]

（一）创建共治平台

莱茵河全长1232公里，发源于瑞士，流经列支敦士登、奥地利、德国、法国，最后于荷兰注入北海。为了保护好莱茵河及北海，所涉国家

---

[1] 周莹雅、沈建伟：《长三角生态绿色一体化发展示范区"联合河长制"经验与思考》，《中国水利》2021年第10期。
[2] 俞斓、陈俊青：《金山—平湖联动治水"一盘棋"》，《上海人大》2021年第5期。
[3] 文中所用相关资料未注明其他出处的均来自保护莱茵河国际委员会的官方网站 iksr.org、保护多瑙河国际委员会的官方网站 icpdr.org/main/以及保护奥得河国际委员会的官方网站 mkoo.pl，最后访问日期为2021年3月1日。

等相关利益主体于 1950 年成立了保护莱茵河国际委员会（ICPR）。

多瑙河全长 2857 公里，发源于德国，流经奥地利、斯洛伐克、匈牙利、克罗地亚、塞尔维亚、罗马尼亚、保加利亚、摩尔多瓦和乌克兰，流域范围还包括波兰等九个国家，最后注入黑海。为了让多瑙河更清洁、更健康和更安全，所涉国家等相关利益主体在经过数十年的磋商后，于 1998 年起运行保护多瑙河国际委员会（ICPDR）。

奥得河全长 854 公里，发源于捷克，流经德国、波兰，主流最后注入波罗的海附近的什切青潟湖。为了保护奥得河与波罗的海免受污染，所涉国家等相关利益主体于 1996 年成立并开始运行保护奥得河国际委员会（ICPO）。

这三个国际委员会均由缔约方代表团组成（代表团成员由各缔约方根据有关规定任命），是跨界河流治理的长效共治平台，具有法人资格，其行为受其秘书处所在国法律的管辖。保护莱茵河委员会秘书处设在德国的科布伦茨，保护多瑙河委员会秘书处设在奥地利的维也纳，保护奥得河委员会秘书处设在波兰的弗罗茨瓦夫。过去的数十年里，这三个国际委员会分别为治理和保护莱茵河、多瑙河及奥得河发挥了重要的枢纽作用，成为国际河流跨国合作治理的典范，其中，保护多瑙河国际委员会、保护莱茵河国际委员会还分别获得 2007、2014 年度的舍斯国际河流奖（Thiess International River Prize）。

舍斯国际河流奖是一项全球知名环保大奖。该奖项由一家非盈利组织——国际河流基金会（IRF）于 1999 年发起，旨在通过评选和表彰在河流管理和修复方面作出卓越成就的团体、组织、流域和社区，促进河流生态健康和增强复原活力，进而推动基层社区、流域生态系统和区域经济繁荣发展。该奖两年一评，交替评选国际大奖和地区大奖，截至当前已评出 20 项国际大奖和 22 项地区大奖。资料显示，建立伙伴合作关系、充分抓好社区动员、制定实施系统治理方案、强调可持续化发展以及注重规划、评估和监督等，是以往获奖者的共同表现和胜出的关键所在[1]。

---

[1] "About the Riverprize", riverfoundation. org. au/our‐programs/riverprize/.

（二）制定共治指南

概要说来，跨界河流的相关利益主体依据以下四个层面的法律法规和行动计划推进共治工作：

一是相关利益主体根据国际公法的基本原则所制定的总体法律文书即国际合作公约。1999年，德国、法国、卢森堡、荷兰、瑞士以及欧洲共同体签署《保护莱茵河公约》[①]，内容覆盖1963年签订的《保护莱茵河免受污染国际委员会公约》及其附加协定、1976年签订的《保护莱茵河免受化学污染公约》和《保护莱茵河免受氯化物污染公约》、1991年签订的《〈氯化物公约〉附加议定书》。1994年，德国、捷克、奥地利、斯洛伐克、匈牙利、斯洛文尼亚、克罗地亚、塞尔维亚、黑山、波斯尼亚和黑塞哥维那、保加利亚、罗马尼亚、摩尔多瓦、乌克兰以及欧洲共同体签署《保护多瑙河公约》（1998年10月生效）。1996年，德国、波兰、捷克以及欧洲共同体签署《保护奥得河国际公约》（1999年4月生效）。

二是国际委员会根据国际合作公约所制定的各类议事和办事规则，包括机构设立规则、工作人员选拔办法、重大事项决策机制、观察员身份授予程序等。

三是欧盟所颁布的有关法律法规和战略规划。主要包括两项：其一，欧洲议会和欧洲理事会于2000年10月颁布的《水框架指令》（WFD）和《水框架指令共同实施战略》（CIS），这是一项综合性水政策和水法律。其二，欧洲议会和欧洲理事会于2007年10月颁布的《洪水指令》（FD），这是一项专门针对欧洲洪灾风险评估和管理的政策法规，是对《水框架指令》的补充。二者对所有欧洲共同体/欧盟成员国具有法律约束力。

四是国际委员会在不同阶段所制定的战略规划和行动计划。例如：保护莱茵河国际委员会于1987年发布的《莱茵河行动计划（1987—2000年）》，于2005年发布的《莱茵河2020年》即《莱茵河可持续发展计划》，以及2020年发布的《莱茵河2040计划》；保护多瑙河国际委员会定期发布的《战略行动计划》等；保护奥得河国际委员会定期发布的《流域管理计划》等。

---

① 自2009年起，欧洲共同体的地位与职能由欧洲联盟（简称"欧盟"）承接。

(三) 确立共治机制

一是顶层决策机制。三个国际委员会的最高决策机构均是国际委员会全体会议，该会议由国际委员会主席按照有关规定定期召集各代表团全体成员召开；次高决策机构为代表团团长会议或部长会议，该会议一般在两次国际委员会全体会议之间召开。但是，如遇特殊情况，经国际委员会主席与各国代表团团长会商后还可召开特别会议。此外，三个国际委员会还建立了国际委员会全体会议扩大会议机制，邀请欧盟《水框架指令》覆盖国及观察员代表参加，但他们在会上仅有发言权而没有表决权。

二是国际委员会主席的确定及其工作机制。包括两种情形：保护莱茵河国际委员会和保护奥得河国际委员会的主席国由缔约方轮流担任，任期三年；保护多瑙河委员会按缔约方名称首字母顺序逐年产生轮值主席国。三者均规定国际委员会的主席由轮值主席国指定人选担任，一般为该国主管环保等相关工作的部长。国际委员会主席代表国际委员会，并负责国际委员会的全面工作，包括主持国际委员会全体会议、代表团团长会议和特别会议，以及督促国际委员会向缔约方定期提供年度工作报告。需要注意的是，国际委员会主席在这些会议上不能代表其所在的代表团发言。

三是秘书处的组建及其工作机制。秘书处在国际委员会主席的领导下负责日常事务的统筹协调工作，包括会议筹备、语言翻译服务、内部协调、专家联络、信息系统维护、观察员的申报受理工作等。秘书处的工作人员由主席和秘书长根据有关规定和标准从申请者中筛选，工作人员就职时需宣誓，表示自己在履职时会"超越母国利益，秉持公平公正原则"。

四是工作组的设立及其工作机制。工作组的任务设定、成员人数以及负责人由国际委员会确定，具体构成人员和专家由各国代表团根据有关规定和标准指定或选拔。三个国际委员会在工作组的具体设置上略有不同。

保护莱茵河委员会设六个工作组，即旱涝组（内设三个专家小组）、水质和排放组（内设六个专家小组）、生态组（内设三个专家小组）、工程组、战略组及数据管理组。其中，战略组负责督促各组依据有关战略推进联合治水工作。

保护多瑙河委员会设七个工作组，即洪水防治组、事故防控组、公众参与组、流域治理组（内设经济小组和水电小组）、监督评估组（负责地表水监测）、压力测量组（负责水中养分监测）和信息管理组（负责地理信息系统的开发和维护）。此外，还设立特别行动组，负责国别性而非全流域性项目。

保护奥得河委员会设五个工作组，即"水框架指令"工作组，负责协调推动"水框架指令"的实施，内设监测小组和流域治理计划小组；洪水工作组，负责监测"奥得河集水区防洪计划"的实施；意外污染工作组，负责建立和更新国际预警系统和制定国际应急预案；法律事务组，负责对《保护奥得河国际公约》和国际委员会通过的议事规则等进行法律解释；数据管理组，负责为上述工作组提供数据和地理信息服务。

五是观察员的吸纳。三个国际委员会均根据有关规则和标准从企业、非政府组织和国际组织中选择合适代表担任观察员，允其参加相关会议、治理行动和监督评价工作，鼓励其为水治理建言献策。此举意在引导和督促除政府之外的其他各类相关利益主体加入联合治理队伍，履行"共同体责任"。

（四）开发共治工具

三个国际委员会根据联合治水需要开发和运用了以下三种工具。

一是专业治理类工具。保护莱茵河委员会推出了"全域网络化水质监测点和抽样站"和"往返于河流上中下游的污染测试研究船"等；保护多瑙河委员会开发了"全域紧急事故预警系统""水质跨国监测网络"和"多瑙河信息系统"等；保护奥得河委员会创建了"全域联合预警系统"等。

二是提高公众环保意识类工具。保护莱茵河委员会设立了"访客中心"，该中心以自然保护中心、传统博物馆、体验中心等面目出现，而且贯穿全域、结成网络，主要职能包括介绍河流及其流域生态环境现状、讲解河流上中下游之间的关系、当前正在实施的治理工程及其对全域治理的意义等。保护多瑙河委员会借鉴舍斯国际河流奖的做法，于2013年携手可口可乐公司、国际河流基金会（IRF）以及欧洲河流修复中心共同发起了每年一度的"IRF欧洲河流奖"。保护奥得河委员会于2010年举办了名为"孩子眼里的河"的国际绘画大赛,参赛者为奥得河流域波兰、德国及捷克三国的小学生代表。

三是公关类工具。例如,保护奥得河委员会自2001年起,每年联合波兰弗罗茨瓦夫市议会等机构联合举办"VIP赛艇大赛",参赛者为奥得河沿岸相关治理机构和非政府组织派出的代表队,赛事的举办为密切联合治水相关机构之间的关系发挥了重要作用。

(五)筹措共治经费

经费来源有三:一是缔约方的出资,主要用于国际委员会和秘书处工作产生的费用。三个国际委员会的出资规定略有不同,保护莱茵河国际委员会、保护多瑙河国际委员会规定各缔约方原则上应贡献相等份额,保护奥得河国际委员会则规定德国和波兰的出资占比均为38.75%,捷克为20%,欧盟为2.50%。二是欧盟、联合国开发计划署、全球环境基金等有关组织和机构支持的经费,主要用于河流全域性治理项目;三是社会捐赠,资金具体用途由捐赠者与国际委员会商定。

经费管理工作由秘书处在主席的领导下具体负责,同时,秘书处聘请若干名审计员对每年的财务收支情况进行专项审计,审计员任期为三年左右。需要补充的是,缔约国还将根据国际委员会的统一部署并结合自身情况安排国内专项治理行动资金,但此经费并不纳入共治经费。

三 欧洲样本特征及启示

莱茵河、多瑙河、奥得河治理模式特征鲜明,为抓好国际、国内两种跨界河流的治理工作提供了参鉴样本,为推进水治理现代化提供了有益启迪。

(一)欧洲跨界河流共治体系的特点

欧洲跨界河流的治理卓有成效,是因为所涉国家等相关利益主体合力构建并运行了(着)一套共治体系,进一步研究发现,这套共治体系具有以下三个鲜明特点,呈现强烈的有机特质。

一是工作链条完整。这套共治体系环节齐备、结构完整。从宏观层面看,不但建立了永久性共治平台,还制定了共治指南、确立了共治机制、开发了共治工具,对筹措共治经费也提出了规范性要求。从微观层面看,每个委员会均根据跨界河流治理的特征和现实需求下设了若干工作组，职能覆盖洪水防治、事故防控、生态治理、公众参与、监督评估、信息管理等各个领域，有的甚至还创设了特别行动组以应不时之需。构建完整链条为跨界河流治理共同体履责奠定了良好的组织基础。

二是全类主体到场。从共治体系的成员构成看，不但河流所有流经国家的政府到场，而且其他类型的相关利益主体，例如欧盟机构、企业、非政府组织、国际组织、普通民众以及其他弱相关国家也均有参与，只是角色权责分配不同、介入程度不一。全类主体参与为打造跨界河流治理共同体创造了良好的人员和社会条件。

三是"三种要素"齐全。在这套共治体系中，科学、法治、民主元素无一缺场，而且它们几乎融入到制度政策设计的每个文本，贯彻到体制机制建构的每个环节，体现在实际工作中的每个点位。这样的设计，使得治理共同体中各行动主体、各组成部门、各工作环节之间的关联性和协调性显著增进，进而使得整个体系仿佛成为难以割裂的生物体并能保持旺盛的生命力，而这也使得其与临时性"草台班子"、强制性"拉郎配"等机械模式明显区别开来。

上述分析显示，欧洲跨界河流共治体系有机特质突出，有机共治体系的内涵和构建要求是：坚持和践行全链条构建原则，解决好治理共同体的骨架搭建问题；坚持和践行全主体参与原则，解决好治理共同体的血肉填注问题；坚持和践行科学、法治、民主理念，解决好治理共同体的精神和灵魂问题。其中，第三点堪称"点睛之笔"，最为关键。

(二) 欧洲跨界河流共治实践的启示

首先，实施共治是治理跨界河流的唯一出路。

跨界河流牵涉利益主体多，不同利益主体的诉求千差万别，跨界河流覆盖领域广，不同河段所面临的治理问题不尽相同，唯有通过治理共同体找出最大公约数并作出"一盘棋"的谋划和部署，才有可能规避公地悲剧、"免费搭车"、互相推诿或掣肘等乱象的出现。

事实上，联合治理原则也适用于一般性水治理。这是因为，世上鲜有不跨界的河流，它们要么跨越国界，要么跨越省、市、县、乡、村等行政区划，水治理始终需要面临形形色色的跨界问题。而且，伴随人工河流的不断开凿建设，泛流域治理问题日益突出，治理共同体的边界变得更加宽泛，治理过程变得更加复杂。

其次，实现有机共治是持续有序有效推进跨界河流治理的关键保障。

实施共治是治理跨界河流的唯一出路，但共治包括机械共治和有机共治两种类型，前者因各主体、各部分、各环节关联欠紧密、功能欠耦合、协作不顺畅、运作不高效而难以收到理想的治理效果，甚至不具可持续性，后者因为具备完整的工作链条，拥有全类利益主体的参与，以及科学、法治、民主原则的贯彻到底，做到了外在形式上有衔接、内在逻辑上能自洽的统合，而具有强大的生命力和理想的工作效率，才有规避各种乱象并达成预期治理目标的能力。

最后，有机共治承载和表达了水治理现代化的核心要义和实现路径。

有机共治的构件有三，其中贯彻执行科学、法治、民主原则最为关键，实现有机共治必须践行"三化"原则，达致"三化"标准才是有机共治。而科学、法治和民主是现代化的核心构成元素，治理现代化在最根本上指的是治理主体在配置、行使、监督和评估治理权的过程中坚持和践行科学、法治、民主理念。从这个意义上讲，有机共治承载和表达了水治理现代化乃至一般意义上的治理现代化的要义。深入分析还显示，有机共治揭示了水治理现代化的实现路径，具体情况如下：

实施科学化治理，一则要遵循自然规律，实现从改变和征服自然向调整人的行为和纠正人的错误行为转型；二则要强化系统思维，不但要将一个河段的水体水质、流域生态、沿岸经济社会发展情况看作一个系统，而且要将整个河流的上、中、下游看作一个系统，并将所有类型的相关利益主体整合起来打造一个长效合作平台和工作机制，将所有可资利用的经济、社会资本统筹起来构建一个可持续的资源池，在对全域共性和个性问题进行综合研判的基础上创建管用的全域性共治工具，协同化、制度化开展联合治理行动；三则要充分发挥专家作用，用足用好科技手段，为治理提供必要的理论指导、准确的信息依据、充足的智力支撑和及时的法律服务，进退有据地展开治理行动和投入治理经费。

实施法制化治理，一则要以法律形式明确界定沿岸及流域内相关利益主体的权利和义务；二则要以战略规划和行动计划明确界定治水目标、任务和推进线路；三则要建立专门的决策议事机制，设立专门的服务保障和监督执行机构。实践反复证明，水治理中不但需要处理人与自然界的关系，还要协调政府、市场、社会之间的关系以及府际乃至国际关系，没有契约的加持和规范的约束便会寸步难行,即使起步了也难以为继,唯有强化依法治理,才能有效规避权责不对等、资源配置不均衡、罅隙频生和摩擦不断等情况的发生。

实施民主化治理,一方面要牢固树立"保护河流,全域有责"的意识,全力激发流域相关国家、地区的责任心和积极性;另一方面要坚持践行"保护河流,人人有责"的理念,认真做好发动、吸纳和运用社会力量的文章,通过有效方式提高广大民众的环保意识和参与热情,引导广大民众以各种方式参与到治水行动中来,并为其提供有序参与的制度保障以及合法参与的平台及路径。提高民众环保意识的目的在于减少增量污染,从源头上解决治污水问题;提高民众参与热情的目的则在于增强治理主体的多元性和代表性,为水治理可持续化注入有生力量。

(三)我国水治理现代化存在的问题及改进对策

进入新时代以来,水治理被提上我国重要政治议程。中国共产党十九届代表大会更是将污染防治作为决胜全面建成小康社会的三大攻坚战之一,提出了要着力推进"碧水保卫战"。在此背景下,我国水治理工作总体上取得长足进步,为流域乃至全国经济社会发展、人民幸福安康提供了强有力的水安全支撑和保障。不少局部地区更有上佳表现,例如,淮河流域经过多年的努力,基本建成了与全面建成小康社会相适应的水安全保障体系;[1] 浙江省自2013年11月起,在全域范围内启动了涵盖治污水、防洪水、排涝水、保供水、抓节水的"五水共治"工程;[2] 江苏省淮安市积极打造水要素集聚中心、水资源配置中心和水文化交流中心,大力实施节水、清水、护水、配水、乐水之"五水行动"。[3]

然而,从水治理现代化视角看,这还远远不够。实现从传统治水到水治理现代化的转型,是新发展阶段的重要任务。水利等相关职能部门和地方政府应从现代化视角审视水治理现状,查找存在的短板弱项,及

---

[1] 郑朝纲:《激荡七十年奋进新征程——中国共产党领导下的淮河治理》,《江淮文史》2021年第5期。

[2] 黄宾等:《水资源治理公共政策效应评价——以钱塘江"五水共治"为例》,《中国农村水利水电》2021年第5期。

[3] 施恩佩:《聚焦三个中心实施五水行动奋力开启新时期治水兴水新征程》,《江苏水利》2021年第6期。

早制定具有现代化指向的发展规划和应对方案，走出一条通过现代化提高治水效率和质量，进而助推国家治理体系和治理能力现代化的路子。

欧洲有机共治模式自然不是完美的，但富有启迪，不但对治理国际跨界河流具有较强借鉴价值，而且因为诠释了水治理现代化的要义、揭示了实现水治理现代化的基本路径，对治理境内跨界河流同样具有参照意义。新阶段持续有序有效推进水治理工作和加快水治理现代化步伐，需认真贯彻习近平总书记关于水治理的要求，并在充分考虑我国国情的基础上积极借鉴欧洲经验以及其他有益域外经验。结合水治理现代化理论、我国水治理现状以及欧洲实践看，在坚持中国共产党对水治理工作的领导以及以人民为中心的前提下，当前需重点做好以下四个方面的工作。

1. 切实提高对推进水治理现代化迫切性的认识。

加快推进水治理现代化一是出于水治理工作本身的需要。当前，在一定范围内流行着"水治理不存在什么现代化问题"的观点。然而，水治理现代化是水治理的必然发展方向，从当前我国两方面情况看，更需牢固树立和坚决践行水现代化观念：一方面，水短缺、水污染、洪涝灾害等多形态水问题在全国范围内此起彼伏，严重影响到我国经济社会的健康、安全、可持续发展，2021年7—8月河南、湖北等地发生的水灾更是敲响了警钟；另一方面，我国已提出要建立水资源刚性约束制度，严格落实"以水定城、以水定地、以水定人、以水定产"要求。若不实现水治理现代化，则既难应对严峻现实挑战也难落实顶层要求。

加快推进水治理现代化二是出于国家治理现代化的需要。"为政之要，其枢在水"。治水与治国的关系从来就极其密切。大禹因为成功控制住了水而建立起我国历史上的第一个王朝。[1] 大禹治水还为中华民族奠定了物质、制度和思想基础，形塑了中华民族的乐水哲学和因民政治。[2] 当前，在大力推进国家治理体系和治理能力现代化的背景下，作为国家治理不可或缺组成部分的水治理，不但必须抓紧跟上国家整体治理现代化

---

[1] 王万里：《历史叙事与治水记忆：以谏壁闸为中心的考察》，《今古文创》2021年第6期。

[2] 曹应旺：《大禹治水与中国共产党的苦难辉煌》，《党史博采》2021年第7期。

的步伐,而且应该为推进国家整体治理现代化作出自己独特的贡献。那种水治理属于低政治范畴的观点是站不住脚的。

调研发现,推进水治理现代化可以成为实现国家治理现代化尤其是基层治理现代化的引擎,二者之间存在相互依赖和相互促进的关系。中国社会科学院政治学研究所国情调研组近年来在 Z 省 YQ 市调研时了解到,该市之所以能数次荣获 Z 省治水工作"大禹鼎",正是因为其在"五水共治"工程中较好地贯彻了现代化理念尤其是依法治水理念。而反过来,该市的治水工作又推动了该市人大工作体制机制改革,尤其是升级提质了其在全国范围内率先推出的"人民民主听证"制度。

2. 切实增强用系统论分析和解决问题的能力

综合当前各方情况看,我国在水治理中还存在这样那样的片面化、碎片化问题,系统化原则并未贯彻到底,系统治理目标远未实现,突出表现在以下三个方面。

从治理体制机制看,"九龙治水"难题并未完全破解,"大治水"架构和"大环保"格局尚未真正构建起来。一是,水利与自然资源、生态环境、农业、住建等其他政府职能部门协同发力的格局尚未真正构建起来,仍然存在各自为战、顾此失彼的情况,本位主义、部门主义倾向有待矫正;二是,虽然中共中央办公厅、国务院办公厅在 2016 年 11 月发出了《关于全面推行河长制的意见》,要求省、市、县、乡分级分段设立河长,分别负责组织领导相应河湖的管理和保护工作,明晰跨界河湖管理责任,协同推进联防联控工作[①],但实际工作中,河长负责制和属地管理制之间的"壁垒"没有完全打通,不少河流交界处仍然存在治理权责划分不清的"灰色地带",跨界联动的制度化程度不高,而且各地各段治理投入参差不齐,地方保护主义倾向仍然明显。

从治理依据看,法规政策、工作规划等的配套性明显不足。"保护生态环境必须依靠制度,依靠法制,只有实行最严格的制度,最最严密的

[①] 《中办国办印发〈关于全面推行河长制的意见〉》,《人民日报》2016 年 12 月 12 日第 1 版。

法治，才能为生态文明建设提供可靠保障"。① 进入新时代以来，涉水法制法规建设取得扎实进展。然而，从国家层面看，截至目前，仅颁布施行了一部流域专门法、特别法即《中华人民共和国长江保护法》（2020年12月通过），关于黄河等其他跨越多省的大江大河治理的法律法规尚未出台。从地方层面看，涉水立法情况参差不齐。2018年中国社会科学院政治学研究所国情调研组在H省CZ市调研了解到，在加快建设"资源节约型、环境友好型"两型社会的背景下，该省于2012年启动《Z省DJ湖水环境保护条例》（2001年通过）的修订工作，CZ市自2018年起正式施行《CZ市DJ湖流域水环境保护考核暂行办法》，这种积极作为显然并不非常普遍。还值得注意的是，从2016年以来中央生态环境保护督察组通报的情况看，无论是"条条"还是"块块"在水治理方面均还存在不执法、慢执法和被动式执法三种需要解决的问题。从澜沧江—湄公河等国际河流角度看，虽明确了要遵照"共商、共建、共治、共享"原则加强相关法规建设和完善联合治水的协调、监管、争端解决机制，而且建起了一些次区域合作机构，例如湄公河委员会（MRC）、大湄公河次区域经济合作（GMS）、东盟—湄公河流域开发合作（AMB-DC）、澜沧江—湄公河合作机制（LMC）等，但具有可操作性的配套发展规划和治理规则等仍在酝酿和磋商之中。

从治理工具看，水利措施与退减不合理灌溉面积、严控高耗水产业发展、耕地休养生息等非水利措施的统筹化运用程度不高，技术类治理工具与公关类、宣介类等非技术类治理工具的统筹化运用程度也不高。此外，信息化新技术运用存在区域不平衡的情况，而且信息孤岛化及信息共享率、利用率不高等情形屡见不鲜。

早在2014年3月，习近平总书记在中央财经领导小组第五次会议上就针对治水问题提出了"系统治理"的要求。2021年5月，习近平总书记在推进南水北调后续工程高质量发展座谈会上再次强调要用系统论的思想方法分析和处理问题。在接下来的水治理工作中，需切实贯彻执行习近平总书记的指示，及早解决上述问题，并始终坚持全面地而不是局

---

① 中共中央文献研究室编：《习近平关于社会主义生态文明建设论述摘编》，中央文献出版社2017年版，第99页。

部地审视和定位治水问题，联系地而不是孤立地谋划治水问题，历史地而不是功利地处理治水问题，扎实推进水治理系统化和现代化工作。[1]

3. 切实将精细化理念贯彻到每项具体工作中去

对比我国水治理现状和欧洲跨界河流治理实践看，我国在精细化方面存在较大差距。

我国相关法律法规的精细化程度有待提高。例如，《中华人民共和国水污染防治法》强调要在全国范围内推行四级河长制，但对河长的法律地位、权力边界、职务序列归属等没有清晰规定，导致出现河长"有责无权""有名无实""光杆司令"等尴尬局面。[2] 民间河长与政府河长的共同合作机制、专家型河长与政府型河长的协同配合机制更是没有涉及[3]。

我国在开发精细化治理平台、工具方面也做得还不够。进入新时代以来，越来越多的地方政府意识到公众参与的益处，开始注重搭建各种参与平台，积极打造"互联网＋"公众治水新模式。但由于信息公开化程度不高、专业术语过多、监管投诉程序设计复杂等"对用户不友好"的因素，导致公众参与成本偏高而出现较为普遍的参与冷漠。

实现水治理真正的现代化，不仅要分别做到科学化、法治化和民主化以及"三化"的融通，而且要通过精细化操作使三个理念都切实落地，使三项原则能有机嵌套，并渗透到每个相关领域、每个治理过程、每个工作细节。

---

[1] 顾伯冲：《治水为什么要坚持系统观念》，《学习时报》2021年5月27日。
[2] 景晓栋、田贵良：《河长制助推流域生态治理的实践与路径探索》，《河湖管理》2021年第8期。
[3] 颜海娜等：《"期望—手段—效价"理论视角下的"互联网＋"公众治水参与——基于广东省S市数据的多层次多元回归模型分析》，《北京行政学院学报》2021年第3期。

第 六 章

全过程人民民主与国家治理现代化

中国特色社会主义进入新时代以来，积极发展全过程人民民主。民主化是国家治理现代化的题中应有之义，全过程人民民主既为国家治理现代化提供了新机遇，也对国家治理现代化提出了全新要求。协同推进全过程人民民主与国家治理现代化，必定收获二者的双促互赢。需要注意的是，在协同推进过程中，毫不动摇坚持党的领导是根本前提和政治保证，焕发人民群众的参与积极性是重点和难点，切实推动协商民主广泛多层制度化发展是理性选择和科学方案，进而尝试实现对外部援助取向、强力监督取向的治理模式的超越。

第一节 坚持党的全面领导

中国共产党是我们成就伟业最可靠的主心骨。没有中国共产党的领导就没有中国人民的真正当家作主，更谈不上发展全过程人民民主，中国共产党的领导对于发展全过程人民民主的意义是根本性的。而从更具体层面看，作为一个在世界上最大的发展中国家长期执政的马克思主义政党，中国共产党出于政治自觉，同时根据党情国情需要和长期实践积累的经验，在制定实施民主政治发展方案时选择坚持实行民主集中制，大力发展协商民主，建立健全人民当家作主制度体系，不断创新民主实践平台渠道，从配置逻辑、制度安排、实践条件等各方面为民主发展提供坚实保障。在此背景下生成的民主呈现人民性、真实性、广泛性、有效性、可持续性五个相辅相成的特性，并成其为全过程人民民主。继续发展全过程人民民主，必须毫不动摇坚持中国共产党的领导。[①]

一 理解全过程人民民主

2019年11月，习近平总书记在上海市长宁区虹桥街道古北市民中心考察时强调："我们走的是一条中国特色社会主义政治发展道路，人民民主是一种全过程的民主，所有的重大立法决策都是依照程序、经过民主酝酿，通过科学决策、民主决策产生的。"[②] 自此，国内学界涌现大批关于全过程人民民主的研究成果，其中包含不少可圈可点之笔，对帮助理解全过程人民民主不乏裨益。文献梳理显示，既有成果主要聚焦三个方面。

一是全过程人民民主的定义和内涵。有学者认为，"全过程"指的是政治民主与经济民主、国家民主与社会民主、程序民主与实质民主、选举民主与协商民主的有机结合[③]；有学者认为，"全过程"强调的是表达、协商、征询、决策、评价等所有环节的齐全[④]；有学者认为，"全过程"一则表现为民主的全过程、全口径、全环节、全领域、全覆盖、全步骤；二则表现为民主理念、价值、方法与途径在更多公共政治领域的拓展；三则表现为民主选举、民主决策、民主协商、民主管理、民主监督五种形式的协同发展。[⑤]

二是全过程人民民主的特征和优势。有学者认为，全过程人民民主坚持以人民为中心，相较被资本随意操纵的"金钱民主""精英民主"而言具有巨大优势[⑥]；有学者认为，全过程人民民主追求和实现形式与内容的统一，相较西方的"政治空转"而言具有更高质量[⑦]；有学者认为，如

[①] 本节主要内容见王红艳《党的领导：发展全过程人民民主的根本政治保障》，《探索》2022年第3期。

[②] 《"有事好商量，众人的事情由众人商量"（习近平的小康故事）》，《人民日报》2021年7月6日第2版。

[③] 祝灵君：《推进全过程民主离不开党的领导》，《探索与争鸣》2020年第12期。

[④] 刘建军、张远：《论全过程人民民主》，《社会政策研究》2021年第4期。

[⑤] 桑玉成等：《全过程人民民主理论探析》，上海人民出版社2021年版，第229页。

[⑥] 冯颜利：《全过程人民民主才是真正的民主》，《当代政治》2021年第8期。

[⑦] 樊鹏：《全过程人民民主：具有显著制度优势的高质量民主》，《政治学研究》2021年第4期；李笑宇：《全过程人民民主：运行机制与显著优势》，《科学社会主义》2021年第5期。

果说马克思主义经典作家的民主理论主要回答了人民如何"创造国家"的问题,那么全过程人民民主则回答了人民如何"进入国家"的问题。[1]

三是全过程人民民主实现路径和机制。有学者认为,为充分发挥全过程人民民主在主体广泛、形式复合、目的有效、过程持续上的优势,有必要从各个层级为其提供法治保障[2];有学者认为,为提升全过程人民民主的治理效能,有必要从法律上和制度上对公民参与作出程序化的安排[3];有学者认为,有必要借助智能技术、区块链技术等智能文明来激发全过程人民民主的优势[4];有学者认为,需从责任观念、责任结构、责任行动三个方面入手为全过程人民民主提供责任政治保障[5];有学者认为,需通过加强现代公民文化培育工作来推进全过程人民民主建设[6];有学者认为,需将全过程人民民主嵌入公共政策议程,以期在公共政策优化的同时实现民主政治的发展[7];有学者认为,发展全过程人民民主,政党体制是最高纲领,制度体系是重要保障,基层党建是组织基础,舆论引导是关键所在。[8]

时至 2021 年 10 月,习近平总书记在中央人大工作会议上对全过程人民民主作出了系统深入的阐释,指出:"我国全过程人民民主不仅有完整的制度程序,而且有完整的参与实践。我国全过程人民民主实现了过程民主和成果民主、程序民主和实质民主、直接民主和间接民主、人民民主和国家意志的相统一,是全链条、全方位、全覆盖的民主,是最广泛、

---

[1] 商红日:《全过程民主彰显人民民主的本质》,《探索与争鸣》2020 年第 12 期。
[2] 林彦:《全过程人民民主的法治保障》,《东方法学》2021 年第 5 期。
[3] 王聪:《治理效能视角下公民参与公共服务的制度研究》《重庆大学学报》(社会科学版)2021 年第 5 期。
[4] 高奇琦、杜欢:《智能文明与全过程民主的发展:国家治理现代化的新命题》,《社会科学》2020 年第 5 期。
[5] 张贤明:《全过程民主的责任政治逻辑》,《探索与争鸣》2020 年第 12 期。
[6] 刘军、李洋:《"全过程"的人民民主:中国式民主的制度设计与建设实践》,《科学社会主义》2021 年第 1 期。
[7] 孔繁斌:《全过程民主:政策参与过程优化的新情景》,《探索与争鸣》2020 年第 12 期;张君:《全过程人民民主:新时代人民民主的新形态》,《政治学研究》2021 年第 4 期。
[8] 吴玲娜、赵欢春:《全过程人民民主:党领导社会主义民主政治建设的历史必然》,《江苏社会科学》2021 年第 6 期。

最真实、最管用的社会主义民主。"① 这为我们理解、把握和发展全过程人民民主提供了根本遵循。

根据习近平总书记的重要论述,结合学界既有研究成果看,全过程人民民主首先是人民民主、具有鲜明的人民性;"两个完整""三个齐全"分别形塑全过程人民民主的真实性和广泛性;"四个统一"是影响全过程人民民主有效性的关键因子;人民性、真实性、广泛性、有效性则合力保证全过程人民民主的可持续性。这五个特性充分彰显全过程人民民主的先进性科学性。正因如此,全过程人民民主被认为是世界民主政治的新形态,是中国对人类政治文明作出的新贡献。②

具有五个特性的民主,才成其为全过程人民民主。全过程人民民主之所以出现在中国,是因为有一套独特的保障机制。全过程人民民主的继续发展自然还需要这套保障机制并不断加以完善。那么,这套机制的要素是什么?独特之处是什么?既有学术研究成果要么从法律制度、智能技术角度进行思考,要么从公共政策、政治责任角度作出分析,不同程度地存在政治站位不高问题,或者说未能抓住根本问题,分析的系统性深入性上也存在一些不足。

本书认为,全过程人民民主保障机制最根本的要素是中国共产党的领导。一方面,中国共产党的领导是中国特色社会主义的本质特征,是中国特色社会主义民主政治的本质特征。历史和实践充分证明,没有中国共产党,就没有新中国,就没有中国人民的真正当家作主,更谈不上发展全过程人民民主。另一方面,中国共产党是一个百年大党,是一个在世界上最大的发展中国家长期执政的政党,不但充分了解国情、深刻洞察经济社会发展规律,在实践中积累了丰富的经验,而且在与中国人民的长期并肩奋斗中赢得了广大人民的衷心拥护和自觉支持,有足够的

---

① 习近平:《论人民当家作主》,中央文献出版社2021年版,第336页。另,本书此后将"完整的制度程序、完整的参与实践"简称为"两个完整",将"全链条、全方位、全覆盖"简称为"三个齐全",将"过程民主和成果民主、程序民主和实质民主、直接民主和间接民主、人民民主和国家意志的相统一"简称为"四个统一"。

② 张树华:《中国式民主在人类政治文明中绽放光彩》,《光明日报》2021年12月24日;王炳权、张君:《发展全过程人民民主丰富人类政治文明形态》,《人民日报》2021年12月15日。

权威、能力和条件为发展全过程人民民主提供全面系统、坚实有力的支撑。

由是观之，中国共产党的领导，是发展全过程人民民主的根本保证。那么，从更具体的层面看，中国共产党的领导为什么能保障全过程人民民主？如何保障具有五个特性的全过程人民民主？这正是本书的研究旨趣。回答好这一问题，不但有助于为坚持中国共产党的领导、推动全过程人民民主发展提出科学有效的对策建议，而且有助于提高讲述"中国共产党的故事"及"中国民主的故事"的质量，还有助于深化对中国民主特性、中国民主发展机制以及中国特色社会主义民主政治发展模式的研究，因而具有值得关注的现实意义和学术价值。

二 党的领导保障全过程人民民主的人民性

全过程人民民主的根本特征是人民性。人民性涉及民主权利、民主权力的归属以及两权耦合问题，属于"质"的范畴，针对的是"谁当家谁作主"这一命题。如果说民主的正解是"人民当家作主"或者"人民统治"的话，那么人民性就是全过程人民民主其他四个特性的根源所在。

（一）中国共产党具有保障中国人民当家作主的动机和愿望

中国共产党是一个马克思主义政党，其本质属性决定了其始终能够也必须"代表中国最广大人民根本利益，没有任何自己特殊的利益，从来不代表任何利益集团、任何权势团体、任何特权阶层的利益"。[①] 故而一经诞生，中国共产党就把为人民谋幸福和为民族谋复兴作为自己的初心使命，把发展人民民主作为自己义不容辞的责任。从新民主主义革命时期、社会主义革命和建设时期，到改革开放和社会主义现代化建设新时期，再到中国特色社会主义进入新时代，中国共产党为追求、实行和发展人民民主作出了不懈努力。中国共产党的百年奋斗史就是一部团结带领中国人民追求、发展人民民主的奋斗史。

（二）中国共产党保证中国民主沿着人民民主的方向运行和发展

中国共产党在发展中国民主的过程中，始终坚持以人为本而不是以

---

① 《中共中央关于党的百年奋斗重大成就和历史经验的决议》，人民出版社2021年版，第66页。

资本为本，始终坚持以人民为中心而不是以精英为中心，始终坚持为人民服务而不是为权势团体服务。中国共产党带领中国人民制定的《中华人民共和国宪法》明确指出，"中华人民共和国的一切权力属于人民""人民依照法律规定，通过各种途径和形式，管理国家事务，管理经济和文化事业，管理社会事务"。[①] 在人民代表大会代表选举等民主实践中，坚持践行绝不根据地位、财富、关系分配政治权力的原则，严厉查办违纪违法案件。资料显示，2013年11月至2017年10月，中国纪检监察部门对湖南衡阳破坏选举案涉案的467人进行了严肃问责、对四川南充拉票贿选案涉案的477人进行了严肃处理、对辽宁省系统性拉票贿选案涉案的955人进行了问责处理，[②] 充分彰显中国共产党捍卫中国民主人民性的决心和能力。

中国民主之所以能在人民民主的轨道上运行和发展，主要是因为中国共产党出于政治自觉而始终坚持践行"为了人民执政、依靠人民执政"的民主执政理念，一贯强调"其一切理论和路线方针政策，其一切工作部署和工作安排，都应该来自人民，都应该为人民利益而制定和实施"[③]。在实际工作中，中国共产党持续推进党内监督，积极发挥人大监督、国家监察、行政监督、民主监督、司法监督、审计监督、统计监督、财会监督以及舆论监督和群众监督的作用，构建并运行着一套以党内监督为主导、各类监督有机贯通的"大监督"工作格局，并扎实做好正风肃纪反腐工作，严厉查办侵犯人民群众切实利益的违纪违法案件，为"权为民所用、利为民所谋"提供科学有效的体制机制保障和现实工作基础。资料显示，中国共产党在2018年至2020年期间安排部署扶贫领域专项治理工作，强力纠治扶贫领域形式主义、官僚主义和弄虚作假等突出问题，严厉惩治扶贫中出现的贪污侵占等违纪违法行为。其中，2018年全国范

---

① 《中华人民共和国宪法》，《人民日报》2018年3月22日第1版。
② 《十八届中央纪律检查委员会向中国共产党第十九次全国代表大会的工作报告（2017年10月24日中国共产党第十九次全国代表大会通过）》，《人民日报》2017年10月30日第1版。
③ 习近平：《论人民当家作主》，中央文献出版社2021年版，第100—101页。

围内合计查处 13.1 万件扶贫领域腐败和作风问题①，2019 年全国合计查处 8.5 万件扶贫领域腐败和作风问题②，为贫困人口和贫困地区如期脱贫摘帽发挥不可或缺的作用。自我革命和反腐败斗争的强力推进，不但有效规避了"寡头统治的铁律"，而且不断提高了中国共产党的执政能力，充分夯实了中国共产党长期执政的政治和群众基础。

中国民主之所以能在人民民主的轨道上运行和发展，主要还因为中国共产党在执政过程中有效掌控财力和人力两个关键领域。一是中国实施公有制经济为主体、多种所有制经济共同发展，按劳分配为主体、多种分配方式并存以及社会主义市场经济的基本经济制度，始终坚持国有企业是中国特色社会主义之重要物质基础、政治基础以及中国共产党执政兴国之重要支柱和依靠力量的定位，高度重视国有企业的深化改革和健康发展，故而切实把国民经济的经济命脉掌握在人民手中，为实行全过程人民民主提供坚实的政治经济基础。二是中国共产党始终坚持德才兼备、以德为先的原则选拔任用各级各类人才尤其是党政领导干部，认真抓好后续的培训、监督和激励工作，并且常态化制度化推进初心使命教育工作，故而始终能够确保人民的权力掌握在忠于马克思主义、忠于党、忠于人民的人手中，为实行全过程人民民主提供必需的队伍和人才基础。③

（三）中国共产党大力推动充分体现人民性且有助于提高人民性的民主实践

中国共产党积极发展"民生导向型民主"。一方面，中国共产党在发展民主过程中，坚持践行"民主不是装饰品，不是用来做摆设的"④ 的理念，不搞花架子，而以改善人民生活水平、增进民生福祉为目标。另一

---

① 赵乐际：《忠实履行党章和宪法赋予的职责努力实现新时代纪检监察工作高质量发展——在中国共产党第十九届中央纪律检查委员会第三次全体会议上的工作报告》，《人民日报》2019 年 2 月 21 日第 4 版。

② 赵乐际：《坚持和完善党和国家监督体系为全面建成小康社会提供坚强保障——在中国共产党第十九届中央纪律检查委员会第四次全体会议上的工作报告》，《人民日报》2020 年 2 月 25 日第 3 版。

③ 中华人民共和国国务院新闻办公室：《中国的民主》，《人民日报》2021 年 12 月 5 日第 5 版。

④ 习近平：《论人民当家作主》，中央文献出版社 2021 年版，第 101 页。

方面，在推进民生工作中，坚持践行民主理念，摒弃主观武断、脱离群众的做法，在提高民生福祉水平的同时，积极谋划提高国家治理体系和治理能力现代化程度。"民生型民主"的发展，不但有助于实现过程民主和成果民主、形式民主和实质民主的相统一，而且有助于推动民主与民生的相互促进，更因为人民群众发现"是给自己办事"而有助于人民群众焕发主人翁意识，进而有助于将人民群众的积极性创造性转化为促进国家发展、社会和谐、人民幸福的动力。而国家发展、社会和谐、人民幸福的安定团结、繁荣富强局面反过来又为人民群众当家作主奠定更为坚实的物质和非物质基础。

中国共产党积极发展"问题导向型民主"。中国共产党坚持"民主是要用来解决人民群众要解决的问题"[①]的理念，秉持发现一个问题就及时解决一个问题的原则，始终主张人民在国家社会治理中"唱主角"。在实际工作中，中国共产党以让人民群众过上美好生活为"国之大者"，以解决人民群众的急难愁盼为发力点，不但让人民群众拥有实际上的"议题设置权"，而且让人民群众深度卷入问题的解决过程中，并让他们在各级党组织领导和支持下切实发挥治理主体作用，用足用好自己的聪明才智。"问题导向型民主"有助于及时有效化解人民内部矛盾，解决人民群众的急难愁盼，切实提高人民群众具体、现实的获得感、幸福感和安全感，进而有助于确保人民群众始终保持饱满的参与政治生活和社会生活的热情和动力。

三　党的领导保障全过程人民民主的真实性

真实性是全过程人民民主的核心特性。真实性涉及民主真假问题，属于"性"的范畴，针对的是"人民是否真正当家作主"这一命题。真实性以及作为全过程人民民主根本特性的人民性，对全过程人民民主的其他三个特性产生重大影响。

"两个完整"既体现也形塑全过程人民民主的真实性。"两个完整"可从两个层次理解：第一，类型要素的完整性，即既有制度程序安排也有实践参与的展开；第二，制度程序安排是完整的，同时实践参与也是

---

① 习近平：《论人民当家作主》，中央文献出版社2021年版，第101页。

完整的。从中国共产党团结带领人民进行革命、建设、改革的实践看，中国共产党正是从"两个完整"入手，夯实人民真正当家作主的全面基础的。

（一）中国共产党领导中国人民坚持和完善人民当家作主制度体系建设

加强人民民主制度化、法律化的建设，目的在于保证人民当家作主不因领导人的改变而改变，不因领导人注意力的改变而改变，让人民群众始终享有民主权利、能够行使民主权利。加强人民当家作主制度体系建设，目的则在于确保全体人民（而不是部分群体）、以不同角色（而不是单一角色）、常态化（而不是时断时续）参与到政治生活和社会治理等广泛领域（而不是某个领域）中来，真正实现人民当家作主。

具体而言，第一，通过实行人民民主专政的国体，妥善处理保护大多数和打击极少数之间的问题，有效解决人民与破坏分子的矛盾，确保国家一切权力属于人民落到实处。第二，通过实行人民代表大会制度的政体，妥善处理中国共产党、人民当家作主、依法治国三者之间的关系，确保人民在中国共产党领导下依法通过各级人民代表大会行使立法权、监督权、决定权和任免权。第三，通过实行中国共产党领导的多党合作和政治协商制度，妥善处理中国共产党与民主党派、无党派人士的关系，确保八大民主党派和无党派人士在中国共产党的领导下依法依规开展政治协商、进行民主监督以及参政议政。第四，通过实行民族区域自治制度，有效调节各民族之间、中央与自治地方的关系，确保各族人民中国共产党的领导下依法当家作主。第五，通过实行基层群众自治制度，有效调节政府与社会的关系、群众内部的关系，确保广大基层人民群众中国共产党的领导下依法管好群众自己的事情。第六，坚持运用爱国统一战线这一法宝，有效调节海内外同胞关系，确保中华儿女能够参与到中国特色社会主义现代化国家建设的现实进程中来，最大限度地凝聚推进中华民族伟大复兴的人心和力量。这套人民当家作主制度体系，为保证人民民主的真实性奠定系统完备、有机衔接的制度保障，科学有效、弥足珍贵，未来还需继续发挥其作用。

从更具体的层面看，制度的完备化体系化色彩也相当鲜明。以协商民主工作制度体系为例，截至2021年底，已经形成一套以《关于加强社会主义协商民主建设的意见》（发布于 2015 年）为管总性文件，以《关于加强城乡社区协商的意见》（发布于 2015 年）、《关于坚持和完善中国共产党领导的多党合作和政治协商制度的意见》（发布于 1989 年）、《进一步加强中国共产党领导的多党合作和政治协商制度建设的意见》（发布于 2005 年）、《关于加强政党协商的实施意见》（发布于 2015 年）和《关于加强人民政协协商民主建设的实施意见》（发布于 2015 年）等文件为重要组成部分的制度体系，为人民群众有序有效开展民主协商和推动中国协商民主建设提供了坚实有力的制度保障。

（二）中国共产党领导中国人民不断建立健全民主实践平台渠道

如果说人民当家作主制度体系是人民当家作主的软件基础的话，那么民主实践平台和渠道就是人民当家作主的硬件基础，就是人民群众现实地、具体地参与民主实践的物质条件。经过长期的实践探索，中国共产党团结带领中国人民创建并运行着一系列丰富多彩的民主实践平台和渠道。从供给主体看，既有国家机构提供的也有人民群众自创的；从时间看，既有阶段性的也有永久性的；从空间看，既有局部适用的也有全国通用的；从涉及范围看，既有某个领域的也有综合性的；从技术含量看，既有传统式的也有现代化的。值得注意的是，中国共产党鼓励和支持地方和基层大胆创新，为民主从制度文本走向具体实践作出不懈努力。从"接诉即办""马上就办""首问责任"等制度实践在近年的陆续面世来看，地方和基层创新富有成效，民主平台和渠道的多元化、可及化、便捷化程度不断提升，人民群众参与民主实践的积极性显著增强。

四 党的领导保障全过程人民民主的广泛性

广泛性是全过程人民民主的重要特征。广泛性为"三个齐全"所形塑，也由"三个齐全"所彰显，属于"量"的范畴，回应的是民主分布多寡，即"人民当多大家、作多大主"这一问题。"三个齐全"中的"全链条"强调的是，在人民民主的制度设计和实践部署中，民主选举、民主协商、民主决策、民主管理、民主监督这五个环节一个都不能少；"全方位"强调的是，国家权力机关的各个层级、各个部门都依法推动民主化建设，依法保障人民当家作主，同时，人民群众拥有依法行使当家作主的权利。"全覆盖"强调的是，民主建设必须覆盖政治、经济、文化、社会、生态文明建设五个领域，人民群众在这五个领域都能依法行使当家作主权利。

(一) 发展广泛的人民民主是中国共产党治国理政的客观要求

中国国情异常复杂，而且"三大差距"仍未得到有效弥合。从区域差异看，尽管伴随转移支付制度和区域协作战略的实施，欠发达地区发展明显提速，但由于自然禀赋差异巨大、历史欠账太多，"胡焕庸线"（也称"瑷珲—腾冲线"）的东南方与西北方之间的差距长期以来并未发生实质性变化，前者不但集中居住了将近95%的全国人口，而且城镇化和工业化水平显著高于后者；从城乡差异看，尽管近年来城乡统筹步伐稳步加快，但城乡之间无论在基础设施、公共服务上还是在人均收入上都还存在显著差距；从群体差距看，尽管已经完成全面建成小康社会的目标，但阶层分化步伐没有停止，既有大批先富群体也有为数不少的脆弱群体。

与此同时，中国还是一个长期处于社会主义初级阶段的发展中国家。"发展中"意味着没有定型，意味着经济、文化、社会、生态乃至政治等各个领域、每项工作的各个环节随时都有可能涌现新情况新问题，而且解决起来极有可能既没有现成法制依据，也没有参照先例。发展中国家的特殊性加之大国的复杂性，使得中国的国家治理任务异常艰巨、治理难度不同一般。要治理好、发展好这么一个体量大、结构复杂的发展中国家，务必最大限度地激发每个地区、每个层级、每个部门、每个群体、每位个体的活力并充分运用他们的智慧，而这就需要大力发展富有广泛性特征的人民民主。

(二) 中国共产党具备广泛发展人民民主的能力条件

中国共产党是中国特色社会主义事业的坚强领导核心，不但在政治生活中居于核心地位，而且在国家治理体系中也居于核心地位，具有总揽全局、协调各方的能力和条件，故而可以整合一切可资利用的资源和方式方法推动人民民主广泛化发展。如前所述，中国共产党领导中国人民制定了完备的人民当家作主制度体系、丰富多彩的民主实践平台渠道，这不但为保障人民真正当家作主创造了条件，而且为保障人民广泛地真正当家作主奠定了基础。此外，还有一个因素尤其值得注意。

这个因素就是：中国共产党党员数量众多、组织网络健全、纪律严明、党内民主富有成效，足以推动发展广泛的人民民主。

截至 2021 年 6 月 5 日，中国共产党党员总数达到 9514.8 万名，涉及工人（工勤技能人员）、农牧渔民、企事业单位、社会组织专业技术人员、党政机关工作人员、企事业单位和社会组织管理人员等多种职业，中国共产党基层组织总数合计 486.4 万个，覆盖城乡各个角落，遍布机关、事业单位、企业和社会组织等各类机构和组织。[①] 同时，中国共产党坚持全面从严治党，不但拥有完备的党内法规，而且强力推进正风肃纪反腐工作，绝大多数中共党员都能做到有令必行、令行禁止，能够不打折扣地贯彻中国共产党中央委员会的政策、方针和路线，及时完成上级党组织交办的任务。

与此同时，中国共产党积极发展党内民主，实行民主选举、民主协商、民主决策、民主管理和民主监督，努力构建各级党组织充分尊重每位党员的主体地位，充分发挥每位党员的主体作用，各个党员依规依矩履行党员责任义务的良好局面。中国共产党党内民主的发展，有助于促进自我净化和自我完善，提升广大党员干部的民主意识和能力，增强全党的民主作风和活力，进而有效带动人民民主，为发展广泛的人民民主创造良好风气和主动精神。

（三）中国共产党积极发展有利于广泛人民民主生长的协商民主

在制定实施社会主义民主政治发展战略过程中，中国共产党选择大力发展协商民主，协同推进选举民主。之所以作出这一选择，主要是因为：一是，协商民主这一民主形式植根于中华优秀传统文化，具有深厚文化根基；渊源于马克思主义民主政治理论，具有科学理论指导；形成和发展于中国共产党团结带领中国人民进行革命、建设、改革的实践中，具有丰富实践积淀。[②] 二是，长期的实践充分证明，开展形式各样的民主协商，既是一个广泛听取意见和建议的过程，也是一个广泛接受批评和监督都过程；既是一个广泛畅通渠道以便让各种利益诉求进入决策程序的过程，也是一个广泛达成决策和工作的最大共识的过程，在实践中呈

[①] 《中国共产党党内统计公报》，《人民日报》2021 年 7 月 1 日第 5 版。
[②] 王红艳、杨抗抗：《根植中国大地的协商民主》，《人民日报》2021 年 12 月 17 日第 12 版。

现显著的治理效能优势。三是，协商民主，不但与作为中国共产党永葆青春活力传家宝的群众路线、作为中国共产党策略手段和战略原则的统一战线高度契合，而且与作为中国共产党根本组织原则、领导制度和中国国家组织形式、活动方式的民主集中制高度匹配，还与作为中国基本政治制度的中国共产党领导的多党合作和政治协商制度有机统一，因此深深嵌入中国共产党的领导体系和中国的国家治理体系。第三点堪称最重要、最根本的原因，充分说明中国共产党选择大力发展协商民主是一种逻辑必然。

而大力发展协商民主的选择又从逻辑上决定了人民民主势必得到广泛发展。这是因为，民主协商不但是人民民主链条中不可或缺的环节，而且是一种独特的民主形式，其独特之处在于：第一，适应性强。除法纪明确规定必须使用票决方式外，任何合法权利主体都可按照有关制度程序规定，尝试使用协商方式处理关于政治、经济、文化、社会、生态等领域的任何问题。第二，包容性大。在民主选举中，对参加人选有明确的法律规定；在民主协商中，对参加人选可以没有严格的规定，所有直接、间接利益相关者乃至议题关心者均可参与进来。第三，撬动效应显著。民主协商不但可以嵌入选举、决策、监督、管理环节，还可以优化其他环节的民主，包括酝酿选举人选、改进选举办法，提高决策质量，优化管理办法以及改变监督方式等。其中，协商与监督的相互嵌入更是催生了一种新的监督方式即协商式监督。协商式监督强调的是通过协商加强对权力及其实际运行进行监督，这极大深化了监督的内涵、拓展了监督的外延，对增强民主监督的广泛性大有裨益。值得指出的是，因为上述三点原因，中国有效规避了西方民主唯选举模式导致的"一次性消费"等弊端，使得广泛、深入、持续的人民民主实践变成现实。

现实中，协商民主在中国彰显强大的生命力。中国共产党第十八次全国代表大会以来，中国共产党做出重点加强政党协商、政府协商、政协协商，积极开展人大协商、人民团体协商、基层协商，以及逐步探索社会组织协商的决定，扎实推动协商民主广泛多层制度化发展。[①] 这一部

[①] 《中共中央印发〈关于加强社会主义协商民主建设的意见〉》，《人民日报》2015年2月10日第1版。

署的实施，使得协商主体更加广泛，逐步形成了全国上上下下都在搞协商的局面；使得协商渠道更加畅通，逐步形成了七种协商渠道协同推进的局面；使得协商层级更加多元，逐步形成了中央、地方、基层有序展开的局面；使得协商方式更加多样，逐步形成了根据协商内容选择相应方式、统筹发挥传统方式和网络手段作用的局面；使得协商内容更加丰富，逐步形成了协商民主贯穿到党、国家、社会及民众生活的各领域各方面的局面。[1] 概言之，基本形成了"涉及全国各族人民利益的事情，要在全体人民和全社会中广泛商量；涉及一个地方人民群众利益的事情，要在这个地方的人民群众中广泛商量；涉及一部分群众利益、特定群众利益的事情，要在这部分群众中广泛商量；涉及基层群众利益的事情，要在基层群众中广泛商量"[2] 的良好局面，协商民主乃至整体上的人民民主的广度深度得到前所未有的提升。

五 党的领导保障全过程人民民主的有效性

有效性是全过程人民民主的另一显著特性。这一特性由"四个统一"形塑，涉及的是"人民当家作主效果怎样"这一问题。当然，"四个统一"也从另一个角度呈现全过程人民民主的广泛性，并预示全过程人民民主发展的可持续性。

（一）中国共产党安排部署发展广泛多层制度化的协商民主

"四个统一"之所以能形塑高度有效的民主，是因为：追求实现民主和成果民主的相统一、程序民主和实质民主的相统一以及直接民主和间接民主的相统一，有力增强人民参与民主实践的直接体验感和实在成就感，而后者可以转化为强大的正向力量，激励民主实践继续向前推进。能够实现民主和成果民主的相统一、程序民主和实质民主的相统一、直接民主和间接民主的相统一，则主要得益于中国共产党安排部署发展广泛多层制度化的协商民主。

如前所述，中国协商民主特色鲜明、优势显著。就协商民主对"四

---

[1] 王红艳、杨抗抗：《根植中国大地的协商民主》，《人民日报》2021年12月17日第12版。

[2] 习近平：《论坚持人民当家作主》，中央文献出版社2021年版，第97—98页。

个统一"的具体贡献而言主要有两点：其一，做强直接民主。协商强调包括人民群众在内的各类利益主体直接接触，就某个事关局部利益或者全局利益的问题开展理性对话，积极寻求最大公约数、画出最大同心圆，有效规避代议民主的种种弊端，例如知情权、表达权、监督权难以落实到位，民主成果难以把控等。其二，做深实质民主和成果民主。程序化、规范化、制度化地开展协商，不但使得人民群众能够与国家权力机关及其工作人员直接对话，而且使得人民群众的具体利益诉求、意见建议充分进入决策过程，并能得到及时反馈甚至是吸纳和落实。也正因为协商民主有如此独特多元的功能，协商民主才被认为对中国民主政治而言具有全局性、综合性意义。

（二）中国共产党领导中国人民成功构建并运行着一套"转化"体制机制

追求实现人民民主和国家意志相统一，强调的是把个人意愿、群体诉求、地区主张汇入人民根本利益框架，将国家意志依法转化为个体、群体、地区的自觉行动，有力推动构建健康的国家社会关系、党群关系、政社、政企关系，进而形成推动国家发展、社会进步、人民幸福的强大合力。之所以能促进人民民主和国家意志的有机统一，是因为中国共产党及其领导的国家高度重视"转化"工作，成功构建并运行着一套"转化"体制机制。

习近平总书记指出："我们要继续推进全过程人民民主建设，把人民当家作主具体地、现实地体现到党治国理政的政策措施上来，具体地、现实地体现到党和国家机关各个方面各个层级工作上来，具体地、现实地体现到实现人民对美好生活向往的工作上来。"[①] 这为如何做好转化工作提供了根本遵循和行动指南。从现实看，转化工作正在健康有序展开。国家权力机关通过开门立法、开门问策、人民听证等方式就中层乃至顶层设计问题问计于民，党代表、人大代表、政协委员以及各级党政干部立足岗位需求、发挥各自优势加强与人民群众的沟通交流，人民群众通过信访、"电视问政""市长热线"等渠道依法反映情况、提出意见建议，多向交流、上下联动有效推动人民意愿和党的主张、国家部署的转化和

[①] 习近平：《论人民当家作主》，中央文献出版社2021年版，第336—337页。

有机统一。

长期实践有力证明，无论从直接效益还是溢出效应看，全过程人民民主不但有效而且高度有效。资料显示，中国普通民众普遍认为"民主的实质和内容优先于民主的形式和程序""协商优先于表决"[1]，充分表明中国民主理念已经深入人心；改革开放以来，中国先后进行12次乡级人大代表直接选举、11次县级人大代表直接选举，选民参选率均保持在90%左右[2]，充分表明中国人民积极参与民主实践；中国创造世界罕见的经济快速发展和社会长期稳定奇迹，充分表明中国民主已转化为促进经济社会发展的磅礴力量和累累硕果。

六 党的领导保障全过程人民民主的可持续性

可持续性指的是"人民能当多长时间的家、作多长时间的主"，关涉全过程人民民主的活力与生命力问题。人民性、真实性、广泛性、有效性共同形塑全过程人民民主的可持续性。除此之外，还有一个不容忽视的因素：中国共产党在革命、建设、改革的长期实践中，通过自主探索积累了丰富的民主建设经验，形成了一套推动民主发展的科学方案。这套方案除了前面多次提及的大力发展协商民主外，至少还包括以下两个要点。

（一）坚持实行民主集中制

民主和集中可以看作一个连续统，二者各自占据人类社会时间之轴的两端，当民主在分布量上占据压倒性优势时，人类社会将会呈现泛民主乃至无政府主义状态，当集中在分布量上占据压倒性优势时，人类社会则将会呈现僵化乃至集权主义状态。从现实看，绝大多数现代国家规避了上述两种极端主义情形，但是如何把握民主和集中的尺度、怎样处理民主和集中的关系从而构建自由与责任相协调、活力与秩序相统一的理想局面，是亟待人类社会继续破解的重大课题。

中国共产党一经诞生即开始了对这一问题的探索并找到了破解之道，

---

[1] 张明澍：《中国人想要什么样民主》，社会科学文献出版社2013年版，第282—283页。
[2] 中华人民共和国国务院新闻办公室：《中国的民主》，《人民日报》2021年12月5日第5版。

即实行民主集中制。"民主集中制是民主基础上的集中和集中指导下的民主相结合。"① 这一原则,一方面强调集中,但要求在民主的基础上实现集中;另一方面也强调民主,但要求在集中的指导下发展民主,从而最大限度实现民主与集中的有机统一。中国共产党是按照民主集中制组织起来的统一整体,民主集中制是其根本组织原则和领导制度。《中国共产党章程》明确提出六项"党的民主集中制的基本原则",涉及组织规范、领导机关产生及其权力、上下级组织间关系、集体领导和个人分工负责相结合的制度等多个方面。②

实行民主集中制的难点是如何正确实现集中和如何实现正确集中。综合理论研究和经验观察看,破解这一难题,至少必须做到以下三点:一是议事程序规范,参与者能知无不言、言无不尽,负责人能虚怀若谷、博采众长;二是议事中分歧明显、议而难决时,负责人能采取合适方式弥合分歧并找到最大公约数;三是最终作出的决定符合党中央的路线方针政策、最广大人民的根本利益,同时也符合经济社会的实际情况。而要做到这些,关键在于肩负"拍板责任"的"一把手"和领导班子具备合格的履职能力。鉴此,加强"一把手"的培养、选拔、任用、监管以及领导班子的建设至关重要。2021 年 3 月,中共中央发布《关于加强对"一把手"和领导班子监督的意见》,明确指出要管住用好"一把手",突出强调要对这些"关键少数"贯彻执行民主集中制的情况进行监督检查。③ 文件的发布施行,标志中国共产党在落实民主集中制上迈出了新的扎实步伐。

中国共产党还将民主集中制作为其领导人民建立的国家的组织形式和活动方式的基本原则。作为中国人民民主专政政权组织形式、中国根本政治制度以及中国人民当家作主根本途径和最高实现形式的人民代表大会制度,就是按照民主集中制原则设计和运行的。具体而言,"人民通过人民代表大会行使国家权力;各级人民代表大会都由民主选举产生,

---

① 《中国共产党章程》,人民出版社 2017 年版,第 20 页。
② 《中国共产党章程》,人民出版社 2017 年版,第 31—32 页。
③ 《中共中央关于加强对"一把手"和领导班子监督的意见》,《人民日报》2021 年 6 月 2 日第 1 版。

对人民负责、受人民监督；各级国家行政机关、审判机关、检察机关都由人民代表大会产生，对人大负责、受人大监督；国家机关实行决策权、执行权、监督权既有合理分工又有相互协调；在中央统一领导下，充分发挥地方主动性和积极性，保证国家统一高效组织推进各项事业"。①

民主集中制的全面贯彻落实，不但建立了民主功能与集中功能合理配置的党的组织体系和国家权力机关，创建了民主与集中有机统一的制度程序，而且开展起民主与集中良性互动的实践活动，有效防止出现一盘散沙局面和专制主义两种极端情形，成功营造既严肃认真又生动活泼的政治局面，为保证全过程人民民主健康发展、行稳致远提供了科学的体系、制度保障和逻辑支撑。

自此，大致可用下图来呈现全过程人民民主的特性及其生成机制。

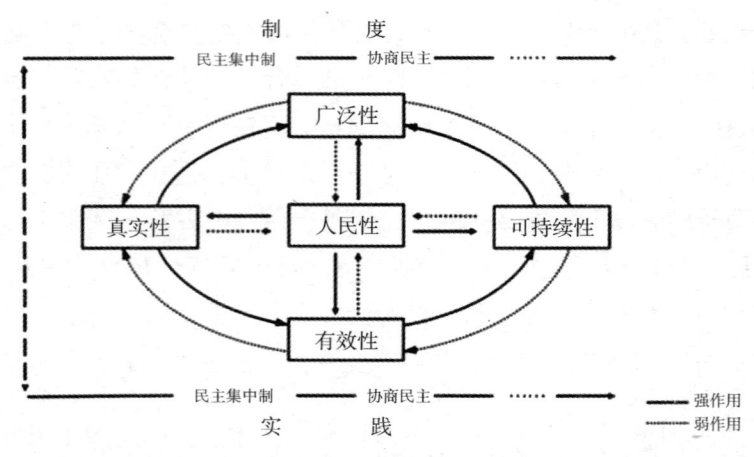

图6-1 全过程人民民主特性生成机制

资料来源：作者自制。

（二）准确把握人民民主的发展节奏

民主的发展必须与经济社会发展水平和活跃程度相适应，必须与广大人民群众对民主的需求和期待相匹配。不少国家的实践表明，如若把握不好这些原则，则会出现"民主超速"现象或者出现"民主赤字"，进

---

① 习近平：《论人民当家作主》，中央文献出版社2021年版，第75—76页。

而导致社会动荡不居甚至国家危机。

作为马克思主义政党的中国共产党，善于运用辩证唯物主义分析事物的发展规律，善于准确把握社会主要矛盾的动态变化情况，善于总结自我实践中出现的经验教训和借鉴他山之石，并且积累了丰富的治国理政经验，因而能够妥善处理人民群众主观民主诉求与经济社会发展客观实际之间的关系，强调循序渐进地发展人民民主。也正因如此，中国民主可以表述为"发展型民主"。

进入新时代以来，一方面，经济社会实现跨越式发展，人民当家作主制度体系更加完善，法制保障更加有力，以人工智能、互联网等为代表的信息化新技术广泛应用，人民当家作主的客观基础更加坚实和系统；另一方面，人民群众参与国家政治生活和社会生活的意愿和热情显著增强，管理国家事务、经济和文化事业、社会事务的能力显著提升，人民当家作主的主观条件更加充分。在此背景下，中国共产党提出全过程人民民主这一重大理念并付诸行动，中国民主再次获得新的发展、实现新的飞跃。

中国民主形成和发展于中国共产党领导中国人民进行伟大革命、建设、改革的实践。中国特色社会主义进入新时代以来，中国共产党领导中国人民积极发展全过程人民民主，并为发展全过程人民民主提供根本保证。正因如此，发展全过程人民民主，必须坚持中国共产党的领导，必须巩固、扩大党的长期执政基础。如果不坚持中国共产党的领导，民主必定步入泥潭或者难以为继，全过程人民民主必定成为"水中月"或"镜中花"。同时务必清楚的是，发展全过程人民民主，既是为了更好体现人民意志、保障人民权益，激发人民活力，也是为了增强党和国家活力，并将这些活力凝聚起来转化为推动国家发展、促进社会进步、实现人民幸福以及巩固中国共产党长期执政基础的动能，绝不允许出现发展全过程人民民主而中国共产党的集中统一领导遭到削弱的情形。

坚持党的全面领导是坚持和发展中国特色社会主义的必由之路。"有中国共产党的坚强领导"是中国首个具有战略性意义有利条件，"有中国特色社会主义制度的显著优势""有持续快速发展积累的坚实基础""有长期稳定的社会环境""有自信自强的精神力量"[①] 四个有利条件都是在中国共产党的领导下创造和形成的。习近平总书记指出,"中国共产党是我们成就伟业最可靠的主心骨,只要始终不渝坚持党的领导,就一定能够战胜前进道路上的任何艰难险阻,就一定能够办成我们想办的任何事情。"[②] 在中国共产党领导下,全过程人民民主必定不断发展,并继续造福中国人民,为实现中国的"第二个百年奋斗目标"和中华民族伟大复兴梦发挥重要作用,在人类政治文明"百花园"中大放异彩。

第二节 焕发人民群众的民主参与积极性

协同推进全过程人民民主与国家治理现代化,焕发人民群众的参与积极性是重点和难点。人民群众参与治理的积极性从哪里来?Z省XC区的实践显示,通过引导群众参与同自身利益密切相关的民生事务、创建结构化平台、制定刚性制度、抓好党的领导和政府管理与群众参与之间的衔接以及落实参与群众的意见和建议,激活、培育、保护、规范和巩固群众参与的积极性,可以有效解决这一问题。XC区富有启迪的回答至今没有过时。[③]

一 群众参与社区治理的地方实践

2010年,笔者曾前往Z省XC区调研,期间参加了8次小组座谈会,查阅大量地方文献资料,对WM社区等社区进行了实地考察。调研发现,当地群众表达利益诉求的愿望和参与公益事务的热情比较高涨,"利益直接相关者表诉求,非直接相关者做监督"的现象相当普遍。而且,近些年来,XC区广大干部群众的民主管理水平进一步提高,民生管理成本相对降低,民生需求得到了最大限度的满足,干群关系也得到理顺和改善,社区治理在各方面进展顺利,先后获得了"全国社区教育示范区""Z省

[①] 《沿着必由之路夺取新的更大胜利——习近平总书记二〇二二年全国两会重要讲话精神指引新时代新征程》,《人民日报》2022年3月16日第1版。

[②] 《北京冬奥会冬残奥会总结表彰大会隆重举行》,《人民日报》2022年4月9日第1版。

[③] 本节主要内容见王红艳《社会管理创新与社区治理的群众参与》,《重庆社会科学》2011年第8期。

首批和谐社区建设示范区""Z省社区卫生服务示范区先进区"等荣誉。这些成绩的取得诚然是共同努力的结果，但与群众积极持续参与社区治理密不可分。

调研发现，XC区群众之所以能够积极持续参与社区治理，主要是因为XC区在以下五个方面有扎实的行动和颇具特色的表现。

（一）引导群众参与同自身利益密切相关的民生事务

与全国其他不少地区相同，XC区在发动和组织社区群众参与民主选举方面有扎实的行动。笔者在XC区调研地那年上半年，全区范围内8个街道的70个社区采用"公推直选"方式对社区党委书记进行了换届选举。但是，XC区更专注于引导和鼓励群众参与与自身利益密切相关的民生事务。在XC区，凡是与社区居民生活密切相关的事务都"请"群众参与，由社区居民协商解决。这些具体事务涉及民生的各个领域，比如说背街小巷改造过程中外墙涂刷什么颜色的油漆，每个单元是否安装电子防盗门，社区内哪些人符合享受低保的条件，小区内的车位费应该收取多少等。与此同时，坚持以群众公认度和满意度为评价民生服务和管理的标准，在"社区名医""满意社区""人民满意学校""优秀社区工作者""星级社区卫生服务站"等项目的评选当中，社区居民都有相当的发言权和决定权。也就是说，XC区群众所参与的决策都是关乎自身利益的事务，所监督和评议的对象都是自己身边的人和事。

（二）为群众参与创建结构化平台

一般说来，群众的参与平台主要有三种类型，即临时性平台、周期性平台以及结构化平台。临时性平台的问题是其随意性太大，周期性平台的问题是它只是季节性的而不是经常性的。XC区为群众参与所创建的平台是结构化的平台，即嵌入社区治理结构和百姓日常生活的平台。其主要做法涉及两个层面。

第一个层面的工作是优化社区治理结构，使群众参与成为治理结构的有机部分。第一，将驻区单位（即法人公民）、驻区党代表、人大代表和政协委员以及物业公司负责人组织起来成立社区议事协商委员会，充分发挥社区范围内各种骨干分子的作用。第二，在社区党组织、社区居委会与业主委员会和物业管理公司之间运行"三方协调"机制，在社区党组织的领导下组织群众代表议决社区内物业等方面的大事。第三，积极培育各类社会组织，使各类社会组织成为民生服务和管理的重要力量。XC区民政局提供的数据显示，截至2010年底，全区有民政注册登记类、街道备案管理类和其他类三个类别的社会组织共计1377个，绝大多数社会组织在实践中扮演了政策宣传员、文体组织员、矛盾解决员、邻里互助员的角色，发挥着密切党群干群关系的桥梁纽带作用。

第二个层面的工作是创新社区服务模式，提出"66810"为民工作法，开辟了"十条"为民服务线，即党员先锋服务线、环境美化服务线、平安建设服务线、医疗卫生服务线、文体教育服务线和爱心援助服务线等。这些服务线既是社区正式组织包括社区党委、社区居委会以及社区公共服务站服务百姓日常生活的平台，也是社区居民和社会组织参与各类民生事务的平台。结构化平台的存在为保护群众参与的积极性发挥了正面的积极作用。

（三）用刚性制度保障群众参与

为确保社区群众以及各类群众自治组织能够参与民生事务并实现常态化，规避群众参与可能因为领导人的变更或者领导人注意力的转移而改变的风险，不少地方党政机关都会出台一些保障性制度。但是，如果制度本身是"软弱无力"的，或者制度的设定者不遵守制度，制度最终也只是摆设。为了避免这一情况的发生，XC区在认真总结工作经验的基础上提炼、出台了一系列刚性制度，这些制度不是以"可以"或者"要"的形式出现，而是以"必须"的面貌出现。"四会"制度、"四问四权五规范"和"66810"为民工作法等都充分体现了这种"刚性"。

"四会"制度规定：凡是社区重大事务都"必须"召开民情恳谈会、事务协调会、工作听证会和成效评议会四种会议，确保社区居民能够在社区重大事务中发挥积极作用。"四问四权五规范"制度强调：在庭院改善等民生项目实施中"必须""问情于民、问需于民、问计于民、问绩于民"，"必须"尊重和保护人民群众的"知情权、参与权、表达权、监督权"，"必须"实行100%入户调查制，设计单位"必须"与居民面对面交流，社区党组织"必须"研究，"必须"召开居民听证会，设计方案"必须"公示制。"66810"为民工作法强调：当出现党员思想波动等六种情况时，社区楼道党支部书记等责任人"必须"到场，社区党委成员以及其他相关社区工作者每月"必须"走访困难群众等六种类型的"特殊"居民,当社区居民等发现公共设施遭到损坏等八种情况时"必须"通过拨打电话等方式向社区有关部门或者社区工作者报告。这些刚性制度,一方面对社区党政组织必须动员和组织群众参与民生事务作出了明确规定;另一方面也为保障群众的参与权利和维护群众的参与积极性发挥着至关重要的作用。

(四)抓好党的领导、政府管理与群众参与之间的衔接

XC区在引导和组织群众参与民生事务的过程中,不是简单地"撒手不管"或者简单地"还权于民",而是在确保群众参与权利基础上规范群众的参与积极性。为此,XC区首先对社区正式组织进行了健全和优化,这主要包括:在社区党委之下设置楼道党支部和党小组,在社区居民委员会之下设置楼宇自治会和单元居民自治小组,在各社区设立公共服务站作为政府的延伸以承接经过政府同意准入的公共服务项目和社会治理项目。XC区所做的第二步工作是从三个层面入手将群众参与同党的领导和政府管理有机衔接起来,其具体做法包括:

第一,通过"交叉任职、合署办公、分工合作"机制实现社区范围内各类组织和机构之间的衔接。例如,将社区党组织、社区居民委员会和社区公共服务工作站及这三类组织的下设机构建构成"三位一体"。通过"三方协调"机制以及协同调处制度和联席办公制度等制度将社区党组织书记、社区居委会主任、业主委员会主任、物业管理公司经理(主任)和三方的党员联络员等勾连起来。

第二,在民生项目设置上将党的领导、政府管理与群众参与衔接起来。"66810"为民工作法囊括了安全隐患排查、流动人口管理、邻里守望互助和困难居民救助等各类社区服务项目,这20个项目既包含来自政府方面的公共服务和社会治理项目,也包括居民提供的自我服务项目,而所有项目在"为民服务热线"这个平台上实现了对接。

第三,在"责任田"上将党的领导、政府管理与群众参与的衔接落到实处。XC区根据"条块式管理、组团式服务"理念将社区划分为若干块"责任田"。所有民生事务的组织者、管理者和参与者都在"责任田"里集结,所有的民生项目都在"责任田"里"落地"。集结的成员包括四个层面的人员,即处于第一层的专职社区工作者,处于第二层的楼道党

支部书记、楼宇自治会会长、企业退休自管小组长、各民间团队队长、社区侨联小组长、志愿服务小组长和辖区单位代表等（一般为6—19人），处于第三层的楼宇党支部委员、单元小组长和社区保安员、保洁员等（一般为20—30人），以及处于第四层的全体社区居民。"责任田"里这四个层面的成员，既是各类服务的提供者，也是各类服务的享受者，体现了在党组织的领导下，全员动员、全民参与、群体受益的社区建设模式和民生服务模式。

（五）将参与群众的意见和建议落到实处

在XC区，群众参与不是"走程序"，而是"掷地有声"和"参与有效"。这是XC区群众的参与可以坚持下来、持续下去的又一个秘诀。用社区工作者的话来说，"说话有人听，合理建议能够被采纳，甚至还有奖励，群众自然就愿意参与了"。XC区在认真听取群众呼声和切实落实群众建议方面做了大量工作，吸收和采纳了合理的群众建议。群众建议"要社区干部走下来，不能搞'机关化'，要对社区工作者进行考核"，XC区党政基层组织即根据群众建议出台了系列改革举措，包括社工全员每月考核制度、每月楼道例会制度、年末社工向"责任田"居民述职制度、"两代表一委员"每月进社区接见居民制度等，对社区服务模式进行了改革和完善。群众反映择校问题严重，XC区党政有关部门即根据群众意见和建议推出了"教育集团化办学"战略，实现了优质教育有序扩张，择校率大幅下降，教育质量稳步上升。群众反映看病难，XC区教育局等有关部门将全区所有的公立医院资源整合起来改为社区卫生服务中心，使其承担基本医疗和公共卫生职能，逐年增加零支付药品数量，有计划地培养全科大夫和推行家庭医生责任制。群众反映因为家庭人少化以及工作繁忙紧张导致居家养老不便，XC区有关街道和社区即调整了原有部署和规划，将街道所属房产改为开办老年人食堂或（和）老年人公寓。

而且，XC区党政将对群众诉求的倾听和建议的采纳上升到制度层面，构建了一套相对健全的回应和反馈机制。不少社区推行了"金点子"制度，鼓励广大居民为社区内的民生服务和管理积极建言献策，并对建议被采纳者给予适当物质奖励。XC区在满意（星级）社区、满意（星级）卫生服务站、满意学校和先进单位的评选中执行"三评互动"机制，坚持以群众公认度和满意度为核心，将群众评选、政府评估和社区评议三者有机结合起来。另外，XC 区在全区范围内推广了"66810"为民工作法。该工作法当中包含了一套相对完善的反馈机制，对不同民生项目的反馈程序、反馈时间、反馈举措和反馈台账作出了明确而严格的规定，基本贯彻了"有反映就有反馈"的原则。比如，"背街小巷不洁必报"规定：3 个工作日内必须要有反馈；反馈举措包括让社区保洁员进行清扫、督促教育保洁员提高责任感、处理杂物并对堆放杂物的居民进行教育、协同和联系有关部门解决问题；责任人必须制作反馈表和填写反馈表；责任人必须做好回访调查，看损坏的设施是否得到维修。

二 对民主参与和社区治理的启示

上述分析表明，XC 区用扎实的实践规避了社区治理当中的不少常见问题，较好地回答了"群众参与社区治理的积极性从哪里来"这样一个问题。

（一）构建完整"链条"是解决"群众参与社区治理的积极性从哪里来"的关键

近年来部分地区的社区治理探索，有形式没效果，"改革不配套"是其中的重要原因之一。仅仅致力于单项突破而没有一个完整的体系作为支撑，成功的可能性不大。XC 区构建了一个完整的"链条"并且践行了这一"链条"，从而没有落入"改革不配套"导致探索不成功的窠臼。

XC 区的"链条"包括五个节点：

第一，通过引导群众参与与自身利益密切相关的民生事务，激发群众参与的积极性。从社会心理学角度讲，人们对某事务的关注度主要取决于该事务与自身利益的相关程度，而且表现为正相关态势，即相关程度高人们的关注度则相对高些，相关程度低则人们的关注度相对低些。XC 区正是运用这一原理刺激和激活了群众参与社区治理的积极性。

第二，通过创建结构化平台，培育群众参与的积极性。因为结构化的而不是临时性的或者周期性的平台的存在，群众参与有了多元化的、规范化的和长期有效的舞台，从而从根本上解决了群众"有话没处说"和"有劲没处使"的问题。

第三，通过制定刚性制度，保护群众参与的积极性。刚性制度约束和规范了各级党政部门及其延伸组织的工作方式，明确了群众参与的

"地位",规避了群众参与"说起来重要,做起来不要"以及"人走政息"等相关情况的发生。

第四,通过抓好党的领导、政府管理与群众参与之间的衔接,规范群众参与的积极性。相关利益主体之间的对接,不但实现了群众参与的有序化,而且较好地体现了群众需求与党政要求的平衡和统一。

第五,通过落实参与群众的意见和建议,巩固群众参与的积极性,群众意见和建议得到落实,群众因此而"尝到了参与的甜头"。成功引致的正面刺激为路径依赖的形成奠定了良好的心理基础。

这五个步骤相互依赖、环环相扣、缺一不可,具有逻辑上的互补性和互促性(见图6-2)。

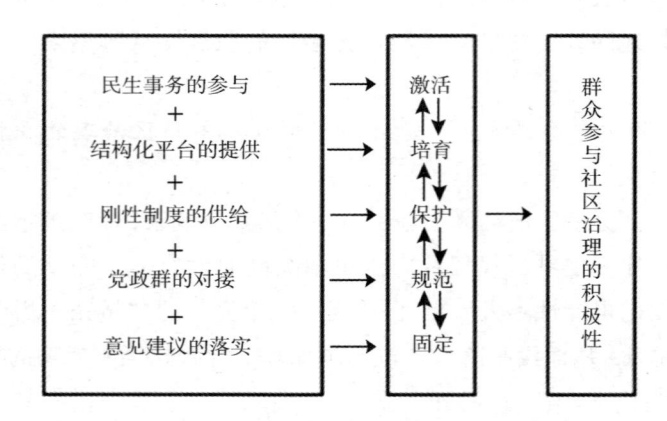

图6-2 XC社区治理的完整"链条"

资料来源:作者自制。

这五者之间的关系处理好了,五个节点可以成为一个良性互动的整体;没有处理好,则会出现多米诺骨牌现象。XC区正是因为较好地掌握了这一"秘诀",较为准确地抓住了这五个关键节点,并且较好地理顺了五者之间的关系,形成了一个近乎完整的"闭环",群众的参与积极性才得以有效激活、培育、保护、规范和巩固,社区群众才成为社区治理的主体,为社区治理以及社会其他领域的管理发挥了不可或缺的重要作用。

（二）坚持正确民主方向是解决"群众参与社区治理的积极性从哪里来"的核心

上面提到的五个步骤，体现的是 XC 区在社区治理设计方面的周全性和缜密性，解决的主要是技术层面的问题。但是，如果方向错了，那么再精细的设计、再扎实的行动，也不会产生较好的效果。XC 区群众参与社区治理的积极性之所以较高，不但因为它们有一个系统设计，而且首先是因为他们坚持了正确的民主方向。这主要体现在三个维度上。

第一，在抓好"大众参与"以及"政府对人民的回应性"上下工夫。"民主"这个词通常有四个不同的意义。第一个含义是民主的法律条件，即法律上规定民主的基本条件，其中包括公民、社团、社区能享受的公民权利和政治权利（如言论自由、出版自由、结社自由等）。这个维度所强调的是，如果公民权利和政治权利不存在的话，民主就不能运作。但严格说来，民主的法律条件不能等同于民主，前者仅仅是法律条文上的东西。第二个常用的含义是多元竞争。自熊彼特开始，民主就被理解为不同精英集团之间的竞争。而在代议制民主中，竞争性选举几乎成为民主的代名词。第三个意义上的"民主"与民主的真实含义更接近一点，即大众参与。这个维度强调，民主不仅仅是法律条文规定的权利，更应该关注人们实际上在多大程度上参与了公共事务的治理。第四个意义上的民主是政府对人民的回应性，即政府的政策在多大程度上反映了公民的需求、要求和偏好，这种意义上的民主更贴近民主的真实含义。[①] 从前面的分析可以看到，XC 区没有在公民权利和政治权利上面大做文章，也没有把主要心思和精力花费在组织群众参与竞争性选举上面，而是强调群众参与民生服务和管理事务以及通过提高"政府对人民的回应性"（即落实群众意见和建议）来巩固群众参与社区治理的积极性。并且，因此表现出了对政治过程"输入"端与"产出"端同等重视的特点。这一做法用实际行动实现了对民主真实含义的回归。

第二，追求实质民主，改善民生。民主与文化有一定的关联，具有不同文化背景的人们对民主有不同的理解。郑永年指出，民生权是中国社会高度认同的最基本权利，对现阶段大多数中国老百姓来说，主要的

---

① 王绍光：《民主四讲》，三联书店 2008 年版。

问题不在于是否能够实现西方人所界定的那些权利,而是能否实现中国社会本身所认同的民生权。[①] XC区正是懂得和抓住了群众的需要,在实践中始终坚持"民本"思想和追求实质民主,用民主的办法保障和改善民生服务,把民生发展作为民主实践的归宿和目的。这一点对于确保群众积极持续参与社区治理尤为重要。民生问题事关人民生存、百姓生计和社会安全,贯穿群众生产生活的全过程。

第三,坚持党的领导,坚持政府适时适度介入。在动员和鼓励群众参与的同时,如何解决党的领导、政府管理和群众参与有效对接的问题,是一个至关重要的问题。如果定位不准、作用发挥不当,不但保障和改善民生的目标难以实现,最广大人民的根本利益也难以维护和实现。从理论上讲,在动员群众参与的同时,坚持党的领导,坚持政府适时适度介入,既是加强党政建设的需要,也是确保群众参与有序的需要,同时也是促进党政要求和群众需求相对接,以及国家发展权与社会民生发展权相统一的需要。从现实出发,受市场化、全球化等因素的冲击,利益团体多元化、利益诉求多样化以及外部情况复杂化的格局已然形成,党政部门以仲裁者身份和保卫者的姿态出现并有所作为更是不可或缺。

XC区的实践进一步表明,在探索社区治理创新过程中,方法应该是系统的,方向必须是正确的。诚然,XC区的社区治理实践还存在这样那样的不足,比如说,老年人服务老年人的现象比较突出;交叉任职现象过多,在试图解决各种权利主体或者说利益代表之间如何有机结合与有效制衡的同时,引发了"是对接还是覆盖"的讨论,等等。另外,XC区的做法也有其一定的地域性条件,比如说,建设高科技的信息化管理平台(即"66810"服务平台),不断开发新的民生项目以给人民"看得见的实惠",都需要强大的地方财政收入做后盾,这些做法对于经济欠发达地区来说可能是"学不来"的。但是XC区的实践及其启示,对于进一步提高社区治理科学化水平、推进社会治理模式的创新以及做好新形势下的群众工作,都具有超越地域的借鉴意义。

[①] 郑永年:《保卫社会》,浙江人民出版社2011年版。

第三节　推动协商民主广泛多层制度化发展

发展全过程人民民主，加快国家治理现代化，宜切实推动协商民主广泛多层制度化发展。这是因为，中国的协商民主是"真协商"，它深深嵌入党的领导和国家治理的整个体系和全部过程，不但对提高国家治理体系和治理能力现代化水平颇有裨益，而且对推动社会主义人民民主建设、促进经济社会高质量发展具有不可替代的重要作用。[①]

一　理解协商民主

协商民主并非我国独有。协商是民主的最原始、最基础、最普通的要素，民主的任何形式和内容都可在其身上找到其最初的根源。[②] 但是，我国五千年的文明底蕴，我国一百多年的现代民主实践，赋予了协商民主新的内涵、新的形式和新的功能，形成了中国式协商民主。研究发现，我国的协商民主之所以成为中国社会主义民主政治的特有形式，不但因为其历史渊源和理论基础与西方协商民主截然不同，而且因为它是"真协商"；其之所以能够在治理实践中彰显独特优势，也是因为它是"真协商"。为什么说我国的协商民主是"真"的？推动实现"真协商"需要什么条件？"真协商"带来哪些益处？这是本书的研究旨趣所在。

文献研究显示，自21世纪初期以来，我国学界开始加大了对协商民主的研究，并在2015年前后掀起了一个"小高潮"。从研究内容看，除介绍西方协商民主理论外，主要聚焦以下四个主题。

一是我国协商民主发展的历程。其中，李军鹏对新中国成立70年来协商民主理论发展和制度创新进行了梳理，重点关注了作为人类政治文明史上重大创新成果的中国共产党领导的多党合作和政治协商制度[③]；高益言对改革开放40年来协商民主的发展历程进行了简要分析，并在此基

[①] 本节主要内容见王红艳《中国协商民主为什么真？——以标准、条件和效能为视角的分析》，《政治学研究》2022年第2期。
[②] 林尚立、赵宇峰：《中国协商民主的逻辑》，上海人民出版社2016年版，第3页。
[③] 李军鹏：《70年协商民主理论发展和制度创新》，《人民论坛》2019年9月（下）。

础上指出了我国在这一历史时期取得的重要成果,包括构建了比较完备的协商民主体系,以及形成了习近平总书记关于加强和改进人民政协工作的重要思想[1];王金豹分别从国家政治、基层社会两个层面对我国协商民主的发展历史进行了回顾,并就实行和发展协商民主的基本经验展开了讨论。[2]

二是具体类别的协商民主的实践和理论创新。就这个主题而言,多数成果集中在基层协商民主研究领域。其中,谈火生具体考察了浙江省温岭市的民主恳谈,发现我国基层群众在实践中创造出一种"混合式代表机制",从而实现了将选举和选择、精英和大众、代理和委托代表模式统合起来的目标[3];董石桃以公民参与权利与公民参与权力为核心概念,将基层协商民主划分为四种类型,提出基层党政部门应该因应社会治理实际状况来强化"两权耦合"意识,增强公民的参与活力和参与效能[4];赵秀玲认为我国农村具备发展基层协商民主的物质基础、社会发展动力等前提条件,阐释了农村协商民主的边界、范畴和价值意义,并提出未来推进农村协商民主需在加强培养具有现代意识的乡村干部以及推进制度化和法制化建设等几个方面下功夫。[5] 此外,陈家刚等少数学者关注了政党协商。[6] 刘晓辉、徐小明等少数学者聚焦人大协商和社会组织协商的研究。[7]

三是关于协商民主的一般理论。其中,齐晓光认为,协商民主具备

---

[1] 高益言:《在探索中不断发展的社会主义协商民主》,《紫光阁》2018 年第 10 期。
[2] 王金豹:《建国以来社会主义协商民主的回顾与展望》,《特区实践与理论》2012 年第 3 期。
[3] 谈火生:《混合式代表机制:中国基层协商的制度创新》,《浙江社会科学》2018 年第 12 期。
[4] 董石桃:《基层协商民主中公民参与模式的理论模型与实践样态》,《探索》2019 年第 4 期。
[5] 赵秀玲:《协商民主与中国农村治理现代化》《清华大学学报》(哲学社会科学版)2016 年第 1 期。
[6] 赵秀玲:《协商民主与中国农村治理现代化》,《清华大学学报》(哲学社会科学版)2016 年第 1 期。
[7] 刘晓辉:《人大协商民主的发展历程及理论探析》,《广西社会主义学院学报》2018 年第 6 期;徐小明、金伊雯:《社会组织有序协商的理论阐释》,《中共天津市委党校学报》2019 年第 3 期。

科学性、革命性、实践性、人民性和发展性基础，呈现马克思主义理论特征，故而发展协商民主是实现"中国之治"的有效路径①；陈家刚认为，多元文化现实、社会发育良好、公开利用理性是协商民主的要素②，协商民主具有扩大公民参与渠道、推动利益表达沟通等多重比较优势，而且，从代议民主到协商民主是民主自身发展的内在逻辑以及现代民主政治发展的必然趋势，因此我国应将大力推进协商民主实践视作中国当代民主政治发展的战略选择；③ 由刘佳义等组成的中国特色协商文化研究课题组，尝试阐释中国特色协商文化的历史文化渊源和基本内涵，认为中国协商文化具有科学的理论指导、独特的中国精神、鲜明的实践品格等几个鲜明特征，并建议我国今后要抓好中国特色协商文化理论研究的统筹规划工作。④

四是研究阐释习近平总书记关于社会主义协商民主的重要论述。这是一个新近出现的主题，其中，王笑笑认为，习近平关于社会主义协商民主重要论述具有三个维度的特征，即：历史继承与时代创新的统一、全面整合与重点突破的统一以及理论指导与实践落实的统一。⑤ 许奕锋侧重于关注习近平政党协商论述，认为习近平总书记在这方面的论述具有三重价值，即：深厚的理论价值、鲜活的话语价值和强大的实践价值。⑥

上述研究成果不乏可圈可点之处，但是就"真协商"三个重要问题而言，它们并未给出清晰、系统的回答。文献梳理还显示，国外有些学者也关注了我国协商民主，主要围绕协商民主的存在状况、兴起原因、主要特征和发展前景等几个问题展开讨论。值得注意的是，其中有的学

---

① 齐晓光：《协商民主："中国之治"的有效路径——基于马克思主义理论特征视角》，《决策探索》2021年8月（下）。

② 陈家刚：《多元主义、公民社会与理性：协商民主要素分析》，《天津行政学院学报》2008年第7期。

③ 陈家刚：《中国协商民主的比较优势》，《新视野》2014年第1期。

④ 中国特色协商文化研究课题组：《中国特色协商文化研究》，《理论研究》2021年第1期。

⑤ 王笑笑：《习近平关于社会主义协商民主重要论述的三维特征》《中共成都市委党校学报》2020年第6期。

⑥ 许奕锋：《习近平政党协商论述的内涵、特点及其时代价值》，《山东社会主义学院学报》2019年第4期。

者认为,中国协商民主具有协商威权主义、协商工具主义、协商列宁主义色彩。① 类似研究因为缺乏对中国国情的足够了解,加之未能摆脱西方民主政治标尺和模式的束缚,所以在客观性和科学性方面存在明显不足。国外相关研究成果也未能回答关于"真协商"的几个关键问题。

然而,鉴于协商民主在中国共产党的领导体系和我国国家治理体系的特殊地位及其所发挥的特殊作用,弄清出"真协商"的基本标准、实现条件和主要效能,不但对于推进协商民主理论、加强民主政治理论建设具有重要意义,而且,对于在工作中明确协商民主的发展方向,在实践中指导开展民主协商活动,推动国家治理体系和治理能力现代化,以及全面建设社会主义现代化强国具有重要现实意义,同时,这也是在实现中华民族伟大复兴的战略全局和世界百年未有之大变局叠加共振背景下,讲清讲好"中国协商民主故事""中国民主故事"和"中国制度故事"的迫切需要。

二 "真协商"的衡量标准

追求民主价值理性和工具理性的统一与融合,是中国民主的重要特征之一。一方面,我国把民主连同富强、文明、和谐作为社会主义核心价值观国家层面的价值目标,并将培育和践行社会主义核心价值观作为推进中国特色社会主义伟大事业及实现中华民族伟大复兴中国梦的战略任务。② 另一方面,我国一贯强调"民主不是装饰品,不是用来做摆设的,而是要用来解决人民要解决的问题的"③,我国普通民众更是认为协商应该优先于表决,民主的实质和内容应该优先于民主的形式和程序。④ 在此背景下,我国坚持主张"协商就要真协商",习近平总书记曾在多个场合提出了搞"实实在在的,而不是做样子的"协商的要求。⑤ 综合习近

---

① 刘俊杰:《国外学界关于中国社会主义协商民主的研究现状及启示》,《学习与探索》2019 年第 6 期。

② 《中共中央办公厅印发〈关于培育和践行社会主义核心价值观的意见〉》,《人民日报》2013 年 12 月 24 日第 1 版。

③ 习近平:《论坚持人民当家作主》,中央文献出版社 2021 年版,第 101 页。

④ 张明澍:《中国人想要什么样民主》,社会科学文献出版社 2013 年版,第 282—283 页。

⑤ 习近平:《论坚持人民当家作主》,中央文献出版社 2021 年版,第 102 页。

平总书记的有关论述以及既有理论研究成果看,"真协商"的要求或者说衡量"真协商"的标准大致包括以下五个。

（一）协商主体多元化

开展"真协商",协商主体真正具有代表性与合法性是首要前提,而实现协商主体多元化是确保真正的利益攸关者以及议题的真正关心者等能够参与到协商活动中来的必要条件。没有多元利益主体的参与,即意味着协商的人员准备不足和社会基础薄弱,协商中所形成的最大公约数的代表性以及协商所达成共识的合法性、合理性均将受到质疑,甚至可能无法启动协商。正是从这点出发,协商主体多元化被认为是衡量"真协商"的基本指标。主体多元化至少包括两种情形：一是协商层级多元化,即协商不能局限在某一层级,而是全国上上下下都要开展协商,涵盖上层、中层和基层。二是主体类型多元化,即协商主体囊括个人和组织,从组织层面看涉及政治性、经济性与社会性等多种组织类型。

我国的协商民主,总体上实现了协商主体多元化的要求。现阶段,中国共产党各级党委充分发挥中国共产党领导的多党合作和政治协商制度的优势持续加强政党协商,各级人大用足用好人民代表大会制度的优势积极开展人大协商,各级政府扎实推进与社会公众、人大代表等相关主体的沟通协商,各级人民政协充分运用政协优势不断完善政协协商,各级各类人民团体认真做好协商,乡镇（街道）、行政村（社区）、企事业单位稳步推进基层协商,各类社会组织逐步探索协商。① 聚焦看,我国不少渠道的民主协商也达到了协商主体多元化的标准。以城乡社区协商为例,其协商主体包括六大类：一是基层政府及其派出机关；二是基层党组织,如村（社区）党组织等；三是基层群众性自治组织,如村（居）民委员会、村（居）务监督委员会、村（居）民小组、业主委员会、社区社会组织等；四是驻村（社区）单位；五是基层经济组织,如农村集体经济组织、农民合作组织、物业服务企业等；六是居民代表,包括当

---

① 《中共中央印发〈关于加强社会主义协商民主建设的意见〉》,《人民日报》2015年2月10日第1版。

地户籍居民、非户籍居民代表。① 协商组织者根据工作需要以及具体协商内容，确定具体的协商主体，适时开展协商活动。

总的来看，我国正在形成"涉及全国各族人民利益的事情，要在全体人民和全社会中广泛商量；涉及一个地方人民群众利益的事情，要在这个地方的人民群众中广泛商量；涉及一部分群众利益、特定群众利益的事情，要在这部分群众中广泛商量；涉及基层群众利益的事情，要在基层群众中广泛商量"的良好局面。②

（二）协商领域和内容广泛化

开展"真协商"，协商内容关乎人民群众等各类主体需要解决的问题是必然要求。协商领域和内容的广泛化，解决了协商议题供给侧的充分性问题，确保能够满足不同主体的协商诉求，故而是衡量"真协商"的又一基本指标。这一指标可从两个维度理解：一是，协商领域"全纳化"，不是局限于在某个领域、某个方面开展协商，更不能设置无穷无尽的禁脔或者壁垒，而要将协商工作贯穿到党、国家、社会及民众生活的各个领域、各个方面；二是，协商内容"全纳化"，不是局限于就某个问题或者某些问题开展协商，尤其是不能仅就无关痛痒的细枝末节开展协商，协商内容既包括改革发展稳定重大问题，也涉及群众切身利益的实际问题。

我国协商民主的运行范围宽广，上至党中央国务院，下至城乡社区；我国协商民主的协商议题丰富，上有聚焦治国理政的政治协商，下有聚焦黎民百姓具体利益的基层协商。我国人民在中国共产党领导下，依法通过各类渠道和不同方式就广泛问题开展协商，广大人民群众的生产生活以及政治、经济和社会发展需求得到最大限度的满足。

资料显示，中共中央同民主党派中央开展政党协商的内容主要包括六种情形：一是重要文件，包括中共全国代表大会和中共中央委员会的有关文件，二是宪法和重要法律的修改建议，三是国家领导人建议人选，四是发展规划，包括国民经济和社会发展的年度和中长期规划，五是改

---

① 《中办国办印发〈关于加强城乡社区协商的意见〉》，《人民日报》2015年7月23日第1版。

② 习近平：《论坚持人民当家作主》，中央文献出版社2021年版，第97—98页。

革发展稳定重要问题,六是关于统一战线和多党合作的重大问题。① 另有资料显示,城乡社区协商的内容除了法律法规和政策明确要求协商的事项以及各类协商主体提出的具体事项外,还有三种情形:一是城乡经济社会发展中涉及当地居民切身利益的公共事务、公益事业,二是当地居民反映强烈、迫切要求解决的实际困难问题和矛盾纠纷,三是城乡社区落实党和政府的方针政策以及重点工作部署的路径与方法。②

(三)协商过程深度化

实质性开展协商也是"真协商"的必然要求。协商过程深度化是避免形式主义化和走过场的有效办法,因此被认为衡量"真协商"的不可或缺的指标。综合理论和实践探索看,协商过程深度化的要点有三:首先,民主协商深度嵌入工作流程,协商组织者要在决策前或决策中启动协商工作,以便决策者可以根据各方面的意见建议来决定、调整决策及工作,而不能把协商会开成通报会或总结会;其次,协商中不能各说各话,参与者要能最大限度超越自身利益,在基于事实和理性的基础上开诚布公地对话,努力提出建设性建议;最后,协商不能流于形式或浅尝辄止,而要直视分歧、切中要害,努力从差异中找到最大公约数,画出最大同心圆。

我国在践行协商过程深度化原则方面做了很多探索。协商组织者除了被要求要及时启动协商程序和切实提高协商程序的规范性外,还要做到以下三点:其一,建立健全事前告知机制,提前做好协商准备工作。协商组织者要在协商前向参与协商的主体通报有关情况,确保相关主体在协商中能在信息对称的基础上进行互动和商量。资料显示,每次政党协商会前,中共中央办公厅一般会提前10天告知民主党派中央,有关部门一般会提前5天提供文件稿以供民主党派中央负责同志集中阅读。③ 其二,营造宽松民主的协商环境,确保协商有序有效进行。协商组织者要鼓励各类主体深入交流讨论和充分发表意见建议,满腔热情地听取意见

---

① 《中办印发〈关于加强政党协商的实施意见〉》,《人民日报》2015年12月11日第1版。
② 《中办国办印发〈关于加强城乡社区协商的意见〉》,《人民日报》2015年7月23日第1版。
③ 《中办印发〈关于加强政党协商的实施意见〉》,《人民日报》2015年12月11日第1版。

和建议，各类协商主体也应诚心诚意、认认真真地开展协商。其三，对于涉及面广、关注度高的事项，除了约谈协商、书面协商以及一般性会议协商外，有关单位、部门和组织应该举办专题协商会或民主听证会，开展更深程度的协商。

(四) 协商工作常态化和制度化

协商常态化是协商稳定性的基本表现，协商制度化是保证协商稳定性的有效安排，而稳定性和可持续性既是"真协商"的要求也是"真协商"的表现，因此，协商工作常态化和制度化通常被视作衡量"真协商"的关键指标。协商常态化和制度化可从两个维度理解：一是作为协商组织者的党政机关和权力部门，严格遵照有关法律和制度规定，坚持有事多协商、遇事多协商、做事多协商，使协商成为一种重要的工作和决策方式，"不能想起了、有空了、拖不过去了才协商"[1]；二是作为协商参与者的人民群众，要把民主协商看作一种重要的政治生活方式，依法有序参加相关协商活动。不少基层探索表明，协商工作的常态化和制度化，对于推动协商成为党政部门和人民群众内化于心、外化于行的习惯至关重要。民主协商成为一种习惯，应该是"真协商"的最高境界。

当前，民主协商在我国各个层级、各个领域得以常态化展开，且有完备的制度支撑。早在1987年10月，中国共产党第十三次全国代表大会就提出了建立社会协商对话制度的目标和要求。随后，中共中央相继发布了两个关于加强中国共产党领导的多党合作和政治协商制度的文件。中国共产党第十八次全国代表大会以来，更是加大了协商民主制度化建设的力度。2013年11月，中国共产党第十八届中央委员会第三次全体会议作出了把推进协商民主广泛多层制度化发展作为政治体制改革重要内容的决定。2015年则堪称中国式协商民主的"黄金年"，《关于加强社会主义协商民主建设的意见》《关于加强城乡社区协商的意见》《关于加强政党协商的实施意见》《关于加强人民政协协商民主建设的实施意见》均在当年发布。这些重要文件为相关协商主体在现阶段如何开展协商工作提供了行动指南，标志着中国式协商民主在制度化建设和常态化开展方

---

[1] 中共中央文献研究室编：《习近平关于社会主义政治建设论述摘编》，中央文献出版社2017年版，第75页。

面迈出了新的坚实步伐。

（五）协商结果落地化

协商有效是"真协商"的核心要求，协商成果是否得到运用是评价协商有效性的直观指标。因此，协商结果落地化堪称衡量"真协商"的最高标尺。协商成果落地，可以使协商参与主体获得正向激励，可以实现使决策和工作更好顺乎民意、合乎实际的预期目标，可以推动协商工作本身实现良性的可持续发展；相反，如果合法合理协商成果被弃之不用，不但造成巨大的协商成本浪费，而且极有可能削弱参与协商的各类主体的积极性，从而阻滞协商民主的健康、可持续发展。

我国重视协商成果的落地工作，强调协商成果落地化要做好吸纳、落实和反馈三个层面的工作。这也是我国能够推动实现"真协商"的秘诀之一。具体而言，协商组织者将需要办理的协商意见交付有关单位、组织和部门后，后者需在规定期限内认真研究吸纳协商意见，及时组织实施协商意见，第一时间向前者反馈落实情况，并通过合适方式向各类协商主体和社会公众公开协商成果运用进展。但是，对于违反法律法规的协商结果，相关单位、组织和部门应当依法纠正，并做好法治宣传教育工作。

三 "真协商"的实现条件

"真协商"不但彰显了中国特色社会主义民主的真实性，也源于我国保证人民当家作主的真实性即中国特色社会主义民主的真实性。然而，能否实现"真协商"还取决于系列具体条件。从中国共产党建党百年和中华人民共和国成立七十多年的历史和实践看，推动实现"真协商"，必须毫不动摇坚持中国共产党领导，必须切实践行协商为民、协商于民的原则，并使协商工作有机嵌入党的领导体系和国家治理体系。

（一）坚持党的领导是推动实现"真协商"的根本保证

作为中国特色社会主义伟大事业领导核心的中国共产党，不但有推动实现"真协商"的动机和愿望，而且有推动实现"真协商"的能力和行动，中国共产党的领导是实现"真协商"的根本保证。脱离了中国共产党的领导，协商民主建设要么事倍功半或者南辕北辙，要么难以为继或者寸步难行，也就算不上"真协商"。

中国共产党的质的属性决定了其是推动实现"真协商"的"真力量"。协商民主从根本上讲是各类利益主体通过理性对话就利益分配方案达成最大限度的共识。作为马克思主义政党的中国共产党，除了工人阶级和最广大人民群众的利益外，没有自己的特殊利益，更不存在自身利益"天花板"的问题，因而应该也能够在协商中始终坚持为国家计、为最广大人民群众言，居中协调不同参与者之间的具体利益矛盾，确保协商有序有效开展。换而言之，因为没有自己的特殊利益，中国共产党不但本身在协商工作中不会陷入分和争，而且能够在协商工作中发挥坚强有力的领导作用。具体说来，其能根据国家发展和社会进步需要（有助于保证常态化制度化开展协商），动员和组织最广大的人民群众（有助于保证参与者的多元化），对政治、经济、社会、文化和生态各个领域的问题展开深入协商（有助于保证协商领域的广泛化和过程的深度化），及时吸纳和采用合法合理意见和建议（有助于保证协商结果的落地化），全方位推动实现"真协商"。

中国共产党在长期实践中培养了推动实现"真协商"的"真本领"。中国共产党不但始终主张其一切理论、路线、方针、政策以及一切工作安排和部署应该是为人民利益而制定和实施，而且始终主张应该尊重人民首创精神，弘扬拜人民为师的传统，广泛听取人民内部各方面的意见和建议，使人民群众的意愿体现到党和政府的决策和政策之中，把各方面提出的真知灼见都运用于治国理政，使协商民主成为其实现领导的重要方式。实践证明，中国共产党的主张是科学有效的。而且，从抗日战争时期根据"三三制"原则在根据地组建抗日民主政权，到"协商建国"，再到改革开放尤其是新时代以来协商民主广泛多层制度化的发展，中国共产党推动实现"真协商"的"真本领"得到了不断提升。"真本领"主要包括：总揽经济社会发展和改革开放全局，把控协商民主发展之政治方向的能力；组织动员各方积极参与协商，凝聚最大共识和形成强大合力的能力；吸纳采用合法合理协商成果，不断改进党的领导方式和提高国家治理现代化水平的能力等。

中国共产党不断完善协商民主工作制度体系，为推动实现"真协商"提供"真保障"。如前所述，中国共产党重视协商民主工作制度建设，以使民主协商有制可依、有规可守、有章可循、有序可遵。新中国成立尤其是进入新时代以来，中国共产党领导中国人民建立起一个比较完备的协商民主工作制度体系。截至目前，这个体系以《关于加强社会主义协商民主建设的意见》为管总性工作文件，以《关于加强城乡社区协商的意见》以及关于加强政党协商的若干相关文件等为重要组成部分，是中国推动实现"真协商"的坚实保障。

在协商民主工作制度体系中，关于政党协商的顶层设计尤其令人瞩目。1987年10月，中国共产党第十三次代表大会将我国的"多党合作"和"政治协商"概括为"共产党领导下的多党合作和政治协商制度"；1989年12月，中共中央出台《关于坚持和完善中国共产党领导的多党合作和政治协商制度的意见》；1993年，"中国共产党领导的多党合作和政治协商制度将长期存在和发展"载入宪法；2005年3月，中共中央发布《关于进一步加强中国共产党领导的多党合作和政治协商制度的意见》；2015年12月，中共中央办公厅印发《关于加强政党协商的实施意见》。值得指出的是，该实施意见明确且系统地指出了中共中央同民主党派中央开展政党协商的主要协商内容、主要协商形式以及不同协商形式的配套程序，提出了推进政党协商保障机制即知情明政机制、考察调研机制、工作联系机制和协商反馈机制建设的意见，强调要把政党协商列入党委重要议事日程、纳入决策规定程序以及积极营造宽松和谐氛围，堪称推动实现"真协商"的制度典范。[1]

中国共产党扎实开展政党协商，以率先垂范为推动实现"真协商"提供"真支持"。中国共产党遵照中国共产党领导的多党合作和政治协商制度以及系列政党协商工作制度的安排，自觉担负起作为执政党应该承担的首要责任，以"长期共存、互相监督、肝胆相照、荣辱与共"为方针，与八个民主党派和党外人士开展常态化制度化政治协商，为推动实现"真协商"树立了标杆。

这其中，作为社会主义协商民主的专门机构和重要渠道的人民政协的重要作用不容忽视。该机构自成立以来，充分发挥其代表性强、联系面广、包容性大的优势，不断提高政协委员的政治把握能力、调查研究能力、联系群众能力及合作共事能力，聚焦改革、发展、稳定的重大问

---

[1] 《中办印发〈关于加强政党协商的实施意见〉》，《人民日报》2015年12月11日第1版。

题和群众最为关切的问题,深入进行跟踪调查研究,活跃有序组织专题协商、对口协商、界别协商、提案办理协商,为促进中国式现代化建设出实招、谋良策汇聚了强大力量。①

这其中,中国共产党主导的政党协商对于协商民主发展全局的重要作用不容忽视。中国共产党对政党协商的态度及其在协商中的表现,直接影响政党协商的运行状况、效能质量和发展方向;政党协商的运行状况、效能质量和发展方向,又在很大程度上决定着协商民主的总体发展进程。这是因为,政党协商是直接进行政治协商的民主形式,其实际上是协商民主的精神源头,发挥着"运作母机"的作用。② 由此可见,政党协商的质量在很大程度上决定着协商民主的质量上限甚至是协商民主的命运。

(二) 以人民群众为重点是推动实现"真协商"的关键

人民群众是社会主义协商民主的重点,这是中国式协商民主的显著特征。这一主张强调的是,要将人民立场、人民观念贯穿于协商民主的全过程,始终坚持协商为民和协商于民。其中,协商为民,指的是在协商中要坚决践行全心全意为人民服务的宗旨意识,始终代表最广大人民的根本利益,而不是什么利益集团、权势团体或者特权阶层的利益。如前所述,这也正是我国能够推动实现"真协商"的重要原因。协商于民则有三层含义:以人民群众为协商的重要主体力量,以涉及群众切身利益的决策为协商重点,认真抓好和大力发展基层协商民主。

为什么要强调协商于民原则?除了人民群众是不可或缺的利益主体外,至少还有三个因素:

一是人民群众中蕴藏着巨大的智慧和无穷的力量,人民群众是历史发展和社会进步的真正英雄,是理所当然的重要协商主体。正因如此,中国共产党坚持认为自己"在人民面前永远是小学生",要求各级党员干部要"充分尊重人民所表达的意愿、所创造的经验、所拥有的权利、所

---

① 中共中央文献研究室编:《十八大以来重要文献选编》(上),中央文献出版社2016年版,第504页。

② 林尚立、赵宇峰:《中国协商民主的逻辑》,上海人民出版社2016年版,第53页。

发挥的作用",要自觉主动"向能者求教,向智者问策"。① 换个角度而言,人民群众在协商中发挥重要主体作用,也是社会主义人民民主的应然要求,是人民当家作主的具体体现。

二是及时就涉及群众切身利益的问题进行协商,是不容忽视的工作重点。群众利益无小事,小事也关涉民心。② 如果矛盾和纠纷不能得到及时处理,人民群众的不满和抵触情绪不能得到应有关注和疏解,它们便会转入"地下"进而孕育危机,而面对危机时如果协商工作跟不上,危机就有可能加速蔓延扩展。③ 相反,如果通过协商等方式解决了人民群众需要解决的问题,不但城乡社区可以实现和谐安宁局面,而且可为国家经济社会发展注入积极的澎湃力量。

三是涉及人民群众利益的大量决策和工作主要发生在基层,大量直接利益冲突和人民内部矛盾也主要发生在基层,基层协商民主是民主政治不可或缺的重要板块。再者,基层协商民主是协商民主的重要基础,它对我国协商民主的整体发展具有深层次的、基础性的作用。这是因为,基层协商民主的质量,直接影响广大人民群众协商精神的培育以及健康政治文化的营造,而后者正是协商民主整体发展所需的社会和文化基础。

改革开放尤其是进入新时代以来,我国按照协商于民、协商为民的要求,遵照凡是提出涉及群众切身利益的意见建议都要充分听取群众意见,以及凡是作出涉及群众切身利益的决策都要符合群众意愿的原则,大力发展基层协商民主,不但维护了广大人民群众的根本利益和基本权益,而且使得基层协商民主实现了良性运行和健康发展。④ 这也有力证明了"为人民而协商,由人民而协商"是推动实现"真协商"的关键密码。丢掉了这一原则,协商方式必定沦落为利益集团的游说工具,协商活动必定变质为权贵之间的博弈与媾和,"真民主"和"真协商"也就无从谈起了。

---

① 习近平:《在纪念毛泽东同志诞辰120周年座谈会上的讲话》,《人民日报》2013年12月27日第2版。
② 潘维:《小事关涉民心》,《北京日报》2017年5月8日。
③ [德]奥斯卡·内格特:《政治的人:作为生活方式的民主》,郭力译,漓江出版社2015年版,第13页。
④ 宗朋:《人民群众是社会主义协商民主的重点》,《北京观察》2018年第11期。

（三）"深嵌其中"是推动实现"真协商"的不竭动力

我国的协商民主有根有源有生命力,它的根源主要包括三个:其一,中华民族长期形成的天下为公、兼容并蓄、求同存异等优秀政治文化;其二,近代以后中国政治发展的现实进程;其三,中国共产党领导人民进行的革命、建设、改革实践和政治体制机制和制度创新。[1] 而我国的协商民主有生命力,不但因为它有根有源,还因为它是在中国特色社会主义民主政治的整个体系对协商机制的内在需求的基础上形成的,这主要表现为它与群众路线、统一战线、民主集中制以及中国共产党领导的多党合作和政治协商制度等重要原则和基本制度"天然契合",而且存在相辅相成的关系。[2] 具体情况如下:

作为中国共产党永葆青春活力和战斗力重要传家宝的群众路线,贯穿中国共产党的整个领导体系和领导过程,中国共产党自己及其领导的国家机关在工作中均实行群众路线。群众路线的内涵是"一切为了群众,一切依靠群众,从群众中来,到群众中去",践行群众路线势必推动协商民主发展,协商民主健康发展反过来又可为践行群众路线创造更加稳定扎实的平台。正因如此,我们说协商民主是党的群众路线在政治领域的重要体现。

作为中国共产党的策略手段、战略原则以及夺取革命、建设、改革事业胜利重要法宝的统一战线,本质上是指在既尊重多数人的意见,又照顾少数人的合理要求的基础上,构建一个兼具一致性和多样性的统一体。要实现大团结大联合这样的目标,离不开广泛、持久且有效的协商,甚至可以说,统一战线贯彻之时就是民主协商启动之时,统战工作做到哪儿民主协商就得在哪儿铺开。正因如此,有学者认为,没有协商的基础,就不会有统一战线的建立和完善;没有协商的机制,就不会有统一战线的维系和发展[3];更有学者断言,统一战线堪称协商民主的直接来源。[4] 反过来,统战工作的推进和深化,势必为协商民主的发展创造更大

---

[1] 习近平:《论坚持人民当家作主》,中央文献出版社2021年版,第99页。
[2] 林尚立、赵宇峰:《中国协商民主的逻辑》,上海人民出版社2016年版,第21页。
[3] 林尚立、赵宇峰:《中国协商民主的逻辑》,上海人民出版社2016年版,第15页。
[4] 房宁:《民主的中国经验》,中国社会科学出版社2013年版,第175页。

的平台和更多的机遇。

民主集中制,是中国共产党的根本组织原则和领导制度,是我国国家组织形式和活动方式的基本原则。要把中国共产党这样一个大党和中国这样一个大国治理好,一方面要充分发扬党内民主,依靠各级党组织和广大党员干部广泛听取意见建议,以便全面准确掌握各方情况;另一方面要正确实行集中,有效防止和克服议而不决、决而不行的分散主义,以便统一全党思想和行动。而在中国共产党领导下进行广泛协商,体现的正是民主与集中的统一;贯彻执行民主集中制,收获的必是协商民主的健康有序发展。

作为基本政治制度的中国共产党领导的多党合作和政治协商制度,是中国共产党、中国人民和各民主党派、无党派人士的伟大政治创造,是从中国土壤中生长出来的新型政党制度。[①] 协商民主正是这一制度的题中应有之义。一方面,该制度形成于协商筹建新中国的伟大实践,其本身即是协商民主的产物;另一方面,该制度是协商民主的重要制度载体。具体而言,该制度"以合作、参与、协商为基本精神,以团结、民主、和谐为本质属性","实现了执政与参政、领导与合作、协商与监督的有机统一"[②],它的实施过程在很大程度上就是协商民主的实行和发展过程。

概而言之,我国的协商民主无论是在内在结构上,还是在具体实践形态上,均与我国独特的政治体系高度匹配,并且深深嵌入我国民主政治乃至国家治理体系和过程。这种契合性、匹配性正是协商民主得以生根和发展的内生动力。如果协商民主是被生硬植入政治体系和治理过程的,轻则水土不服,重则出现"排异"现象,实现"真协商"的目标必定落空。协商民主在西方为什么成不了"重头戏"?从协商民主与西方的政治原则、政治制度的契合性以及它与西方国家民主政治体系和国家治理过程的耦合度中可以找到一些答案。

[①] 中华人民共和国国务院新闻办公室:《中国新型政党制度》,人民出版社2021年版,第10页。

[②] 中华人民共和国国务院新闻办公室:《中国新型政党制度》,人民出版社2021年版,第18页。

四 "真协商"推动政治经济社会高质量发展

"真协商"标志我国协商民主实现了高质量发展。协商民主的高质量发展，展现出强大的治理效能，不但有力推动着社会主义人民民主的运行和实践，而且促进了党的建设与国家治理的有机衔接和统一，为全面建成社会主义现代化强国和实现中华民族伟大复兴梦发挥着重要作用。反过来，国家发展、社会进步和人民幸福又为推动实现"真协商"创造了更加坚实的基础，更加广阔的舞台。

（一）"真协商"推动民主政治高质量发展

从民主政治视角看，"真协商"的价值和意义跨越了国界，为协商民主、民主政治的整体发展乃至人类政治文明的进步作出了（着）重要贡献。

首先，"真协商"推动了协商民主高质量发展。

"真协商"扩大了协商主体，使得协商民主超越了主要在公民当中展开的西方作法；"真协商"拓宽了协商层级，使得协商民主超越了主要在基层运行的西方范式；"真协商"丰富和深化了协商内容，使得协商民主超越了主要聚焦公民及社区自治的西方传统；也正因此，"真协商"成为在地位上与选举民主平列、在功能上更具全局性和根本性的民主方式和民主形态，超越了协商民主在民主政治中仅发挥弥补性作用的西方模式。更为重要的是，长期的"真协商"，在让广大人民群众、各类协商主体感受到"真协商"好处的同时，提升了他们的协商意识、增强了他们的协商能力，培育了协商文化，使得协商民主进入良性循环轨道，并逐步形成了一套程序规范、环节完整、结构合理、运行通畅的协商民主体系。

这套体系以中国共产党、人民代表大会、人民政府、民主党派、人民团体、基层组织、企事业单位、社会组织、各类智库等各级各类主体为协商主体，以经济社会发展重大问题和涉及群众切身利益的实际问题为协商内容，以提案、会议、座谈、论证、听证、公示、评估、咨询、网络等为协商方式，以政治协商为重要引擎，以基层协商为重要基础，不同层级协商有序开展，各类渠道协同推进。体系的最终建成和顺畅运行，既是"真协商"的结果，也是"真协商"的表现，还是继续推动实现"真协商"的依托。

其次,"真协商"推动民主政治整体高质量发展。

推动实现"真协商",一是完善了民主链条,使得民主协商与民主选举、民主决策、民主管理、民主监督共同构成了完整的民主链条;二是落实了人民群众持续参与民主政治的权利,超越了人民群众只有在投票时被唤醒、投票后即休眠的西方民主实践;三是激活了其他民主环节的功能,对提升民主政治整体质量可以起到特殊作用。具体而言,"真协商"的开展可以优化民主决策,可以增强民主意识和能力,还可以启动"协商式监督"。后者指的是人民群众通过协商由对权力及其运行实施监督,这种监督之所以行之有效是因为:"真协商"的展开过程,正是人民对党和国家表达利益诉求的过程,正是自身诉求直接进入决策的过程,也正是人民对代表其根本利益的党、人民代表、人民政府进行全面而直接监督的过程。

从更深层次看,推动实现"真协商",有力证明了树立在商议基础上的共识民主,与建基于票决制上的多数民主并不相悖(而且前者对于推动民主形式与内容的有机统一更有优势),生动呈现了在三权分立、政党政治模式之外还有共治政治的风景,深刻阐释了追求个体利益与人民利益相辅相成的人民民主,较之强调自由之神圣性的自由主义民主更有生命力。

(二)"真协商"推动经济社会发展高质量发展

"真协商"强调多元力量的参与、权力的共享、治理的共担,使得党、政府、市场、社会、个体各类主体成为推动经济社会发展的积极因素,在党的领导下,在国家宪法和制度框架中,共同治理国家、社会的公共事务,协力推动经济社会高质量发展。主要表现为:

其一,"真协商"有助于提高决策质量和执行质量,为经济社会发展增添强大的智识和社会支撑。一是"真协商"是汇集民意的过程,其之开展使得各种利益诉求都可以进入决策渠道和决策程序,从而有效防止了有的政治力量为了维护和争取自己的利益,而将其他利益主体和不同意见排除在决策环节之外的情况;二是"真协商"是展现民声的过程,其之开展使得决策涉及到的各种问题都能摆到桌面上来,有利于协商组织者在全盘考虑的基础上权衡利弊,从而有效防止了情况不明导致的草率决策;三是"真协商"是吸纳民智的过程,其之开展使得相关专业理论知识和实践经验都进入了视野，有利于协商组织者对各种潜在风险进行分析和预测，从而防止了自以为是导致的失误和错误；四是"真协商"是形成和凝聚最大共识的过程，其之开展使得决策者和执行者实现了最大限度的统一，从而防止了因为对所出台的政策共识性不高而执行不坚决、落实不彻底情况的出现。

其二，"真协商"有助于增进社会团结，提高社会整合质量，为经济社会发展的注入磅礴的积极力量。一方面，"真协商"的开展，可以广泛形成人民群众参与各层次管理和治理的机制，使得人民群众可以通过介入其中加强彼此之间的了解，密切人民群众同党和政府的联系，从而增进人民群众的主人翁感、对党和政府的信任感以及治理共同体感；另一方面，"真协商"的开展，加强了中国共产党与各民主党派的亲密友党关系，深化了中国共产党与各民主党派之间的相互监督，有效克服了不同党派为自身利益而相互竞争乃至相互倾轧等政党政治的弊端，对于推动建成通力合作、团结和谐的新型政党关系具有不可或缺的重要作用。

近年来的大量实地调研发现证实了"真协商"的"综合魅力"。Z省TZ市下辖的W市，十年如一日地实行和发展民主恳谈制度，率先启动集体工资协商程序，积极探索参与式预算，为构建和谐的劳资关系和政社关系发挥了重要作用。Z省HZ市下辖的H街道所创建的"H晴雨"民情民意工作室，不但成为第一时间掌握社会舆情的平台，而且担承汇聚民智民力的责任，为推动基层经济社会发展贡献了重要力量。这些地区协商民主实践成为远近闻名的品牌，为带动更多基层推动实现"真协商"也发挥了不可小觑的作用。基层协商民主是我国协商民主的重要基础，"真协商"的基层"切片"足以昭示"真协商"的整体。

致力于保证参与者代表性与合法性的协商主体多元化，致力于保证供给充分性的协商领域和内容广泛化，致力于保证协商实质性进行的协商过程深度化，致力于保证协商稳定性的协商常态化和制度化，以及致力于保证协商持续发展性的协商结果落地化，共同构成了衡量"真协商"的指标体系，也是推动实现"真协商"的基本要求。这些指标缺一不可，依次递进。对照这些指标，我国的协商民主是"真协商"，是高质量发展的协商民主。之所以能收到这样的效果，最根本的一点是有中国共产党坚强有力的领导，最关键的一环是坚持以人民群众为协商重点，最深层次的原因是协商民主与我国诸多战略原则、基本制度高度匹配、深度互嵌、相辅相成。这也是我国的民主协商为什么能促进协商民主、民主政治发展以及经济社会进步的原因,更是我国协商民主可持续发展的坚实保障。

与西方民主制度相比,我国的协商民主在形式上有其独特性,在效能上有显著的优势,但这并不意味着我国的协商民主就是尽善尽美的。相反,我们需要在解决"搞形式、走过场"的问题上多下功夫,力戒空谈之风,把提高协商主体的平等性、协商运行的依法性、协商程序的民主性、协商过程的公开性、协商结果的公正性和协商进程的开放性摆到突出位置,从而切实将"真协商"的优势充分发挥出来,并及时转化为推动国家治理体系和治理现代化、建设社会主义现代化强国以及实现中华民族伟大复兴的强大效能。

主要参考文献

一 中文文献
（一）领导讲话和重要报告

习近平：《在纪念毛泽东同志诞辰 120 周年座谈会上的讲话》，《人民日报》2013 年 12 月 27 日。

习近平：《在庆祝中国共产党成立 95 周年大会上的讲话》，《人民日报》2016 年 7 月 1 日。

习近平：《在深度贫困地区脱贫攻坚座谈会上的讲话》，《人民日报》2017 年 9 月 1 日。

习近平：《回信》，《人民日报》2018 年 10 月 22 日。

习近平：《在民营企业座谈会上的讲话》，《人民日报》2018 年 11 月 2 日。

习近平：《在决战决胜脱贫攻坚座谈会上的讲话》，《人民日报》2020 年 3 月 7 日。

习近平：《在打好精准脱贫攻坚战座谈会上的讲话》，《求是》2020 年第 9 期。

习近平：《在全国脱贫攻坚总结表彰大会上的讲话》，《人民日报》2021 年 2 月 26 日。

习近平：《论人民当家作主》，中央文献出版社 2021 年版。

中共中央文献研究室编：《十三大以来重要文献选编》（上），人民出版社 1991 年版。

中共中央文献研究室编：《习近平关于社会主义生态文明建设论述摘编》，中央文献出版社 2017 年版。

中共中央文献研究室编：《习近平关于社会主义政治建设论述摘编》，中央文献出版社2017年版。

（二）重要文件与数据资料

纸质资源

《党政领导干部选拔任用工作条例》，《人民日报》2002年7月24日。

《国务院办公厅关于部门领导同志不兼任社会团体领导职务问题的通知》，《中华人民共和国国务院公报》1994年第10期。

《国务院关于印发国家八七扶贫攻坚计划的通知》，《江西政报》，1994年第11期。

《国务院办公厅转发扶贫办等部门〈关于做好农村最低生活保障制度和扶贫开发政策有效衔接扩大试点工作的意见〉的通知》，《辽宁省人民政府公报》2011年第10期。

《国务院印发〈"十三五"脱贫攻坚规划〉》，《人民日报》2016年12月3日。

《关于加强城乡社区协商的意见》，《人民日报》2015年7月23日。

《关于加强社会主义协商民主建设的意见》，《人民日报》2015年2月10日。

《关于加强社会组织党的建设工作的意见（试行）》，《人民日报》2015年9月29日。

《关于加强文化领域行业组织建设的指导意见》，《人民日报》2017年5月12日。

《关于加强政党协商的实施意见》，《人民日报》2015年12月11日。

《关于培育和践行社会主义核心价值观的意见》，《人民日报》2014年2月14日。

《关于全面推行河长制的意见》，《人民日报》2016年12月12日。

《关于实施乡村振兴战略的意见》，《人民日报》2018年2月5日。

《全国政协办公厅负责人就学习贯彻中办〈关于加强和改进人民政协民主监督工作的意见〉答记者问》，《人民日报》2017年3月7日。

《省级党委和政府扶贫开发工作成效考核办法》，《人民日报》2016年2月17日。

《中办国办印发〈关于创新机制扎实推进农村扶贫开发工作的意见〉》，

《人民日报》2014年1月26日。

《中办国办印发〈关于加大脱贫攻坚力度支持革命老区开发建设的指导意见〉》,《人民日报》2016年2月2日。

《中办国办印发〈关于进一步加强东西部扶贫协作工作的指导意见〉》,《人民日报》2016年12月8日。

《中办国办印发〈指导意见〉加强和改进乡村治理》,《人民日报》2019年6月24日。

《中办印发〈干部选拔任用工作监督检查和责任追究办法〉》,《人民日报》2019年5月28日。

《中办印发〈关于进一步激励广大干部新时代新担当新作为的意见〉》,《人民日报》2018年5月21日。

《中办印发〈通知〉持续解决困扰基层的形式主义问题,为决胜全面建成小康社会提供坚强作风保证》,《人民日报》2020年4月15日。

《中国共产党党内统计公报》,《人民日报》2021年7月1日。

《中共中央办公厅国务院办公厅印发〈数字乡村发展战略纲要〉》,《人民日报》2019年5月17日。

《中共中央办公厅印发〈关于解决形式主义突出问题为基层减负的通知〉》,《人民日报》2019年3月12日。

《中共中央国务院关于打赢脱贫攻坚战的决定》,《人民日报》2015年12月8日。

《中共中央国务院关于打赢脱贫攻坚战三年行动的指导意见》,《人民日报》2018年8月20日。

《中共中央国务院关于加强基层治理体系和治理能力现代化建设的意见》,《人民日报》2021年7月12日。

《中共中央国务院关于抓好"三农"领域重点工作确保如期实现全面小康的意见》,《人民日报》2020年2月6日。

《中共中央国务院关于建立更加有效的区域协调发展新机制的意见》,《人民日报》2018年11月30日。

《中共中央国务院关于推进社会主义新农村建设的若干意见》,《人民日报》2006年2月22日。

《中共中央国务院关于实施乡村振兴战略的意见》,《人民日报》2018年2

月5日。

《中共中央国务院关于营造企业家健康成长环境，弘扬优秀企业家精神更好发挥企业家作用的意见》，《人民日报》2017年9月26日。

《中共中央国务院印发〈法治政府建设实施纲要（2021—2025年）〉》，《人民日报》2021年8月12日。

《中共中央国务院印发〈乡村振兴战略规划（2018—2022年）〉》，《人民日报》2018年9月27日。

《中共中央关于党的百年奋斗重大成就和历史经验的决议》，人民出版社2021年版。

《中共中央关于加强党的建设几个重大问题的决定》，《人民日报》1994年10月7日。

《中共中央关于加强对"一把手"和领导班子监督的意见》，《人民日报》2021年6月2日。

《中共中央关于坚持和完善中国特色社会主义制度，推进国家治理体系和治理能力现代化若干重大问题的决定》，《人民日报》2019年11月6日。

《中共中央关于农业和农村工作若干重大问题的决定》，《人民日报》1998年10月19日。

《中共中央关于印发〈加强社会主义协商民主建设的意见〉》，《人民日报》2015年2月10日。

《中共中央关于制定国民经济和社会发展第十四个五年规划和二〇三五年远景目标的建议》，《人民日报》2020年11月4日。

《中共中央关于制定国民经济和社会发展第十四个五年规划和二〇三五年远景目标的建议》，《人民日报》2020年11月4日。

《中共中央关于制定国民经济和社会发展第十一个五年规划的建议》，《人民日报》2005年10月19日。

《脱贫攻坚责任制实施办法》，《人民日报》2016年10月18日。

《中共中央印发〈中国共产党农村工作条例〉》，《人民日报》2019年9月2日。

《中国共产党党内监督条例》，《人民日报》2016年11月3日。

《中国共产党纪律检查委员会工作条例》，《人民日报》2022年1月5日。

《中国共产党章程》，人民出版社 2017 年版。

《中国农村扶贫开发纲要（2001—2010 年）》，《人民日报》2001 年 9 月 20 日。

《中国农村扶贫开发纲要（2011—2020 年）》，《人民日报》2011 年 12 月 2 日。

《中华人民共和国国民经济和社会发展第十三个五年规划纲要》，《人民日报》2016 年 3 月 18 日。

中华人民共和国国务院新闻办公室：《中国的民主》，《人民日报》2021 年 12 月 5 日。

中华人民共和国国务院新闻办公室：《中国新型政党制度》，人民出版社 2021 年版。

中华人民共和国国务院新闻办公室：《中国政府白皮书》（2000—2001），外文出版社 2003 年版。

《中华人民共和国监察法》，《人民日报》2018 年 3 月 27 日。

《中华人民共和国审计法》，《人民日报》1994 年 9 月 1 日。

《中华人民共和国审计法实施条例》，《人民日报》2010 年 2 月 24 日。

《中华人民共和国统计法》，《人民日报》2009 年 11 月 21 日。

《中华人民共和国统计法实施细则》，《人民日报》2006 年 1 月 11 日。

《中华人民共和国宪法》，《人民日报》2018 年 3 月 22 日。

中华人民共和国国务院新闻办公室：《人类减贫的中国实践》，人民出版社 2021 年版。

中华人民共和国国务院新闻办公室：《中国的农村扶贫开发》，《人民日报》2001 年 10 月 16 日。

中华人民共和国国务院新闻办公室：《中国农村扶贫开发的新进展》，《人民日报》2011 年 11 月 17 日。

电子资源

《财政部门监督办法》，2012 年 3 月 19 日，http：//www. gov. cn/flfg/2012 – 03/19/content_ 2094400. htm。

《中华人民共和国关于 1987 年国民经济和社会发展的统计公报》，2002 年 3 月 11 日，http：//www. stats. gov. cn/tjsj/tjgb/ndtjgb/qgndtjgb/200203/t20020331_ 30000. html。

《中华人民共和国关于1995年国民经济和社会发展的统计公报》，2001年9月1日，http：//www. stats. gov. cn/tjsj/tjgb/ndtjgb/qgndtjgb/200203/t20020331_30009. html。

《中华人民共和国关于1996年国民经济和社会发展的统计公报》，2001年10月10日，http：//www. stats. gov. cn/tjsj/tjgb/ndtjgb/qgndtjgb/200203/t20020331_30010. html。

《中华人民共和国2001年国民经济和社会发展统计公报》，2002年2月28日，http：//www. stats. gov. cn/tjsj/tjgb/ndtjgb/qgndtjgb/200203/t20020-331_30015. html。

《中华人民共和国2003年国民经济和社会发展统计公报》，2004年2月26日，http：//www. stats. gov. cn/tjsj/tjgb/ndtjgb/qgndtjgb/200402/t20040-226_30017. html。

《国务院办公厅关于深入开展消费扶贫助力打赢脱贫攻坚战的指导意见》，2019年1月14日，http：//www. gov. cn/zhengce/content/2019-01/14/content_5357723. htm。

《国务院办公厅关于印发〈社区服务体系建设规划（2011—2015年）〉》，2011年12月20日，http：//www. gov. cn/gongbao/content/2012/content_2034730. htm。

《国务院办公厅印发〈关于进一步动员社会各方面力量参与扶贫开发的意见〉》，2014年12月4日，http：//www. gov. cn/xinwen/2014-12/04/content_2786643. htm。

《国务院扶贫办综合司、民政部办公厅关于规范社会组织参与脱贫攻坚工作的通知》，2019年6月28日，http：//www. mca. gov. cn/article/xw/tzgg/201906/20190600018040. shtml。

《国务院扶贫开发领导小组关于广泛引导和动员社会组织参与脱贫攻坚的通知》，2017年12月5日，http：//mzzt. mca. gov. cn/article/zt_2018tpgj/rdjj/jcbs/201810/20181000011780. shtml。

《国务院扶贫开发领导小组关于开展扶贫领域作风问题专项治理的通知》，2017年12月8日，http：//www. cpad. gov. cn/art/2017/12/8/art_50_74723. html。

《关于保持基础设施领域补短板力度的指导意见》，2018年10月31日，http：//www. gov. cn/zhengce/content/2018-10/31/content_5336177. htm。

《关于大力培育发展社区社会组织的意见》,中华人民共和国民政部,2017年12月27日,http://xxgk.mca.gov.cn:8011/gdnps/pc/content.jsp? id=13167&mtype=1。

《关于行业协会商会脱钩有关经费支持方式改革的通知(试行)》,2015年10月28日,http://www.chinanpo.gov.cn/2351/90929/index.html。

《关于加强对环保社会组织引导发展和规范管理的指导意见》,2017年3月24日,http://www.mca.gov.cn/article/xw/tzgg/201703/20170315003852.shtml。

《关于南疆深度贫困县脱贫攻坚项目需求情况的通告》,2020年7月13日,https://chinanpo.mca.gov.cn/xwxq? id=3986&newsType=2351。

《关于青海省脱贫攻坚需求情况的通告》,2019年8月19日,http://www.chinanpo.gov.cn/2351/120697/index.html。

《关于全面推开行业协会商会与行政机关脱钩改革的实施意见》,2019年6月17日,http://www.mca.gov.cn/article/xw/tzgg/201906/20190600017779.shtml。

《关于深入开展向社会组织领域全国脱贫攻坚先进典型学习的通知》,2021年3月12日,https://chinanpo.mca.gov.cn/xwxq? id=13866&newsType=2351。

《关于深入开展消费扶贫助力打赢脱贫攻坚战的指导意见》,2019年1月14日,http://www.gov.cn/zhengce/content/2019-01/14/content_5357723.htm。

《关于印发〈扶贫开发工作考核办法(试行)的通知〉》,2012年6月4日,http://www.scfpym.gov.cn。

《关于征集全国性社会组织参与挂牌督战县脱贫攻坚项目的通知》,2020年5月9日,http://www.chinanpo.gov.cn/2351/126017/index.html。

《民政部办公厅关于印发〈2021年中央财政支持社会组织参与社会服务项目实施方案〉的通知》,2021年7月15日,http://www.mca.gov.cn/article/xw/tzgg/202107/20210700035349.shtml。

《民政部社会组织管理局关于全国性网络社会组织参与脱贫攻坚有关工作情况的通报》,2020年1月19日,http://www.chinanpo.gov.cn/2351/123410/index.html。

《民政部社会组织管理局关于中国残疾人福利基金会等社会组织参与脱贫

攻坚有关情况的通报》，2018年10月9日，http://www.chinanpo.gov.cn/2351/114507/index.html。

《民政部社会组织管理局关于中国老区建设促进会参与脱贫攻坚有关工作情况的通报》，2018年10月16日，http://www.chinanpo.gov.cn/2351/114770/index.html。

《民政部社会组织管理局关于中国农产品市场协会参与脱贫攻坚有关工作情况的通报》，2018年7月23日，http://www.chinanpo.gov.cn/2351/112882/index.html。

《全国城市社区建设示范活动指导纲要》，云南省民政厅网，http://yunnan.mca.gov.cn/article/zcfg/gfxwj/201003/20100300061554.shtml。

《全国性行业协会商会负责人任职管理办法（试行）》（民发〔2015〕166号），2015年9月9日，http://www.chinanpo.gov.cn/2351/89972/index.html。

《中共中央办公厅国务院办公厅关于建立贫困退出机制的意见》，2016年4月28日，http://www.gov.cn/zhengce/2016-04/28/content_5068878.htm。

《中共中央办公厅国务院办公厅关于加强贫困村驻村工作队选派管理工作的指导意见》，2017年12月24日，http://www.gov.cn/zhengce/2017-12/24/content_5250001.htm。

《中共中央办公厅、国务院办公厅印发〈关于改革社会组织管理制度促进社会组织健康有序发展的意见〉》，2016年8月21日，http://www.chinanpo.gov.cn/1202/97986/index.html。

《中共中央组织部、国务院扶贫办印发〈关于改进贫困县党政领导班子和领导干部经济社会发展实绩考核工作的意见〉》，2014年12月18日，http://www.scfpym.gov.cn。

《中国农村扶贫开发概要》，2006年11月20日，http://www.cpad.gov.cn。

《中华人民共和国各级人民代表大会常务委员会监督法》，2014年2月13日，http://www.npc.gov.cn/zgrdw/npc/dbdhhy/12_3/2014-02/13/content_1898268.htm。

《2020年民政事业发展统计公报》，2021年9月10日 http://www.mca.gov.cn/article/sj/tjgb/202109/20210900036577.shtml。

（三）期刊报刊文章与学术专著

期刊文章

毕思斌、张劲松：《论政商关系互动的演变过程与路径重塑——兼评"放管服"改革对政商关系的影响》，《河南师范大学学报》（哲学社会科学版）2020年第3期。

曹应旺：《大禹治水与中国共产党的苦难辉煌》，《党史博采》2021年第7期。

陈家刚：《多元主义、公民社会与理性：协商民主要素分析》，《天津行政学院学报》2008年第7期。

陈家刚：《我国的政党协商：实践、挑战与前景》，《信阳师范学院学报》（哲学社会科学版）2018年第2期。

陈家刚：《中国协商民主的比较优势》，《新视野》2014年第1期。

陈茂山：《党领导下水利事业辉煌成就》，《中国水利》2021年7月。

陈茂山：《中国共产党领导下水利事业辉煌成就与基本经验》，《水利发展研究》2021年第7期。

董石桃：《基层协商民主中公民参与模式的理论模型与实践样态》，《探索》2019年第4期。

樊鹏：《全过程人民民主：具有显著制度优势的高质量民主》，《政治学研究》2021年第4期。

冯颜利：《全过程人民民主才是真正的民主》，《当代政治》2021年第8期。

付平、李敏：《基层政商关系模式及其演变：一个理论框架》，《广东社会科学》2020年第1期。

高奇琦、杜欢：《智能文明与全过程民主的发展：国家治理现代化的新命题》，《社会科学》2020年第5期。

高益言：《在探索中不断发展的社会主义协商民主》，《紫光阁》2018年第10期。

郭锐、郭道久：《资源配置视角下新中国政社关系的形成与变迁》，《内蒙古大学学报》（哲学社会科学版）2021年9月第5期。

韩小凤、赵燕：《公共服务供给侧改革中政府与社会组织关系的再优化》，《福建论坛》（人文社会科学版）2020年第10期。

何建成等：《创新驱动激发基层发展新活力——铜仁市探索推行"村两委+乡贤会"乡村治理模式》，《当代贵州》2016年第47期。

何增科：《理解国家治理及其现代化》，《马克思主义与现实》2014年第1期。

胡彬彬：《培育当代乡贤重建乡土社会》，《社会治理》2016年第2期。

胡凤乔、叶杰：《新时代的政商关系研究：进展与前瞻》，《浙江工商大学学报》2018年第3期。

黄宾等：《水资源治理公共政策效应评价——以钱塘江"五水共治"为例》，《中国农村水利水电》2021年第5期。

季中扬等：《当代乡村建设中乡贤文化自觉与践行路径》，《江苏社会科学》2016年第4期。

景晓栋、田贵良：《河长制助推流域生态治理的实践与路径探索》，《河湖管理》2021年第8期。

康静等：《乡贤参事会及其在乡村协商民主中的价值分析——以浙江省嵊州市竹溪乡乡贤参事会为例》，《广西社会主义学院学报》2016年第5期。

孔繁斌：《全过程民主：政策参与过程优化的新情景》，《探索与争鸣》2020年第12期。

李昂：《对新发展阶段水利工作推进"系统治理"的认识与思考》，《水利发展研究》2021年第5期。

李汉华等：《群贤共治疏通农村发展"组织末梢"》，《理论与当代》2016年第2期。

李军鹏：《70年协商民主理论发展和制度创新》，《人民论坛》2019年9月（下）。

李笑宇：《全过程人民民主：运行机制与显著优势》，《科学社会主义》2021年第5期。

李永胜：《数字经济视域下构建新型政商关系机制研究》，《人民论坛》2021年11月（中）。

李志鹏、曲绍旭：《政社关系视角下居家养老服务供需失衡问题研究》，《老龄科学研究》2021年12月第12期。

李宗礼、陈伟等：《基于"双治"理念的中国现代治水战略思考》，《中国水利》2020 年第 9 期。

林芊等：《聚力创建乡贤协商会 打造乡村治理新模式——以海口市龙华区新坡镇探索乡贤协商工作为例》，《今日海南》2016 年第 12 期。

林尚立：《重构府际关系与国家治理》，《探索与争鸣》2011 年第 1 期。

林彦：《全过程人民民主的法治保障》，《东方法学》2021 年第 5 期。

刘建军、张远：《论全过程人民民主》，《社会政策研究》2021 年第 4 期。

刘俊杰：《国外学界关于中国社会主义协商民主的研究现状及启示》，《学习与探索》2019 年第 6 期。

刘军、李洋：《"全过程"的人民民主：中国式民主的制度设计与建设实践》，《科学社会主义》2021 年第 1 期。

刘晓辉：《人大协商民主的发展历程及理论探析》，《广西社会主义学院学报》2018 年第 6 期。

吕方：《精准扶贫与国家减贫治理体系现代化》，《中国农业大学学报（社会科学版）》2017 年第 5 期。

罗传彬：《关于推进江西水利现代化的思考》，《江西水利科技》2021 年第 6 期。

罗梁波：《"互联网+"时代国家治理现代化的基本场景：使命、格局和框架》，《学术研究》2020 年第 9 期。

毛寿龙：《政府管理与社会秩序政府与社会关系的秩序维度》，《广东青年研究》2020 年第 1 期。

念孙：《乡贤文化为什么与我们渐行渐远》，《群言》2016 年第 4 期。

梅德平、洪霞：《论"亲""清"新型政商关系的构建》，《江汉论坛》2018 年第 8 期。

聂辉华：《从政企合谋到政企合作——一个初步的动态政企关系分析框架》，《学术月刊》2020 年第 6 期。

彭波：《论数字领导力：数字科技时代的国家治理》，《人民论坛·学术前沿》2020 年第 15 期。

齐晓光：《协商民主："中国之治"的有效路径——基于马克思主义理论特征视角》，《决策探索》2021 年 8 月（下）。

秦德君等：《中国古代"乡绅之治"：治理逻辑与现代意蕴——中国基层社会治理的非行政化启示》，《党政研究》2016 年第 3 期。

邱实、赵晖：《国家治理现代化进程中政商关系的演变和发展》，《人民论坛》2015 年第 5 期。

任彬彬：《合作型政社关系与社会组织公信力：基于文化认知的调节效应》，《上海对外经贸大学学报》2021 年 1 月第 1 期。

商红日：《全过程民主彰显人民民主的本质》，《探索与争鸣》2020 年第 12 期。

施恩佩：《聚焦三个中心，实施五水行动奋力开启新时期治水兴水新征程》，《江苏水利》2021 年第 6 期。

孙敏：《乡贤理事会的组织特征及其治理机制——基于清远市农村乡贤理事会的考察》，《湖南农业大学学报（社会科学版）》2016 年第 6 期。

孙照红：《政府与社会关系 70 年：回顾与前瞻——基于社会组织管理制度的分析》，《中共杭州市委党校学报》2020 年第 2 期。

谈火生：《混合式代表机制：中国基层协商的制度创新》，《浙江社会科学》2018 年第 12 期。

田家华、程帅等：《中国社区环境治理中地方政府与社会组织合作模式探析》，《湖北社会科学》2021 年第 5 期。

田志龙、陈丽玲等：《中国情境下的政商关系管理：文献评述、研究框架与未来研究方向》，《管理学报》2020 年第 10 期。

王聪：《治理效能视角下公民参与公共服务的制度研究》，《重庆大学学报（社会科学版）》2021 年第 5 期。

王浦劬：《国家治理、政府治理和社会治理的基本含义及其相互关系辨析》，《社会学评论》2014 年第 3 期。

王金豹：《建国以来社会主义协商民主的回顾与展望》，《特区实践与理论》2012 年第 3 期。

王红艳：《环境民粹主义在欧洲盛行的原因及其政治影响》，《当代世界》2021 年第 9 期。

王红艳：《基层治理现代化与乡村生态振兴，互嵌式发展探析》，《行政与法》2021 年第 5 期。

王红艳：《理解社区：从还原入手》，《学海》2012 年第 3 期。

王红艳：《欧洲跨界河流共治实践及对推进水治理现代化的启示》，《国外社会科学》2022 年第 1 期。

王红艳：《社会管理创新与社区治理的群众参与》，《重庆社会科学》2011年第8期。

王红艳：《社会组织腐败治理机制变迁与发展》，《政治学研究》2016年第2期。

王红艳：《社区治理的英国经验及其启示》，《福建论坛》（人文社会科学版）2014年第11期。

王红艳：《新乡贤制度与农村基层治理：梁寨样本》，《江苏师范大学学报》（哲学社会科学版）2014年第4期。

王红艳：《乡村振兴战略的"四重超越"特征——兼论中国特色社会主义乡村振兴道路》，《新视野》2021年第1期。

王红艳：《中国扶贫模式核心特征研究》，《理论学刊》2020年第7期。

王青等：《贵州思南县："乡贤会"唱响乡村治理"协奏曲"》，《党建》，2016年第12期。

王万里：《历史叙事与治水记忆：以谏壁闸为中心的考察》，《今古文创》2021年第6期。

王小林：《改革开放40年：全球贫困治理视角下的中国实践》，《社会科学战线》2018年第5期。

王笑笑：《习近平关于社会主义协商民主重要论述的三维特征》，《中共成都市委党校学报》2020年第6期。

吴理财：《近一百年来现代化进程中的中国乡村——兼论乡村振兴战略中的"乡村"》，《社会科学文摘》2019年第1期。

吴玲娜、赵欢春：《全过程人民民主：党领导社会主义民主政治建设的历史必然》，《江苏社会科学》2021年第6期。

谢庆奎：《中国政府的府际关系研究》，《北京大学学报》（哲学社会科学版）2000年第1期。

邢华：《我国区域合作治理困境与纵向嵌入式治理机制选择》，《政治学研究》2014年第5期。

徐小明、金伊雯：《社会组织有序协商的理论阐释》，《中共天津市委党校学报》2019第3期。

徐晓全：《新型社会组织参与乡村治理的机制与实践》，《中国特色社会主义研究》2014年第4期。

许奕锋：《习近平政党协商论述的内涵、特点及其时代价值》，《山东社会主义学院学报》2019 年第 4 期。

颜德如、岳强：《中国府际关系的现状及发展趋向》，《学习与探索》2012 年第 4 期。

颜海娜等：《"期望—手段—效价"理论视角下的"互联网＋"公众治水参与——基于广东省 S 市数据的多层次多元回归模型分析》，《北京行政学院学报》2021 年第 3 期。

杨典：《政商关系与国家治理体系现代化》，《国家行政学院学报》2017 年第 2 期。

杨宏山：《政策执行的路径—激励分析框架：以住房保障政策为例》，《政治学研究》2014 年第 1 期。

杨龙：《府际关系调整在国家治理体系中的作用》，《南开学报（哲学社会科学版）》2015 年第 6 期。

姚立兴：《海外学者对中国贫困治理经验的多维总结及其评析》，《当代世界与社会主义》2022 年第 1 期。

俞澜、陈俊青：《金山—平湖联动治水"一盘棋"》，《上海人大》2021 年第 5 期。

于天远、吴能：《全组织文化变革路径与政商关系——基于珠三角民营高科技企业的多案例研究》，《管理世界》2012 年第 8 期。

袁方成等：《从"乡闲"到"乡贤"乡村人才资源开发的地方实践与借鉴价值》，《国家治理》2016 年第 6 期。

张紧跟：《府际治理：当代中国府际关系研究的新趋向》，《学术研究》2013 年第 2 期。

张君：《全过程人民民主：新时代人民民主的新形态》，《政治学研究》2021 年第 4 期，。

张文显：《法治与国家治理现代化》，《中国法学》2014 年第 4 期。

张贤明：《全过程民主的责任政治逻辑》，《探索与争鸣》2020 年第 12 期。

赵秀玲：《协商民主与中国农村治理现代化》，《清华大学学报》（哲学社会科学版）2016 年第 1 期。

郑朝纲：《激荡七十年奋进新征程—中国共产党领导下的淮河治理》，《江淮文史》2021 年第 5 期。

仲超：《中国大规模减贫的实践经验与理论创新》，《中州学刊》2021 年第 5 期。

祝捷：《构建新型政商关系，根除"权力围猎"现象》，《人民论坛》2017 年第 9 期。

周黎安：《地区增长联盟与中国特色的政商关系》，《社会》2021 年第 6 期。

周莹雅、沈建伟：《长三角生态绿色一体化发展示范区"联合河长制"经验与思考》，《中国水利》2021 年第 10 期。

中国特色协商文化研究课题组：《中国特色协商文化研究》，《理论研究》2021 年第 1 期。

朱玲：《应对极端贫困和边缘化：来自中国农村的经验》，《经济学动态》2011 年第 7 期。

祝灵君：《推进全过程民主离不开党的领导》，《探索与争鸣》2020 年第 12 期。

宗朋：《人民群众是社会主义协商民主的重点》，《北京观察》2018 年第 11 期。

报刊类

《2019 年全国"万企帮万村"精准扶贫行动先进民营企业表彰大会召开》，《人民日报》2019 年 10 月 18 日。

《"黔货进京"助农脱贫》，《人民日报》2016 年 10 月 30 日。

《北京将在百家超市设扶贫专柜》，《人民日报》2019 年 3 月 22 日；

《北京开展"万企帮万村"精准扶贫》，《人民日报》2018 年 7 月 3 日。

《产品拓销路，脱贫有通路》，《人民日报》，2019 年 2 月 26 日。

《大力开展消费扶贫》，《人民日报》2020 年 4 月 20 日。

《近 11 万家民企帮扶 12.71 万个村》，《人民日报》2020 年 11 月 22 日。

《民企助力脱贫，有责有情有为》，《人民日报》2020 年 11 月 30 日。

《民政部召开电视电话会议部署打赢脱贫攻坚战三年行动》，《人民日报》2018 年 8 月 23 日。

《谋划好"十三五"时期扶贫开发工作 确保农村贫困人口到 2020 年如期脱贫》，《人民日报》2015 年 6 月 20 日。

《七部门开展消费扶贫行动》,《人民日报》2020年2月18日。
《全国个体工商户增长500多倍》,《人民日报》2018年12月9日。
《全国工商联召开电视电话动员会,助力西藏新疆打赢脱贫攻坚战》,《人民日报》2018年6月12日。
《全国社会组织吸纳就业超千万人》,《人民日报》2021年10月14日。
《山货出深山,收成变收入》,《人民日报》2019年4月15日。
《万企帮万村行动启动》,《人民日报》2015年10月18日。
《沿着必由之路夺取新的更大胜利——习近平总书记二〇二二年全国两会重要讲话精神指引新时代新征程》,《人民日报》2022年3月16日。
《治水为什么要坚持系统观念》,《学习时报》2021年5月27日。
《中扶推出消费扶贫产品》,《人民日报》2016年12月2日。
郭华东:《空间科技助力"一带一路"建设》,《人民日报》2015年11月24日。
何毅亭:《展现人类减贫史上的大国担当》,《人民日报》2020年8月24日。
李涛:《认清形势聚焦精准深化帮扶确保实效 切实做好新形势下东西部扶贫协作工作》,《人民日报》2016年7月22日。
娄勤俭:《开创治水兴水新局面——深入学习贯彻习近平同志关于系统治水的重要论述》,《人民日报》2016年6月20日。
潘维:《小事关涉民心》,《北京日报》2017年5月8日。
王炳权、张君:《发展全过程人民民主,丰富人类政治文明形态》,《人民日报》2021年12月15日。
王红艳:《社会治理重在家园建设》,《人民日报》2014年4月9日。
王红艳、杨抗抗:《根植中国大地的协商民主》,《人民日报》2021年12月17日。
王志忠:《扎实推进东西部扶贫协作》,《人民日报》2020年12月11日。
张庆恩:《齐心协力奔小康》,《人民日报》2020年9月23日。
张树华:《中国式民主在人类政治文明中绽放光彩》,《光明日报》2021年12月24日。
张颐武:《乡贤是我们走向世界的守望者》,《解放日报》2015年7月3日。

中国建设银行：《中国建设银行 一心一意办好"网上的银行"》，《人民日报》2019 年 5 月 15 日。

周秋光：《充分释放社会扶贫潜力》，《人民日报》2017 年 11 月 28 日。

  专著类

房宁：《民主的中国经验》，中国社会科学出版社 2013 年版。

李树军：《社会监督》，当代世界出版社 1999 年版。

林尚立、赵宇峰：《中国协商民主的逻辑》，上海人民出版社 2016 年版。

桑玉成等：《全过程人民民主理论探析》，上海人民出版社 2021 年版。

王红艳：《话语的建构与实践：以贫困叙述为例》，中国社会科学出版社 2015 年版。

王绍光：《民主四讲》，生活·读书·新知三联书店 2012 年版。

张明澍：《中国人想要什么样民主》，社会科学文献出版社 2013 年版。

郑永年：《保卫社会》，浙江人民出版社 2011 年。

二　外文文献

Adam Dinham, "Empowered or over – powered? The real experiences of local participation in the UK's New Deal for Communities" *in Community Development Journal*, Vol. 40 No. 3 July 2005 pp. 301 – 312.

Allan D. Edwards and Dorothy G. Jones, 1976, *Community and Community Development*, Mouton: The Hague.

Colin Bell and Howard Newby, "Introduction" in Colin Bell and Howard Newby (eds) (1974), *The sociology of Community: A Selection of Readings*, London: Cass.

Conrad M. Arensberg and Solon T. Kimball, "Community study: retrespect and prospect" in Colin Bell and Howard Newby (eds.) (1974), *The Sociology of Community: A Selection of Readings*, London: Cass, pp. 335 – 341。

Danesh A. Chekki, "Some new dimensions of communities: an overview", in Danesh A. Chekki (ed.) (1989), *Dimensions of Communities: A Research Handbook*, New York: Garland, pp. 3 – 11。

David W. Minar, Scott Greer (eds.), 1969, *The Concept of Community: Readings with Interpretations*, Chicago: Aldine Pub. Co.

Eilish Rooney, "Community development in times of trouble: reflections on the community women's sector in the north of Ireland", *in Community Development Journal*, Vol. 37 No. 1 January 2002, pp. 33 – 46。

Ferdinand Tonnies, 1940, *Fundamental Concepts of Sociology (Gemeinschaft und Gesellschaft)*, translated and supplemented by Charles P. Loomis, New York: American Book Company.

Greg Smith, "Religion and the rise of social capitalism: the faith communities in community development and urban regeneration in England", in *Community Development Journal*, Vol. 37, No. 2. April 2002, pp. 167 – 177.

Isabelle Fremeaux, "New Labour's appropriation of the concept of community: a critique" in *Community Development Journal*, Vol. 40, No. 3, July 2005, pp. 265 – 274.

James M. Jasper, "Culture, Knowledge, Politics", in Schwartz, Mildred A. (ed.) (2005) *Handbook of Political Sociology*, Cambridge: Cambridge University Press, pp. 115 – 134.

Norbert Elias, "towards a theory of communities", in Colin Bell and Howard Newby (eds) (1974), *The Sociology of Community: A Selection of Readings*, London: Cass, pp. 6 – 8.

Paul Henderson, 2008, *Community Development: A Historical Overview in Making Spaces for Community Development*, Bristol: the Policy Press.

Robert A. Nisbet, 1967, *The Sociological Tradition*, London: Heinemann.

Robert Redfield, 1955, *The Little Community: Viewpoints for the Study of A Human Whole*, Chicago: Chicago University of Chicago Press.

后　　记

　　《中国减贫的治理价值研究》是我的第三本拙著。

　　前一本拙著出版于2015年。之所以时隔七年之久才再次出版一本专著，主要是因为这个阶段我"折腾"了不少事情，未能最大限度地管理好和利用好时间。七年中，我受组织派遣前往驻德使馆政治处工作了将近三年的时间。驻外期间，因应外交调研需要调整研究方向和重点，对中德关系、外交理论乃至非洲问题展开了探索。七年中的其他时间，依旧在中国社会科学院政治学所工作，但新冠肺炎疫情暴发之前主要从事基层治理研究，疫情之后因为处室设置调整和上级交办任务的变化转而关注中国民主理论与实践以及中宏观层面的国家治理问题。工作岗位和研究内容的变化，一方面开阔了视野和优化了知识结构，并增强了走出舒适区的勇气和信心，另一方面囿于人之精力的有限性而难以保持研究的高聚焦度和强系统性。这些情况，表面上看是个体层面的问题，往深处看则是百年未有之大变局背景下，国家综合性高端智库的工作任务调整以及智库学者成长环境的变迁。从这个意义上讲，"折腾"有其必然性重要性。那么，置身其中的幸运是不是可以抵扣不能著述等身的部分惭愧？我通常选择"是"来调适心态进而勉励自己继续前行。

　　变的另外一面是不变。从我的第一本拙著《广东井镇农民工群体素描》，可以触摸到自己硕士论文《作为群体的农民工地位研究》的影子；从《中国减贫的治理价值研究》，可以感受到自己博士论文《话语的建构与实践——以贫困叙述为例》（我的第二本拙著是在博士论文基础上修改而成的）的底子，以及我主持的国家社科基金项目"贫困领域腐败问题及其治理研究"（17BZZ087）的贡献。这种延续和传承，使得不停"折腾"的我一直能够保有一个相对稳定的"圆规支腿"。而且，由于贫困成因及其治理涉及多层级多方面多领域的问题，需要在研究中始终坚持整体主义视角和践行系统论原则，故而我有幸能够不断增强自己在国家治理知识上的综合性系统性。也正因如此，我能够尝试从广阔的治理视角探讨我国减贫的治理价值，写就这部拙著。

保持不变的，还有关爱和温暖的传递。没有所领导的支持和娄师兄的帮助，实地调研难以成行；没有调研地相关领导的统筹协调以及所里同事郭静女士、周石丹先生的全程陪同，实地调研难有扎实收获；没有国家治理研究室周少来、郑建君、陈明先生以及所里其他多位同事的热情参与，相关讨论难有丰富启迪；没有中国社会科学出版社副总编辑王茵女士和责任编辑乔镜蕾先生的周到安排和认真负责，拙著难以顺利出版。我在此向所有为我的研究提供过无私帮助的人们表示衷心的感谢！当然，必须感谢的还有我的家人。父亲母亲大人不仅在盘谷卫城陪伴了我一年，而且让我每顿都能吃上他们种的有机蔬菜；远在苏格兰攻读博士学位的阿铁，不仅不时地同我分享从事研究的艰辛与快乐，而且一边跑着程序一边跟我讲解迁移学习和边缘计算、云计算与雾计算，大多时候我听得云里雾里，但每一分钟都感到无比幸福与欣慰。

望着在朱启钤故居屋顶上歇脚的一只小鸟，我思考着下一部著拙该写什么？第二个百年奋斗新征程的开启，为广大学者提供了广阔的研究场景和丰富的研究议题，全面推进乡村振兴、扎实推进共同富裕抑或加强生态治理、积极发展全过程人民民主等重大战略的实施，均值得且需要高度关注和深入研究。身逢其时的我是幸运的，"体验生活 + 记录时代 + 为推动经济社会发展尽绵薄之力"的人生志趣不乏继续实现的机遇。但新征程同时也对广大学者提出了更多更高的要求。身处其中的我总有些忐忑，不知能否作出正当其用的学问、留下一点有价值的东西。龙哥最懂这种不安。他知道，这不是特意说给谁听的一套漂亮修辞，而是来自一种历经深度挫折磨难之后的生命自觉。当然，我知道，继续用脚丈量祖国大地，用心感受时代脉动，用笔记录实践和理论的双向探索，是消解这种不安的唯一出路。Come on，创新人永远是年轻！

2022 年 2 月于北京赵堂子胡同